Un flic
à la Belle Époque

Jean-Émile Néaumet

Un flic à la Belle Époque

Anarchistes, assassins mondains et scandales politiques

Albin Michel

22, rue Huyghens, 75014 Paris

ISBN 2-226-09596-9

En mémoire de Joseph Néaumet,
dont la mystérieuse présence a illuminé ce livre.

Qu'il en soit ici remercié, au nom de ses descendants,
qui s'acharnent à ne pas démériter.

« Dans ce monde en proie à tant de convulsions, qu'étais-je ? Rien, si ce n'est un simple policier, chargé de mettre de l'ordre là où il n'y en avait pas, là où il n'y en avait plus. Là s'est arrêtée ma mission. Je suis fier d'avoir rempli mon devoir de policier, en n'oubliant jamais que je n'étais qu'un homme comme les autres. »

JEAN-MARIE GORON

« Un homme dépourvu de sincérité et de fidélité est un être incompréhensible à mes yeux. C'est un grand char sans flèche, un petit char sans timon ; comment peut-il se tenir dans le chemin de la vie ? »

CONFUCIUS

AVANT-PROPOS

Jean-Marie Goron, chef de la Sûreté et témoin de la fin d'un monde

La France est ainsi faite que la police y est souvent moins populaire que les bandits. Nous ne vivons pas au pays de Mandrin, de Cartouche, de Spaggiari et de Mesrine pour rien.

Souvent mal aimés, les policiers y sont surtout mal connus. On se souvient certes du nom de François Vidocq. Mais celui-ci est un ancien truand, à peine repenti d'ailleurs, ceci expliquant probablement cela.

Le nom de Jean-Marie Goron, quant à lui, est aujourd'hui inconnu du public. Ce ne fut pourtant pas toujours le cas.

Ainsi, le 21 septembre 1898, *La Patrie*, quotidien fondé en 1840 et plus fort tirage de l'époque, annonçait-il la sortie des mémoires de Jean-Marie Goron, chef de la Sûreté. Citant la préface rédigée par Émile Gautier, repris de justice notoire, le journal mettait ces quelques lignes en exergue : « Peut-être bien tout de même que, si Goron n'avait jamais été que le bon fonctionnaire, le strict serviteur de la loi, le banal "emballeur", il n'aurait pas vu si clair et si juste, ni éclairé d'une si vive lumière la zoologie de l'homme civilisé. Mais il restait toujours l'insurgé de notre tumultueuse jeunesse, et un peu de l'âme séditieuse d'autrefois avait survécu sous l'écharpe tricolore du chef de la Sûreté, comme sous la veste azur du turco et sous le poncho de l'explorateur du Gran Chaco. »

Il n'y avait pas qu'en France que Jean-Marie Goron était tenu pour l'un des plus grands policiers de son temps. En juillet 1900, *La Correspondencia de España* publiait elle aussi en feuilleton *Las memorias de Goron, jefe de la policía de París*. De son côté, le très respectable *The World*, sis outre-Manche, annonçait en gros caractères et gravures à l'appui la publication prochaine de *Crimes in Paris, memoirs of Mr. Goron, chief of detectives*.

L'affaire avait même traversé la Méditerranée, tel qu'en témoigne cet étonnant article du journal arabe *Sabah* : « La vie de M. Goron a été consacrée à poursuivre les gens de mauvaises mœurs. Ce policier nous explique : "Quand on s'occupe pendant longtemps à poursuivre les mauvais sujets, on commence à en avoir pitié et cela entraîne une personne à faire tout son possible pour les corriger." Ces paroles sont une preuve que les devoirs de la police sont excessivement importants et ont une influence efficace et heureuse sur les mœurs. »

Jean-Marie Goron, plus qu'un simple officier de police, fut aussi ce qu'il était convenu d'appeler jadis un homme de bien. Le mot peut faire rire aujourd'hui, il ne le faisait pas autrefois.

En décembre 1893, *Les Annales du bien*, le bulletin officiel de la Société des hospitaliers sauveteurs bretons, expliquait : « S'il est un nom connu en France, c'est assurément celui de M. Goron, chef de la Sûreté ; il n'y a pas de semaine que les journaux racontent ses actes de valeur. Mais ce que tout le monde ne sait pas, c'est qu'il est aussi brave sauveteur qu'énergique défenseur de la société. Aussi, dût sa modestie s'en offenser, nous rappellerons ici un émouvant sauvetage qu'il fit le 19 juin 1888, à Pontivy. De passage en ville, il entend crier : "Au secours !" Un enfant était tombé dans le Blavet. Courir, se jeter tout habillé et le sauver fut pour M. Goron l'affaire d'un instant. Le trompette Soulé, du VIe hussards, qui avait suivi son exemple, n'eut même pas le temps de lui venir en aide. Ce sauvetage n'était pas exempt de péril, puisqu'il fallut tendre des cordes aux sauveteurs pour les aider à sortir du courant. M. Goron est notre concitoyen et l'un de nos sociétaires. »

À cette rectitude morale, à ces multiples qualités humaines saluées par une presse unanime, qu'elle soit française ou étrangère, il faut en ajouter une autre, que seul le recul peut laisser entrevoir. Plus qu'un grand, un très grand policier, Jean-Marie Goron fut aussi le témoin d'une fascinante époque.

Sa route croisa celle d'Henri Rochefort, polémiste célèbre et directeur du journal *La Lanterne*, du marquis de Morès, l'un des pères du nationalisme à la française, ou du fameux Valentin le Désossé, étoile du Moulin-Rouge. Il fut aussi confronté aux plus grands bandits de la fin du siècle dernier : Pranzini, assassin mondain, les anarchistes Duval et Ravachol, leurs innombrables vengeurs, etc. Ce fut lui qui, entre autres affaires, dénoua celle des « décorations » qui entraîna la chute du président de la République Jules Grévy.

C'est cette extraordinaire histoire, ce destin hors du commun que cet ouvrage propose de retracer.

Pour ce faire, je me suis évidemment appuyé sur les mémoires de Jean-Marie Goron, publiés il y a tout juste un siècle. Mais surtout sur ses archives et sa correspondance personnelles que les détours et les hasards de la vie ont fini par mettre entre mes mains. Il ne semble pas que le héros de ce livre ait des descendants directs. Dans le cas contraire, qu'ils me permettent de les saluer en espérant qu'ils prendront plaisir à la lecture des pérégrinations de leur lointain ancêtre.

CHAPITRE PREMIER

Un gaucho dans Paris

> « Pour obtenir un bien si grand, si précieux,
> J'ai fait la guerre aux rois, je l'eusse faite aux dieux. »
> PIERRE DU RYER

Paris, le 31 décembre 1880.

L'homme déambulait sur les quais de Seine. Il arborait la traditionnelle tenue des gauchos argentins : pantalon blanc serré aux cuisses, légèrement évasé sur les chevilles, bottes taillées dans un cuir souple et épais à la fois. Un large chapeau, blanc lui aussi, masquait en partie son visage.

Ses traits étaient carrés, massifs presque. Le nez aquilin, à la fine arête, butait sur une moustache blonde qui rebiquait sur des joues creuses. L'œil était vif, perçant ; scrutateur, même. La bouche aux lèvres fines paraissait avoir été dessinée d'un seul coup de pinceau. Il marchait droit, son pas était ferme.

Ayant manifestement quelque mal à s'orienter dans la capitale, l'homme hésita un instant avant de trouver son chemin. Il finit pourtant par dénicher la rue qu'il cherchait : celle où habitait le député de Rennes, un certain Martin-Feuillée. Au moment de passer la porte de l'immeuble cossu, il tâta ses poches. Sa bourse était si vide qu'il pouvait quasiment en voir le fond. Quelques centaines de francs tout au plus. À peine de quoi le nourrir, lui et sa famille, pour deux ou trois jours. Son cœur se serra. Le député devait *absolument* lui dénicher une place. De tout temps, les Bretons s'étaient entraidés ; il aurait vraiment fallu que le diable s'en mêle pour que l'entrevue fasse exception à cette règle immuable et tacite. Ce gaucho-là, en effet, était breton, tel que sa vêture ne l'indiquait pas au premier abord.

À peine le carillon avait-il cessé de tintinnabuler que la porte de l'immeuble s'ouvrit sur un majordome à l'impeccable livrée.

– Qui dois-je annoncer ? demanda-t-il d'une voix impersonnelle.

– Goron, Jean-Marie Goron, répondit le gaucho.

Pour cet homme qui s'en revenait d'Argentine, Paris faisait figure d'une autre terre vierge, tout aussi fascinante, tout aussi inquiétante que les pampas qu'il avait quittées quelques mois auparavant. Ainsi avait-il appris, au cours du périple qui l'avait mené du port de Nantes à la capitale de cette bonne vieille terre de France, d'étonnantes choses. L'année précédente, près de six mille personnes s'étaient ruées en masse dans la grande salle des fêtes du palais du Trocadéro pour y assister au premier tirage public de la Loterie nationale. Il avait longuement contemplé la scène dans un vieux numéro de *L'Illustration*[1]. Perchés sur une estrade, deux messieurs en redingote faisaient tourner un imposant cylindre de métal, laissant apparaître une série de six chiffres. Un autre cylindre, de taille plus modeste, était quant à lui chargé de donner un septième numéro complémentaire. Le tout devant un parterre des plus mondains, composé de journalistes en vue, de célébrités du moment et de dames aux chapeaux ornés de plumes.

---

1. Grande revue hebdomadaire fondée en 1843. Entre les deux guerres, *L'Illustration*, forte d'un tirage de deux cent mille exemplaires, était, à juste titre, considérée comme le « premier périodique du monde ». Il fut interdit à la Libération, en 1944, pour avoir continué de paraître durant l'Occupation.

Décidément, les mœurs parisiennes n'avaient rien à envier à celles des « sauvages » d'Amérique. Cette terre parisienne était par ailleurs tout aussi austère : l'hiver passé avait été si rigoureux que la Seine s'était retrouvée paralysée par une épaisse gangue de glace. Dans la hâte, les pouvoirs publics avaient même ouvert de nombreux chauffoirs publics afin que les nécessiteux puissent venir s'y abriter.

Mais la capitale française était également une ville magique. En plein cœur de Paris, la rue du Quatre-Septembre, par exemple, était désormais éclairée au gaz, énergie plus puissante et moins coûteuse que l'électricité. Grâce à la technique, l'homme avait fait reculer la nuit ; il annihilait les distances grâce aux premières lignes téléphoniques installées à Paris et dans sa proche banlieue. Plus fantastique encore, le « Loud-Speaking-Telephone », ancêtre de nos haut-parleurs contemporains, permit aux habitants d'Asnières d'entendre, dans leurs rues, un air de flûte joué de la capitale ! Plus fantaisiste, le comte Chormsky venait d'expérimenter dans la ville autrichienne de Wels le premier train à voile. Par bon vent, la machine atteignait alors la vertigineuse vitesse de six kilomètres à l'heure ! Inutile de préciser que l'expérience, évidemment peu concluante, devait s'arrêter là. En même temps que le vent qui l'avait portée d'ailleurs.

Mais ce n'était pas pour faire du tourisme ou se tenir au courant de l'évolution des techniques que Jean-Marie Goron avait pris rendez-vous avec le député Martin-Feuillée.

Ce dernier, après avoir convié son visiteur à s'asseoir dans l'imposant fauteuil de cuir qui faisait face à son bureau d'acajou, ne put s'empêcher de sourire devant un accoutrement aussi exotique. Il avait vu nombre de choses étranges et de gens excentriques à Paris, mais c'était là son premier gaucho.

Rond, l'œil pétillant et le regard franc, le politicien était de ces hommes qui inspirent une sympathie immédiate ; ce qui, étant donné sa profession, n'était pas forcément gagné d'avance. Le député était habillé d'un costume strict et sombre. Seule touche de fantaisie : les guêtres couleur beurre frais qui recouvraient ses bottines rutilantes.

Les deux hommes parlèrent longtemps. Jean-Marie Goron avait entrepris le récit de sa courte, mais tumultueuse existence. Passionné, le député Martin-Feuillée l'écoutait, ne se rendant même pas compte que la nuit commençait de tomber sur Paris.

À quatorze ans, Jean-Marie Goron s'était fait renvoyer du collège Saint-Vincent-de-Paul de Rennes, pour avoir frappé un prêtre. Sur le coup, il n'avait pas trouvé de meilleur moyen de se faire exclure afin que sa mère cesse d'exiger de lui qu'il entre dans les ordres. L'objectif avait été atteint au-delà de toute espérance. Ensuite, son père avait exigé qu'il devienne externe, à l'hôpital de Rennes, et entame des études de pharmacie. Cette fois-ci, pour se faire renvoyer de nouveau, il lui fallut faire preuve de plus d'imagination. Il gava donc ses patients de laudanum. Ainsi, il n'avait plus à supporter leurs jérémiades. La direction de l'hôpital, quant à elle, ne tarda pas à s'inquiéter de voir ses stocks de tranquillisants disparaître à un rythme si effréné.

Jean-Marie Goron, alors adolescent, en avait décidé ainsi : il ne serait ni prêtre ni pharmacien, mais aventurier. Il voulait intégrer Saint-Cyr, parcourir le vaste monde.

De guerre lasse, ses parents acceptèrent finalement qu'il épouse la carrière militaire. Il voulait être affecté au Mexique ou en Cochinchine. Il se retrouva à Lyon...

La France d'alors, celle du Second Empire, se sentait à l'étroit dans ses frontières hexagonales. Le souvenir des conquêtes napoléoniennes était encore vivace. Ne pouvant plus chercher querelle à ses voisins immédiats, Napoléon III décida de contourner l'obstacle en s'en allant porter nos couleurs sur d'autres continents. Au Mexique, la guerre civile qui opposa les libéraux de Benito Juarez aux conservateurs de Miramon fut à l'origine de l'aventure française au Mexique. Le conflit s'était soldé, en 1860, par la victoire des partisans de Benito Juarez. La paix civile n'en fut pas garantie pour autant. L'entourage de Miramon parvint alors à approcher l'impératrice, laquelle s'acharna à convaincre Napoléon III, son époux, de mettre une expédition sur pied. Il fallut, pour ce faire, s'assurer le concours de l'Angleterre et de l'Espagne. Le rêve américain de l'empereur devait s'achever dans la débâcle, le 22 février 1866. Il avait caressé le rêve d'instituer un empire catholique et latin susceptible de faire pièce aux appétits grandissants des États-Unis. Cette couronne fut offerte à l'éphémère empereur Maximilien, né à Vienne en 1832, mort à Querétaro en 1867. Il était le frère de l'empereur François-Joseph, archiduc d'Autriche.

Les raisons de la présence française au Viêt-nam étaient tout autres. En 1802, la dynastie des Nguyên, au terme de guerres incessantes, était enfin parvenue à réunifier la région, lui donnant le nom de Viêt-nam. Cette indépendance était incompatible avec les aspects les plus voyants de l'influence occidentale. Elle conduisit donc le nouveau pouvoir à persécuter chrétiens et missionnaires, ce qui devait entraîner l'intervention immédiate des Français. L'amiral Rigault de Genouilly prit Saigon en 1859. Trois ans plus tard, un traité cédait la Cochinchine à la France. La voix des fusils ne mit pas longtemps à couvrir celle des « chiffons de papier » que sont souvent les traités. Nombreux étaient les autochtones à lutter contre la présence française. La pacification fut longue et les rébellions fréquentes. Près d'un siècle plus tard, les Français étaient chassés d'Indochine, tout comme les Américains allaient l'être vingt ans après, non sans avoir cyniquement participé à notre éviction, notons-le au passage.

C'est dans ces contrées lointaines que Jean-Marie Goron brûlait de montrer sa bravoure. En attendant, il se contenta, à Lyon, de montrer son mauvais caractère. Dès le premier jour de caserne, il se fit ainsi convoquer par le capitaine Deleuze, qui dirigeait le 39e de ligne. Son adjudant-chef l'ayant insulté et ayant raillé ses origines bretonnes, le jeune Goron s'était donc chargé de lui démontrer que, en matière d'injures et de langue verte, les gars de Rennes n'étaient pas en reste sur les sous-officiers lyonnais.

Contrairement à ce que l'on aurait pu attendre – on ne badinait pas avec la discipline militaire en ce temps-là –, le capitaine Deleuze n'eut pas la main trop lourde. Mieux, il refusa d'accéder à la requête du sous-officier qui exigeait que Jean-Marie Goron soit traduit devant un conseil de guerre. Quoique homme de guerre, le capitaine Deleuze était avant tout homme de cœur. S'il avait estimé que la conduite de Goron était certes condamnable, il jugeait celle de l'adjudant-chef parfaitement inqualifiable. À ses yeux, un sous-officier avait le devoir de ne pas manquer de respect à un inférieur hiérarchique. Jean-Marie Goron fut donc simplement tancé et prié de ne pas récidiver [1].

Ses classes achevées, il fut affecté en Martinique, colonie dans laquelle, à l'époque, il ne se passait jamais rien. Enfin, en mars 1867, après de longs mois d'oisiveté, une mission fut confiée à son régiment. Un bataillon de zouaves qui s'en revenait du Mexique au terme de combats héroïques s'était mutiné, une fois arrivé dans son casernement, le fort Desaix, situé à l'est de l'île. À moitié ivres morts, ils avaient tué tous ceux qui entendaient leur résister, hommes de troupe et officiers. Il fallut deux jours d'un siège acharné pour en venir à bout.

Jean-Marie Goron s'était pour la première fois servi de son fusil. Et ç'avait été pour faire couler du sang français. Son officier en était désespéré. Après ce triste fait d'armes, il demanda à être

1. Se rappelant l'incident, il devait expliquer plus tard, dans ses mémoires : « La leçon me profita d'autant plus qu'elle avait été juste et modérée dans la forme. À partir de ce jour, je compris ce qu'était le devoir et fus un soldat si discipliné que, pendant les cinq années que je suis resté au service, je n'ai eu que quatre jours de salle de police. Depuis, j'ai eu bien souvent à gourmander et à punir les hommes que j'avais sous mes ordres, et toujours, quand la colère allait m'emporter, je revoyais devant moi le capitaine Deleuze... » (*Les Mémoires de M. Goron*, Jules Rouff, éditeur).

versé dans les tirailleurs sénégalais. Sa mère, qui ne l'entendait pas de cette oreille, lui acheta alors un remplaçant[1]. Il obtint malgré tout de demeurer dans l'armée, comme simple artilleur, finissant même par gagner ses galons de lieutenant.

Ces galons-là en avaient la forme et la couleur, mais pas la valeur, n'ayant pas été gagnés au feu. Le jeune Goron n'eut pas le temps de s'apitoyer davantage sur son infortune : la guerre de 1870 venait d'éclater.

En septembre 1868, en effet, la reine Isabelle II d'Espagne avait été déposée. Madrid demeurait sans souverain. Pour lui succéder, on pensa alors à son frère Léopold, issu de la célèbre famille allemande des Hohenzollern. Napoléon III, qui entretenait déjà des rapports tendus avec la Prusse, était résolument contre ce choix, ne voulant pas être pris en tenaille sur ses flancs sud et nord. Otto von Bismarck, le Premier ministre prussien, savait aussi que cette situation était inacceptable pour la France. Le point de non-retour fut atteint le 13 juillet 1870 lorsque Vincent Benedetti, notre ambassadeur à Berlin, fut cavalièrement éconduit par le roi Guillaume Ier. Pour Bismarck, l'occasion était rêvée. Le 14, il rédigeait la fameuse dépêche d'Ems, texte dont la volontaire sécheresse rompait avec le style traditionnellement feutré de la littérature diplomatique : « Sa Majesté le roi a refusé de recevoir encore l'ambassadeur de France et lui a fait dire par l'aide de camp de service qu'elle n'avait plus rien à lui communiquer. »

Bismarck eut alors cette phrase : « Ce texte produira sur le taureau gaulois l'effet du chiffon rouge. »

1. C'était encore l'époque des « marchands d'hommes ». Ce genre de pratique était alors coutumier. Un homme, pourvu qu'il soit fortuné, pouvait échapper à ses obligations militaires en payant quelqu'un pour qu'il les accomplisse à sa place. Ce qui permettait à certains intermédiaires d'empocher de confortables bénéfices. Plus tard, une fois devenu chef de la Sûreté, Jean-Marie Goron retrouva la trace de celui qui lui avait trouvé ce remplaçant. L'ancien marchand d'hommes était devenu commis à la préfecture de police.

« C'est un soufflet sur la joue de la France ! » s'exclama aussitôt le duc de Gramont, notre ministre des Affaires étrangères. Adolphe Thiers tenta bien de calmer les esprits en prévenant : « Pour une question de forme, vous êtes décidés à verser des flots de sang », il ne fut pas entendu. L'historien Jacques Bainville eut ensuite ces mots : « La "dépêche d'Ems" a produit l'effet qu'avait calculé Bismarck. À Paris, la foule réclamait la guerre. On criait : "À Berlin !" Émile Ollivier [ministre de la Justice et des Cultes de Napoléon III] prononça ce mot qui pèse encore sur sa mémoire : "Cette responsabilité, nous l'acceptons d'un cœur léger." Bismarck l'acceptait aussi. C'était lui qui avait sa guerre. Elle lui fut déclarée, comme il le souhaitait, le 19 juillet 1870. »

À cette époque, Jean-Marie Goron était caserné à Rennes. Avec quelques-uns de ses amis, il décida de s'engager dans le prestigieux corps des turcos[1]. Les dieux de la guerre, pourtant, refusèrent une nouvelle fois de lui sourire. Alors qu'il rejoignait un cortège patriotique dans les rues de Rennes, il fut passé à tabac par quatre ouvriers qui ne supportaient pas qu'un « bourgeois » puisse brandir le drapeau français[2]. Comble d'infortune, au lieu de partir en découdre avec les Prussiens, il se retrouva affecté à Blida, en Algérie, endroit à propos duquel on n'a jamais entendu dire que les Prussiens avaient ouvert un second front.

Le 3 septembre 1870, enfin, Goron put regagner la France. Mais nos armées étaient déjà en déroute, l'empereur défait à Sedan. C'est durant ce jour funeste qu'il arriva à Paris avec une poignée de camarades. La capitale était en ébullition. L'Empire

1. Nom familier donné aux tirailleurs algériens, corps fondé sous le règne de Louis-Philippe. Les « turcos » portaient une courte chéchia et un saroual, attributs vestimentaires généralement réservés aux Ottomans, d'où leur surnom de « turcos ».

2. Les quatre hommes en question appartenaient à la... Ligue de la paix. Et Jean-Marie Goron de noter dans ses mémoires : « Il paraît que c'est cela la politique. On veut toujours prendre le drapeau, et quelquefois autre chose, à celui qui le porte. »

n'était plus et Léon Gambetta [1] venait d'instaurer son gouvernement de Défense nationale, qui n'était rien d'autre qu'une coalition hétéroclite, composée dans l'urgence et la précipitation. La plupart de ses figures étaient pâlottes, à l'exception, toutefois, du fameux polémiste Henri Rochefort, indécrottable opposant qui n'aimait rien tant que d'être pour tout ce qui est contre et contre tout ce qui est pour.

Né à Paris en 1831, Henri Rochefort était entré en journalisme comme on entre en religion. Après quelques incursions dans le roman, le vaudeville et la critique dramatique, il affûta sa plume, qu'il avait rosse, dans les colonnes du *Figaro*. Dès la publication des lois de 1868 tendant à réglementer les prérogatives de la presse, il fonda le journal satyrique *La Lanterne*. C'est dans celui-ci, en exergue du premier numéro, qu'il lança la formule devenue célèbre : « La France contient trente millions de sujets, sans compter les sujets de mécontentement. » Le troisième numéro de *La Lanterne* fut saisi ; à la dixième livraison, Rochefort, condamné à un an de prison, dut s'acquitter de dix mille francs d'amende. Il préféra se réfugier en Belgique d'où il continua de publier son brûlot, clandestinement diffusé en France, dans... des bustes de plâtre à l'effigie de Napoléon III !

Mais revenons plutôt à Jean-Marie Goron et à son arrivée dans la capitale. La foule parisienne en liesse, ivre de ferveur patriotique, n'avait de cesse de s'en aller arracher Henri Rochefort à sa prison de Sainte-Pélagie [2]. Trop tard, il avait été élargi

1. Né à Cahors en 1838, Léon Gambetta s'était inscrit au barreau en 1859. Entré tôt en politique, il professait une haine quasi viscérale du Second Empire. Élu député de Belleville, à Paris, il sera l'un des fondateurs et des principaux inspirateurs du futur Parti radical.

2. Sainte-Pélagie était l'une des plus anciennes prisons de Paris. Bâtie en 1662, elle était à l'origine une fondation consacrée à la réinsertion des « filles repenties ». Trois ans plus tard, elle fut transférée rue du Puits-de-l'Ermite, actuellement dans le Ve arrondissement. Maison d'arrêt en 1790, elle devint prison départementale en 1811 avant d'être finalement démolie en 1895.

le matin même. C'est ensuite par hasard que Jean-Marie Goron et ses camarades de bordée guerrière s'en allèrent rôder du côté de la place de l'Hôtel-de-Ville. Là, Henri Rochefort haranguait l'assistance. Une fois qu'il eut conclu sa diatribe vigoureuse, il se noya au milieu de l'attroupement, serrant au hasard les mains qui se tendaient vers lui. La première qu'il étreignit fut celle d'un petit turco, transi d'admiration devant le grand homme, le polémiste ardent, l'incarnation même d'un certain patriotisme à la française : la main de Jean-Marie Goron, futur directeur de la Sûreté nationale.

Cette poignée de main, la joyeuse bande devait la fêter trois jours durant. À cause de leurs uniformes de turco, Goron et ses amis passaient tous pour les héros de Wissembourg [1].

Jean-Marie Goron fut aussitôt affecté au 15e corps d'armée qui s'en allait livrer un dernier combat et défendre ce qui demeurait d'honneur national. Il n'eut guère l'occasion de se battre. Les débris de l'armée française étaient en déroute. Ses plus fidèles compagnons rendirent l'âme les uns après les autres, au terme d'escarmouches anonymes, mais non sans panache. L'un de ses plus vaillants frères d'armes, celui dont le courage – l'inconscience, voire – était devenu légendaire au sein de son régiment, se prénommait Ali. Ali était noir comme le charbon. En bon turco, formé sous la férule des pères blancs et des sous-officiers de la coloniale, il ne comprenait pas que l'empereur ait pu rendre son *moukala* à l'ennemi.

Un *moukala* était un fusil, la raison d'être, l'honneur d'un soldat. Ali mourut bravement aux côtés de Jean-Marie Goron. Ce dernier, ayant épuisé toutes ses munitions, avait dû battre en retraite, non sans avoir brisé le *moukala* d'Ali afin qu'il ne tombe pas aux mains des Prussiens.

1. Le 4 août 1870, à Wissembourg, dans le Bas-Rhin, les troupes françaises avaient infligé un premier – et dernier – revers à l'armée de Bismarck.

Le député Martin-Feuillée avait longuement acquiescé. Il comprenait cet attachement, ce sens de l'honneur et du devoir. Lui-même, élevé dans la même tradition patriotique, manifestait une évidente fierté à voir que ce sentiment était également partagé par les « sauvages » des colonies sur lesquelles les couleurs françaises claquaient aux alizés lointains [1].

Jean-Marie Goron n'avait pas eu le temps d'offrir au défunt une sépulture décente. Il s'était donc contenté d'une brève prière et d'un signe de croix esquissé à la sauvette. La vie devait suivre son cours ; la guerre aussi. Il rejoignit ce qui demeurait de son unité, participa à quelques accrochages d'arrière-garde, n'y gagna pas de médailles, mais des pieds gelés. Il échoua finalement dans un hôpital de campagne. Allongé sur un brancard de fortune, à moitié inconscient, Jean-Marie Goron eut tout juste la force d'entendre que le chirurgien projetait de l'amputer des pieds. Il refusa. Le médecin, de guerre lasse, céda. Il arrive que les patients fassent preuve de plus de clairvoyance que ceux qui sont censés les soigner. En effet, le député Martin-Feuillée put constater que les pieds de son interlocuteur étaient toujours là. Intacts.

Puis, le cœur à jamais meurtri par la défaite des armées impériales, Jean-Marie Goron décida de quitter la France, *sa* France. Il lui fallait maintenant s'en aller, respirer l'air du grand large, s'emplir le regard d'horizons nouveaux. Peu de temps après sa démobilisation, il avait pris femme et eut rapidement deux enfants, mais était toujours ce grand diable efflanqué avide d'aventures. S'étant lié avec un certain John Lelong, ancien ambassadeur argentin à Paris, il décida de devenir colon.

Son épouse, ses parents, évidemment, voyaient cette nouvelle

1. Il est vrai qu'aujourd'hui encore les combattants coloniaux n'ont jamais été récompensés de leur bravoure. Nulle plaque, nulle fête commémorative. L'injustice est telle qu'en 1995 le groupe de funk-rap Zebda évoqua brillamment le sujet dans son album *Le bruit et les odeurs*. Les turcos ont parfois des enfants inattendus.

toquade d'un œil sombre. « Toi ! Un paysan ? s'étaient-ils esclaffés en chœur. – Oui, avait-il répondu. Je serai paysan. »

Il faut avouer, à sa décharge, que les perspectives et les opportunités étaient prometteuses. Ainsi lui avait-on fait miroiter des territoires vierges à mettre en valeur dans le Gran Chaco, plaine immense de la province de Formosa, aux environs du río Paraná, à la frontière de l'Argentine et du Paraguay. Les indigènes y étaient dociles et la terre si grasse, si fertile, qu'il suffisait qu'on souffle dessus pour que les céréales y poussent à vue d'œil et que les vaches y deviennent obèses.

La réalité, malheureusement, ne correspondit que de loin à ce qu'il attendait des lointaines contrées argentines. Il y trouva certes l'aventure mais point le bonheur. Et encore moins la richesse.

Jean-Marie Goron et sa petite famille se retrouvèrent donc dans une bicoque insalubre, au milieu de quelques dizaines d'émigrés italiens. L'ensemble de la colonie pataugeait dans la boue, sous la pluie, grelottant de froid et de fièvre. Subsistant péniblement, les colons devaient, en sus, affronter à la fois les innombrables partis de pillards indiens et la corruption des fonctionnaires argentins.

À propos de ceux-ci, Jean-Marie Goron adressait, dès son retour, cette lettre[1] à son ami diplomate, John Lelong :

> Je tenais à vous faire un rapport assez détaillé de tous les agissements dont j'ai été témoin pendant mon séjour dans la république argentine. Quoique j'aie éprouvé moi-même bien des déboires, bien que j'aie été victime des promesses fallacieuses de certains personnages haut placés, je tiens à protester de toutes mes forces contre les faits imputés au gouvernement argentin qui a toujours fait les plus grands sacrifices pour

1. Toutes les lettres et les notes de Jean-Marie Goron citées dans cet ouvrage proviennent des archives personnelles de l'auteur.

favoriser l'immigration et qui n'a qu'un seul tort, celui d'accorder une confiance aveugle à des fonctionnaires sans patriotisme et sans dignité, n'ayant qu'un seul but : s'enrichir aux dépens de la patrie et des malheureux étrangers qui ont foi en leurs promesses.

Eu égard au travail que nous fournissions pour la nation argentine, nous étions en droit de prétendre à des animaux de choix. Au lieu de cela, les colons reçurent des chevaux auprès desquels la cavale de don Quichotte était un pur-sang anglais, des bœufs maigres et n'ayant jamais vu de joug, des vaches presque sauvages qu'il était impossible de traire. Bref, des animaux qui ne valaient pas le quart du prix payé par le gouvernement.

Il lui fallut ensuite se résigner à revenir au pays. Il n'avait plus le choix. Les inondations avaient détruit son *rancho*, son bétail était décimé par une épidémie jusqu'alors inconnue. Pis, son fils aîné succomba à une fièvre maligne.

Il ne lui restait plus qu'à prendre le premier bateau pour le vieux continent en compagnie de sa femme et du dernier de ses enfants. Le 2 septembre 1880, ils arrivaient à Santos, dans l'État de Saõ Paulo, au Brésil. Leur navire arborant les couleurs du Kaiser, toute la colonie allemande s'y rua afin d'y fêter l'anniversaire de la défaite française de Sedan. Le capitaine, lui aussi allemand, s'y opposa, sachant qu'il se trouvait une famille française à son bord. Il estima qu'en cette occasion une telle commémoration l'aurait fait manquer à la plus élémentaire des courtoisies. L'initiative du capitaine était plus qu'élégante. Sa vie durant, Jean-Marie Goron devait évoquer l'anecdote avec une émotion non feinte, avouant même n'avoir jamais pu trouver les mots justes pour remercier l'officier de son geste.

D'où ce 31 décembre 1880, où nous l'avons retrouvé sans le sou, sans guère plus d'illusions. Il n'avait même pas eu de quoi s'acheter un costume décent et était contraint de déambuler dans Paris affublé de ses habits de gaucho qui faisaient se gausser les femmes et rire les enfants.

Il supplia donc le député Martin-Feuillée de lui trouver n'importe quel travail. Il était prêt à tout accepter pourvu que sa famille puisse enfin manger à sa faim. Le député lui assura qu'il ferait tout ce qui était en son pouvoir pour lui venir en aide.

Jean-Marie Goron avait alors trente-deux ans. Le bel âge. Celui de la maturité. Il se mentait néanmoins à lui-même en prétendant se satisfaire de la première place venue.

Certes, son séjour argentin s'était soldé par une totale catastrophe. Il dut malgré tout en concevoir une secrète nostalgie, car en 1901, il consignait dans ses archives l'articulet suivant, publié le 6 février de la même année par le quotidien *Le Gaulois*[1] : « Les autorités et les habitants de la ville de Formose, capitale du territoire de Formosa (Gran Chaco), réunis sous la présidence du gouverneur, ont décidé de donner le nom de Goron à un superbe lac qui se trouve dans l'estancia des ingénieurs Mayer et Bonnaccio. On sait que M. Goron est un des fondateurs de la colonie de Formosa. »

C'est le cœur plus léger que Jean-Marie Goron quitta le domicile du député rennais, fort d'une lettre de recommandation signée de la main de son compatriote. Incorrigible, il avait postulé pour une place de commissaire de bord sur les paquebots transatlantiques. L'affaire paraissait être jouée d'avance. La guigne, pourtant, s'acharna sur lui une fois encore : il n'y avait pas une seule place disponible avant plusieurs mois.

Il n'était évidemment pas question de faire appel à ses parents qui avaient déjà consenti de nombreux sacrifices financiers. Telle

1. Fondé en 1868 par Arthur Meyer, *Le Gaulois* était l'organe de prédilection de la droite monarchiste de l'époque. Il fut ensuite absorbé par *Le Figaro*.

une âme en peine, il décida d'entrer dans le premier bistrot venu afin de faire le point de la situation. Il commanda un ballon de rouge. Un journal traînait sur le zinc.

Machinalement, il le feuilleta. Une petite annonce attira soudain son attention : « Louis Besnard [1], rue Saint-Denis, procure place à tous ceux qui s'adressent à lui. »

Dès le lendemain, Goron se rendait à l'adresse indiquée. Bien mis de sa personne, élégamment vêtu, Louis Besnard avait de délicieuses manières. Il assura :

– Mais bien sûr, monsieur Goron, un homme de votre trempe ne devrait avoir que l'embarras du choix. Je me fais fort de vous trouver une place à la hauteur de vos compétences. Il vous suffira pour cela de me laisser vingt francs de droits d'inscription.

Aussi, Jean-Marie Goron n'hésita pas un seul instant à dépenser ses derniers sous. Son cœur battait à tout rompre. Le « placeur » lui avait fait miroiter un emploi à cinq cents francs mensuels. Pour commencer, il va sans dire : ces émoluments étaient censés augmenter très rapidement.

Il revint rue Saint-Denis trois jours plus tard. Louis Besnard n'avait pas encore la place promise, mais ce n'était plus qu'une question d'heures. Semblable réponse lui fut faite le lendemain, le surlendemain ainsi que les autres jours.

Jean-Marie Goron commençait à désespérer. Bien sûr, l'idée ne lui vint pas un seul instant à l'esprit que la petite annonce pouvait n'être qu'une banale escroquerie. De tels sentiments étaient étrangers à sa mentalité de soldat, de colon. De guerre lasse, il décida tout de même de s'en remettre une nouvelle fois à Martin-Feuillée, son bienfaiteur.

– Mon pauvre ami, j'ai eu beau faire jouer tous mes contacts, il n'y a aucune place disponible de commissaire de bord sur les paquebots transatlantiques !

---

1. Étant donné le rôle peu reluisant joué par ce personnage, l'emploi d'un pseudonyme a semblé plus opportun.

Faisant fi de tout orgueil et n'ayant pas mangé depuis deux jours, Jean-Marie Goron se résolut à demander :

– Et une simple place de commissionnaire, ou n'importe quoi d'autre...

– Oui, bien sûr, ce serait envisageable, répondit le député de Rennes. Mais... j'y pense ! Andrieux, mon ami, le préfet de police ! Il faudrait vraiment que nous jouions de déveine pour qu'il ne vous trouve pas une place de gardien de la paix !

Le député eut soudain un petit sourire en coin avant d'ajouter :

– Au fait, j'allais oublier ! Ce que vous m'avez dit, à propos de ce Louis Besnard... Sauf votre respect, mon cher ami, vous avez été michetonné dans les règles de l'art !

– « Michetonné », c'est-à-dire ?

– C'est-à-dire qu'un aigrefin a abusé de votre crédulité. Un peu comme ces jeunes Bretonnes que les souteneurs subornent dès leur arrivée à Paris. La vie est ici parfois cruelle pour les provinciaux égarés dans la capitale.

Jean-Marie Goron rougit imperceptiblement. Chacun des mots prononcés par le député était une épine plantée dans sa chair, dans son orgueil. Oui, c'était ça. Il avait été « michetonné », tel le cousin de province qu'on promène en ville. La jungle parisienne était finalement plus redoutable que les plaines du Chaco argentin.

Il grogna :

– Je vais aller lui régler son compte de ce pas !

– N'en faites rien, mon cher Goron. Vous n'êtes plus chez les sauvages d'Amérique du Sud. Sachez qu'ici les différends peuvent se résoudre autrement qu'à coups de fusil... Menacez-le juste de porter plainte et je gage qu'il vous rendra vos vingt francs. En attendant, allez voir mon ami Andrieux. J'imagine que les voyous des tropiques et les pillards indiens ne sont guère différents de nos bandits : vous devriez faire un policier tout à fait acceptable !

– Si vous le dites...

Faisant contre mauvaise fortune bon cœur, Jean-Marie fit donc comme avait dit le député. Menaçant l'escroc de porter plainte, il récupéra ses vingt francs ; reçu par le préfet Andrieux, il se vit offrir une place d'inspecteur.

Le beau mot que celui-ci... inspecteur ! Un mot qui devait à n'en point douter peser son poids de galons et de fourragères. Il ne pesait en fait que peu de chose, soit le simple statut de gardien de la paix. Ce qui était déjà beaucoup, lui fit-on comprendre, pour un ancien soldat en rupture de ban. Il lui fut en sus ordonné de passer un concours d'admission. Ce qu'il fit avec succès, à défaut d'enthousiasme.

Son accessit en poche, il se rendit ensuite rue de Viarmes, au commissariat dit de la Halle-aux-Blés, où l'attendait l'officier de police Dodieau, un homme au visage dur, à la moustache fière et à la barbe longue.

– Bien, monsieur Goron, très bien, dit Dodieau. Vous avez passé ce concours haut la main. Cela dit, avec votre fichu caractère, je ne vous prédis pas un grand avenir dans l'administration. À votre place, j'abandonnerais de suite. Je vous donne deux jours pour réfléchir. Deux jours, pas un de plus.

On avait vu des affaires mieux engagées.

Jean-Marie Goron eut du mal à manger durant les quarante-huit heures qui suivirent et éprouva plus encore de difficultés à dormir. Il était rompu – ou, tout du moins, avait-il fini par le devenir – à la discipline militaire. Restait à s'acclimater à celle de la police, avec tout ce qu'elle comporte de mots prononcés à mi-voix et autres contingences de basse politique.

De toute façon, il n'avait plus le choix. Il le savait.

L'histoire de la police, que ce soit celle de France ou d'ailleurs, ne date pas d'hier. Le terme même de « police » est issu du latin *politia* et du grec *politeia*, deux mots qui signifient : « administration d'une ville ». Au plus loin que l'on puisse remonter dans l'histoire des peuples, on trouve des policiers. Dans l'Égypte antique, les pharaons plaçaient auprès de chacun de leurs quarante-deux nomarques, équivalents de chefs de région, des officiers chargés d'arrêter les criminels et de procéder à des instructions judiciaires en bonne et due forme. Postés aux frontières, d'autres fonctionnaires officiaient, eux, en tant que gendarmes et douaniers. À la même époque, en Chine, soit quelques milliers d'années avant l'ère chrétienne, l'empereur chargeait un préfet de police de garantir l'ordre public des cités les plus importantes du pays. Pareillement, chez les Incas, chaque groupe de dix familles était soumis à la surveillance d'un officier de police, un *mayoc*, dont la charge était de veiller au respect des lois et aux bonnes mœurs des citoyens.

Les Grecs n'étaient pas non plus en reste, quoique leur système ait été plus subtil. Leurs policiers, les poliarques, étaient ainsi tirés au sort tous les mois. Méthode qui devait éviter à certains de se signaler par un excès de zèle et d'empiéter sur la liberté de leurs congénères. En effet, une fois le mois de service révolu, le poliarque retournait dans le « civil ». Et malheur à lui s'il avait eu la main trop lourde... Les policiers romains, eux, portaient le nom d'édiles. Ils étaient sensiblement chargés des mêmes tâches que leurs collègues grecs : maintien de l'ordre public, sûreté des biens et des personnes, prévention des incendies et entretien de la voirie. La charge d'édile était élective. Particularité qui nuisait souvent au bon exercice de leurs fonctions, les citoyens ne manquant jamais de leur rappeler l'adage : « Souviens-toi qui t'a fait roi... » Pour remédier à cet inconvénient, l'empereur Auguste, le petit-neveu de Jules César, qui régna au début de notre ère, décida de les remplacer par des préfets de ville, équivalents de nos futurs préfets de police. Un préfet avait la charge d'une ville. Pour ce faire, il était secondé de quatorze curateurs de police. Cette savante organisation, embryon de nos polices modernes, fut évidemment peu à peu imposée à tout l'empire. C'est ainsi que Lutèce eut droit à son premier préfet de ville en 270 après Jésus-Christ.

Mais après l'invasion des hordes barbares venues de l'Est, ce premier préfet de Paris eut toutes les difficultés du monde à asseoir sa toute nouvelle autorité. S'ensuivit une longue période d'anarchie durant laquelle toute la machine judiciaire et policière fut à reconstruire de fond en comble. Ainsi, jusqu'au XIIe siècle, les polices ne furent que seigneuriales avant d'être finalement placées sous la tutelle des communes. Les policiers d'alors cumulaient les fonctions d'administrateurs, d'enquêteurs et de juges. Ce qui n'alla pas sans quelques abus et autres approximations dans la manière de rendre la justice. À Paris, en 1032, quelques efforts furent toutefois consentis afin de mieux centraliser les services de police sous l'ordre d'un prévôt officiant sous les autorités parisiennes et dont le Châtelet faisait office de résidence. Mais parler déjà de « police moderne » serait s'avancer tant les pouvoirs et les juridictions se trouvaient inextricablement enchevêtrés.

Diverses autorités campaient jalousement chacune sur ses prérogatives : le roi, l'évêque, le prévôt des marchands, les abbayes et les universités. Tout cela ne pouvait qu'aboutir à de joyeux désordres. Pour tout arranger, le prévôt ne disposait que d'une force de frappe de soixante archers. Autant dire qu'avec de tels effectifs, assurer l'ordre public relevait de la gageure. Comme si un tel embrouillamini ne suffisait pas, le « guet bourgeois » obligeait, chaque soir, une des innombrables corporations de la capitale à assurer un tour de garde. Lequel, il faut l'avouer, consistait, pour les braves commerçants et artisans désignés « volontaires », à faire la sieste, à l'abri des chemins de ronde et des tours de guet, et surtout à détourner la tête si d'aventure un ruffian arrivait en vue.

En 1302, le roi Philippe le Bel se décidait enfin à rationaliser la police parisienne en découpant la capitale en douze secteurs placés sous la juridiction d'autant de « commissaires-enquêteurs ». Sous l'autorité de François Ier, la modernisation suivit son cours avec la création d'un corps de police de campagne, fait de lieutenants et d'archers, ancêtre de l'actuelle gendarmerie. Pendant le règne de Louis XIV, les pouvoirs de la police parisienne connurent un nouveau développement. Parmi leurs nouvelles fonctions : l'éclairage des rues et le ramassage des ordures. Un peu plus tard, en 1724, c'est elle qui décidera d'apposer des plaques à chaque rue et d'en numéroter les immeubles.

Ces diverses fonctions avaient en fait été résumées par Colbert, ministre du roi, le 13 août 1669 : « Nous avons reconnu que les moyens les plus seurs pour maintenir la seureté et tranquillité publique estoient de créer des officiers pour tenir la main à l'exécution des ordonnances et règlements de police. Avoir, sous les commissaires du Châtelet, inspection sur le nettoyement des rues, les lanternes et lumières publiques et sur tout ce qui concerne le règlement de police. »

Après 1789, les pouvoirs de police furent ensuite dévolus à des commissaires de police mis sous les ordres d'un « lieutenant criminel » siégeant au Châtelet. Ensuite, un ministère de la Police fut institué par une loi datant du 12 nivôse an IV, soit aux alentours de l'automne 1797. Ce ministère fut supprimé le 15 septembre 1802 pour être ensuite rétabli le 10 juillet 1814. Quatre ans plus tard, le ministre de la Police était remplacé par un directeur de la Police. L'administration française est ainsi faite qu'elle s'est de tout temps déchirée en de byzantines querelles quant aux justes appellations de ses innombrables arcanes bureaucratiques.

Jusqu'en 1817, la recherche des malfaiteurs avait été confiée aux simples commissaires de police et autres officiers de paix d'arrondissement. Lesquels n'avaient sous leurs ordres que quelques inspecteurs. Les enquêtes se heurtaient souvent à d'autres policiers peu enclins à ce que l'on vienne empiéter sur leurs plates-bandes. Au-delà d'un secteur, la loi et ses représentants n'étaient plus les mêmes. Les malfaiteurs avaient alors beau jeu de passer d'un quartier à l'autre pour échapper aux rigueurs de la maréchaussée.

Les hommes politiques et autres gouvernants, s'étant rendu compte de ce « vide » juridique, mirent donc sur pied une nouvelle unité, la brigade de sûreté, dont l'autorité s'étendait sur l'ensemble de la capitale. Créée en 1817, cette brigade eut pour premier chef un homme dont le souvenir demeura ancré dans la mémoire du grand public : Vidocq.

François Eugène Vidocq, né à Arras en 1775 et mort à Bruxelles en 1857, s'était tout d'abord rendu célèbre en se faisant condamner pour faux à huit ans de travaux forcés. C'est à sa troisième tentative qu'il parvint à s'évader du bagne où il était enfermé. Il devint ensuite policier. Fort de cette promotion inespérée, il recruta d'anciens forçats pour le seconder. Il démissionna de son poste en 1827 pour fonder une fabrique de papier. Son entreprise ayant fait faillite, il revint dans la police quelque temps plus tard pour finalement en être renvoyé, suite à un vol caractérisé. Notons que sa vie tumultueuse inspira à Honoré de Balzac le personnage de Vautrin dans son livre *Splendeurs et misères des courtisanes*.

De ce policier fameux, Jean-Marie Goron dressa, longtemps après son départ de l'institution policière, le portrait suivant dans une correspondance personnelle : « De formes colossales, les cheveux blonds, le nez long, les yeux bleus, la bouche riante, en un mot, l'aspect agréable, Vidocq s'était échappé du bagne, mais il avait été repris. Doué d'une imagination vive, d'un esprit ardent, le galérien souffrait affreusement dans sa captivité. Aussi résolut-il de conquérir sa liberté à tout prix. Il se souvint qu'il avait déjà servi ce "cuisinier" (indicateur) pour les services de police ; il offrit donc à la deuxième division de servir l'administration comme "mouton" et, en même temps, il adressait un rapport détaillé sur un certain nombre de forçats évadés qui étaient incarcérés à Bicêtre[1] sous des noms supposés. Grâce à

1. Ancien hospice, autrefois édifié par le roi Louis XIII pour y soigner les soldats.

ses indications précises qui furent soigneusement contrôlées, Vidocq fit arrêter un grand nombre de faussaires et de voleurs dont il connaissait, pour les avoir fréquentés, les habitudes et le caractère. Il recouvra ainsi la liberté. Mais il devait procurer chaque mois un nombre de malfaiteurs fixé d'avance sous peine de reprendre sa chaîne au bagne. Pour cette besogne, Vidocq touchait cent francs par mois plus une prime par tête d'individu arrêté. Ecce homo. »

Est-il besoin de préciser que nous sommes loin des icônes habituelles ? Vidocq, l'un des pères fondateurs de la police moderne... une simple balance, une banale donneuse, un vulgaire demi-sel ? C'était en tout cas l'intime conviction de Jean-Marie Goron.

Laissons-le plutôt poursuivre : « Vidocq fut chargé de réprimer les crimes et les délits. Un bureau lui fut créé à cet effet, rue Pavée, dans le Marais. Quant à lui, il devait loger au 6, rue Sainte-Anne, puis rue de l'Hirondelle. Ne pouvant agir seul, il lui fallut des collaborateurs. Il eut la permission de les prendre partout et les recruta lui-même. Aussi, quel recrutement ! La douzaine d'agents qu'il réunit sous sa direction étaient d'anciens forçats comme lui, qu'il avait exhumés des cabanons de Bicêtre. Ses deux secrétaires furent Barthélemy, dit “Coco-Latour” ou “Latour”, et Decustor. Un nommé Goury, son ami intime, fut investi des fonctions de sous-chef. Ses agents acquirent rapidement une réputation qui leur valut le nom resté célèbre de “bande à Vidocq”. »

On décèle sans peine une relative amertume dans ces quelques lignes. Cette idée de la police ne correspondait certes pas à celle que Jean-Marie Goron s'en faisait auparavant, lorsque tout juste émoulu de l'armée, il persistait à vouloir servir l'État français.

Notons que l'emploi de fripouilles pour supplétifs des forces de l'ordre serait pendant longtemps l'une des vilaines habitudes de notre police tel qu'en témoigna, durant la Seconde Guerre mondiale, le recrutement par Henri Lafont, patron de la Gestapo française, de divers rebuts de prison [1]. Quelques années plus tard, ce fut au tour du pouvoir gaulliste d'employer, dans sa lutte contre l'O.A.S., les crapules les moins recommandables [2].

Mais revenons à l'histoire de François Vidocq. Rétrospectivement, Jean-Marie Goron ne fut pas plus touché que de raison de son renvoi. Il reconnaissait pourtant quelques qualités à ce policier pas tout à fait comme les autres : « Cet homme qui eut en main de puissants moyens d'action réussit, à quelques rares exceptions près, toutes les affaires qu'il entreprit. »

Une fois Vidocq évincé, Barthélemy – ou plutôt « Coco-Latour » – prit sa succession. À cette époque, en 1827, le nombre d'agents de police passa à trente pour la seule capitale. De tels chiffres font rire aujourd'hui. Les salaires aussi : ce corps devait se débrouiller avec un budget annuel de... cinquante mille francs, soit une somme éminemment dérisoire, même pour l'époque.

Puis, quatre arrêtés, respectivement publiés les 25 septembre, 17 novembre, 20 et 25 décembre 1832, décrétèrent la naissance d'une police municipale, embryon de la future Direction de la sûreté nationale. Au fil des années, ses effectifs ne cessèrent d'augmenter. La délinquance aussi, ceci expliquant probablement cela.

Lorsque, en 1880, Jean-Marie Goron fit son entrée dans la police, cette dernière était forte de trois cents inspecteurs, cinq inspecteurs principaux, dix brigadiers, vingt sous-brigadiers et deux commis. Le 30 avril 1887, le service de sûreté devenait indépendant du chef de la police et était rattaché au cabinet du préfet de police de Paris.

À partir de la Révolution, la police française avait ainsi été organisée de façon plus centralisée, plus... jacobine. En revanche, son homologue anglaise fonctionnait encore – et fonctionne

1. Pour plus de précisions, se reporter, entre autres ouvrages, à *Paris-Gestapo*, de Henri Sergg, Jacques Grancher éditeur, 1989.

2. Lesquelles étaient souvent rescapées des équipes de feu Henri Lafont...

toujours – selon un droit coutumier remontant au Moyen Âge. Ainsi les policiers britanniques étaient-ils, comme en France autrefois, titulaires de charges et non simples employés par l'État. Lequel ne bénéficiait que de modestes prérogatives, que ce soit de l'un ou l'autre côté de la Manche. Les Anglais auraient certes bien aimé réformer leur police. Ils durent reculer devant l'ampleur de la tâche.

L'historien Jean Bourdier, auteur d'un passionnant ouvrage consacré à ce sujet[1], explique : « Au XVIIIe siècle, une fantaisie fiscale lourde de conséquences – comme les fantaisies fiscales le sont généralement – avait rendu le gin presque aussi peu cher que la bière, et l'alcoolisme avait fait, avec tout ce qu'il peut entraîner, des pas de géant. En 1816, les troubles s'aggravèrent encore et, peu après, le ministre de l'Intérieur, Henry Addington, doubla les effectifs de police à Londres, qu'il répartit en seize circonscriptions au lieu de huit. »

Ces « fantaisies fiscales » entraînèrent bientôt la démission d'Henry Addington en 1822. Robert Peel, son successeur, tenta alors de réorganiser de fond en comble la police londonienne sur un modèle plus rationnel, en un mot, plus « français ». Aussitôt, le malheureux Peel fut accablé de protestations et de critiques. Et le même Jean Bourdier de noter : « Une commission parlementaire, pourtant réunie à sa demande, s'empressa de souligner la difficulté "de concilier un système de police efficace et les principes de liberté d'action et de non-intervention dans les affaires des citoyens qui sont le privilège et la bénédiction de la société de ce pays". La commission estima que porter atteinte à ces privilèges constituerait un trop grand sacrifice à une amélioration du travail de police et de détection du crime, si désirable que puisse être celle-ci dans l'abstrait. »

Les Anglais préféraient donc rogner sur l'autorité policière

1. *Scotland Yard, les dossiers d'une police pas comme les autres*, Jacques Grancher éditeur, 1995.

– au mépris avoué de l'« efficacité » – afin de mieux préserver les libertés du citoyen. Ainsi, chaque fois que Robert Peel tenta de centraliser un peu plus la police anglaise, il lui était immanquablement répondu : « Vous voulez vraiment que l'Angleterre ressemble à la France... » À l'époque déjà, et ce jusqu'au début de ce siècle, nous avions la réputation d'être la nation la plus « fliquée » d'Europe, celle où les citoyens sont systématiquement fichés en fonction de leurs seules idées politiques... Les Anglais semblent persister dans le chemin inverse depuis plus de deux siècles.

Cette parenthèse refermée, revenons-en à notre jeune impétrant, Jean-Marie Goron.

Les yeux pétillants de malice, l'officier de police Dodieau lui demanda :

– Alors, votre décision est prise ? Vous persistez à vouloir devenir policier ?

– Oui.

Le regard de Dodieau s'illumina davantage. Il s'exclama d'une voix moqueuse :

– J'imagine que je fais erreur... Mais il n'empêche qu'il me fut pourtant rapporté que vous avez eu affaire aux services du dénommé Louis Besnard ?

Humilié, Goron reconnut :

– Oui. Et je crois avoir été « michetonné », comme on dit à Paris.

La réaction de Dodieau fut immédiate : il se mit à rire à gorge déployée. Puis, condescendant :

– Quand je vous dis que vous n'êtes pas fait pour ce métier ! Enfin... Il ne faut jamais contrecarrer les vocations, même les plus invraisemblables. Sacré Goron !

Ce dernier fit mine de ne pas avoir entendu ce pesant sarcasme. Il avait décidé de domestiquer sa fougue et son mauvais caractère.

Il avait fait une croix sur son épique jeunesse, et sa famille, surtout, avait faim. Il n'avait d'autre issue que celle, détestable, qu'on lui offrait du bout des doigts : obéir et se taire.

Refuser pour attendre une meilleure situation, au demeurant des plus aléatoires. Et finir à la rue, miséreux. Ou accepter en attendant de faire ses preuves. C'est évidemment la seconde solution qu'il choisit.

Le jeune homme qui avait passé son existence à chercher la guerre et l'aventure courbait enfin l'échine.

Deux ans plus tard, à Paris, rue Montmartre. Tous les nuages avaient décidé de déverser leur trop-plein d'eau sur la capitale. Jean-Marie Goron, qui avait abandonné son costume de gaucho pour une tenue plus « européenne », eut tout juste le temps de se réfugier à l'abri d'une porte cochère avant d'être complètement noyé.

À ses côtés, se tenait un homme au dos voûté. Il avait dû porter plus beau naguère mais, pour l'heure, ressemblait à un petit vieillard. Sa peau était grise et hâve, ses vêtements sales et chiffonnés.

– Louis Besnard ! Pour une surprise, c'est une surprise !

L'escroc, la mine contrite, répondit :

– Je vous avais pourtant rendu vos vingt francs... Pourquoi m'avoir dénoncé ?

Les yeux écarquillés, Jean-Marie Goron assura, la main sur le cœur :

– Vous avez ma parole de turco que j'ai tu cette affaire ! Si vous me connaissiez mieux, vous devriez savoir que j'étais parfaitement capable de vous loger une balle dans la tête, mais pas de vous dénoncer au juge.

– Je vous crois, monsieur Goron, je vous crois. Et quel métier exercez-vous désormais ?

– Policier...

– Ce n'est vraiment pas mon jour de chance. Il y a parfois de ces hasards dans la vie...

– Elle n'est même faite que de ça, sourit Goron.

Penaud, l'aigrefin s'en alla. Sa silhouette chenue fut rapidement avalée par la pluie battante. Goron ne revit plus jamais Louis Besnard et ne chercha pas davantage à l'inquiéter. Après tout, c'était un peu grâce à lui qu'il était devenu policier.

Il y a plus d'un siècle déjà, le célèbre Moulin-Rouge traînait une réputation sulfureuse. Pour attirer la clientèle – bourgeois et aristocrates en quête d'émotions fortes, le plus souvent – ses patrons étaient prêts à tous les sacrifices. C'est ainsi qu'ils prirent l'habitude de « louer » faux anarchistes et apaches de pacotille afin de faire frémir d'aise des clients traditionnellement corsetés. Bien sûr, certains anarchistes de seconde zone se prêtaient au jeu sans qu'il soit besoin de les rétribuer.

La vedette la plus en vogue du Moulin-Rouge était incontestablement ce Valentin le Désossé qu'a immortalisé le grand Toulouse-Lautrec. Un escogriffe interminable, capable de telles pirouettes qu'on aurait juré qu'il n'était que muscles et cartilages distendus. Si le contorsionniste se tenait soigneusement à l'écart de ces anarchistes, sincères ou stipendiés, ces derniers constituaient pourtant une large part de son public, le suivant dans chacun de ses déplacements, que ce soit au Moulin-Rouge ou dans des cabarets de moindre envergure.

Il fallait tôt ou tard que la police soit avertie de cet étrange attelage. L'affaire arriva donc sur le bureau de Dodieau, au commissariat de la Halle-aux-Blés. Jean-Marie Goron, grand liseur devant l'éternel, était alors plongé dans la littérature russe. Son esprit naturellement exalté était farci des exploits et complots des nihilistes russes. Ces derniers, lointains cousins des anarchistes, étaient nés sous le régime tsariste. Leur doctrine politique se résumait en peu de mots : toute contrainte exercée par un quelconque État ou gouvernement – fût-il issu du peuple – sur un individu ne pouvait être que vaine. À la recherche d'une liberté absolue autant qu'abstraite, ils s'acharnaient à faire exploser tout bâtiment et à abattre tout représentant censés incarner cet ordre public tant honni.

C'est dire son intérêt lorsque Dodieau le convoqua dans son bureau et ordonna :

– J'ai une mission pour vous, Goron ! Selon un de nos informateurs, des révolutionnaires sont censés se réunir ce soir dans un cabaret de la rue Montorgueil dont voici l'adresse. À vous de jouer !

Goron s'empara aussitôt de son arme, vérifia qu'elle était bien chargée et se précipita dans le hall du commissariat. Là, il ne trouva que deux policiers pour seul renfort. Désillusion. On voulait le mettre à l'épreuve, c'était évident. On lui avait jeté le gant. Il était bien décidé à le relever.

Une fois la nuit tombée, Jean-Marie Goron prit le chemin du cabaret, accompagné de cette maigre escorte. Parvenu à l'endroit indiqué par le mystérieux informateur, il ordonna :

– Un qui garde la porte d'entrée, l'autre qui surveille celle de l'arrière. Il serait étonnant qu'un tel bouge n'offre pas une sortie dérobée aux moins recommandables de ses clients !

Il poussa ensuite la porte, s'attendant à choir dans une sombre caverne où l'attendraient quelques dizaines de conspirateurs encagoulés, bombes à la main. Au lieu de ça, le patron des lieux, un grand gaillard à la mine réjouie, lui lança un sonore :

– Bonjour, monsieur l'inspecteur ! Que puis-je pour votre service ?

– Ça se voit donc tant que ça ? demanda Jean-Marie Goron.

– ...

– Il faut croire que oui, soupira-t-il.

À quelques mètres d'eux, Valentin le Désossé paraissait indifférent à la scène. Les orteils dans les oreilles, il avait la colonne vertébrale à l'équerre. À y mieux regarder, un sourire malicieux déformait son visage caoutchouteux.

Le maître des lieux désigna une table de la main au policier. Pas vraiment à l'aise, ce dernier y prit place.

– Ces messieurs vont venir vous voir...

– Qui donc ?

– Mais les anarchistes, les nihilistes ! Qui voulez-vous que ce soit d'autre ? s'étonna le patron du cabaret.

En effet, une file de barbus hirsutes, de pas rasés, de mal lavés et autres marginaux de tout poil, qui arboraient pour la plupart casquette, moustaches et foulard rouge, se forma instantanément. Un par un, ils firent station à sa table, déclinant leur état civil et vidant méticuleusement le contenu de leurs poches devant lui.

Après une heure de ce manège, Jean-Marie Goron repartait avec pour seul butin : un canif ébréché, un revolver qui ne fonctionnait plus depuis longtemps – tombé de la poche de son propriétaire – et une poignée de tracts chiffonnés et hâtivement imprimés qui portaient la peu crédible signature du *Comité révolutionnaire*. Lequel était inconnu au bataillon des divers agités et agitateurs parisiens. Bref, une véritable pêche miraculeuse...

Maugréant contre tant d'infortune, Jean-Marie Goron prit le chemin du commissariat de la Halle-aux-Blés, feignant de ne pas remarquer les regards narquois de ses deux subordonnés. Enfin, il ne rentrait pas complètement bredouille : Valentin le Désossé était discrètement venu le voir à la fin de sa représentation et lui avait fourni quelques renseignements de seconde main, relatifs à son public habituel. Deux, trois bricoles intéressantes, mais rien de révolutionnaire. Du moins, pas plus révolutionnaire qu'un autre *Manifeste* découvert rue Montorgueil, qui n'était autre qu'un inepte baragouin de mots sans suite, d'idées vagues et de phrases creuses.

Valentin le Désossé donc, à en croire Jean-Marie Goron, n'aurait été, hormis ses indéniables talents d'artiste, qu'un vulgaire indicateur. Peut-être, peut-être pas...

Son accusateur devait plus tard résumer cette expédition en ces termes : « Nous n'arrêtâmes personne. Mais, avant d'aller me coucher, je dus recopier la liste complète des conspirateurs dressée par M. Dodieau. On ne parlait pas encore vraiment d'anarchistes. Le mot "révolutionnaire" suffisait à désigner les violents. Je crois bien cependant que cette liste fut l'embryon du fameux livre des anarchistes [1], conservé depuis si précieusement à la préfecture de police. » Puis, mélancolique, il ajoutait : « J'éprouvai un vague sentiment d'ennui de cette première incursion forcée dans la politique. Autant il me semble que c'est le devoir de la police d'intervenir quand un crime ou un attentat sont commis, autant il me paraît absurde de déranger des gens qui se contentent de distribuer des bouts de papier. Rien n'est plus dangereux que les coups d'épée dans l'eau. J'ai eu bien souvent l'occasion de m'apercevoir, depuis, que ces opérations de police, faites avec solennité, ainsi que les arrestations opérées en masse, n'ont d'autre résultat que de monter l'imagination des exaltés et de leur donner la folie du martyre. » C'est bien vu et tel propos aurait pu avantageusement inspirer les diverses polices politiques qui se sont succédé depuis.

Cette première année de vie policière s'était déroulée dans une langueur certaine. Affecté à des tâches humbles, « mais qui n'étaient pas sans noblesse », tel que lui rappelait à tout propos son supérieur Dodieau, Jean-Marie Goron rédigeait notes et rapports, supervisait l'envoi de pièces à conviction et de procédure. Poursuivant son apprentissage, il dut aussi se rompre aux rondes de nuit et se frotter à la face sombre de la « Ville lumière ».

1. Un tel livre a-t-il réellement existé ? Il est vrai que les archives de la police française cèlent encore tant de mystères.

Le quartier des Halles abritait à l'époque une population déshéritée qui subsistait dans une misère crasse. Pour supporter la froideur de la nuit, les pauvres en étaient le plus souvent réduits à se réfugier dans la boisson. La promiscuité forcée aidant, les sages-femmes ne chômaient pas. Entre autres missions, Jean-Marie Goron devait enregistrer les dépositions des malheureuses – filles mères, pour la plupart – qui désiraient abandonner leur enfant à l'Assistance publique. Au moment où on emportait leur enfant, elles se bouchaient les oreilles de désespoir afin de ne plus entendre son babil ou ses cris. Il y en avait d'autres qui, au moment de se séparer de leur petit, n'en trouvaient plus la force et préféraient repartir avec lui, seules dans la nuit, le froid et l'indifférence.

La date du 14 juillet, acte de baptême de la république triomphante, venait tout juste d'être choisie pour fête nationale, une fête à laquelle tous n'étaient manifestement pas conviés. Cette année-là, les feux d'artifice avaient été grandioses à Paris. L'un avait été tiré au pont du Point-du-Jour ; l'autre au carrefour de l'Observatoire. Paris, la Ville lumière, rayonnait de tous ses feux. Poètes, musiciens, écrivains, touristes fortunés s'y pressaient, chaque année plus nombreux. Les arts y étaient rois, la science y était tout autant à l'honneur. L'heure avait enfin été unifiée, grâce à un pesant système d'horloges pneumatiques.

Mais les pendules, fussent-elles accordées, n'auraient pu suffire à assurer la cohésion de ce peuple que le pouvoir politique s'était acharné à diviser avec l'affaire des congrégations. Jules Ferry voulait une France « sans Dieu ni roi ». Ministre de l'Instruction publique, puis président du Conseil de 1880 à 1881, il décidait d'en finir une bonne fois pour toutes avec l'influence de l'Église catholique sur la société française. L'école qu'il voulait instituer se devait d'être strictement laïque, pour ne pas dire athée, voire antireligieuse. Il avait fait sienne la maxime de Voltaire : « Écrasez l'infâme ! » Comme l'Église ne l'entendait évidemment pas de cette oreille, il décida de dissoudre trois cents congrégations catholiques. La troupe fut donnée contre ceux qui résistaient. Les portes volèrent à coups de hache tandis que les religieux étaient traînés sans ménagement sur le sol. Inutile de préciser que les débats qui s'ensuivirent au Palais-Bourbon furent houleux. Une fois de plus, une France se dressait contre une autre France, ce qui est d'ailleurs devenu chez nous une sorte de sport national.

Jules Ferry parvint néanmoins à ses fins en instituant l'enseignement « laïque, gratuit et obligatoire ». Pour faire bonne mesure, il fut également à l'origine de la loi autorisant le divorce et entreprit de purger la magistrature de ses éléments les plus « réactionnaires ». Simultanément, il se fit le champion de l'expansion coloniale française, excipant du « devoir des peuples civilisés de mettre dans leurs rapports avec les peuples barbares la plus grande patience, celle d'une race supérieure qui ne conquiert pas pour son plaisir ». Ce faisant, il marchait sur les traces de Voltaire, auguste ancêtre de la Révolution française, qui assurait, à propos des populations noires dans son *Essai sur les mœurs et l'esprit des nations* : « Leurs yeux ronds, leur nez épaté, leurs lèvres toujours grosses, leurs oreilles différemment figurées, la laine de leur tête, la mesure même de leur intelligence, mettent entre eux et les autres espèces d'hommes des différences prodigieuses. Et ce qui démontre qu'ils ne doivent pas cette différence à leur climat, c'est que les Nègres et les Négresses, transportés dans les pays les plus froids, y produisent toujours des animaux de leur espèce et que les Mulâtres ne sont qu'une race bâtarde d'un Noir et d'une Blanche, ou d'un Blanc et d'une Noire. Il n'est pas improbable que, dans les pays chauds, des singes aient subjugué des filles. »

Mais, loin de l'épopée coloniale, de ce racisme patelin dont la gauche de l'époque s'était approprié le douteux monopole, plus loin encore de l'effervescence artistique et mondaine du gai Paris, le peuple était écrasé de misère. Après la loi sur les congrégations et la perte d'influence de l'Église catholique, il ne pouvait même plus se servir de la croix comme d'une béquille. Celle sur le divorce avait laminé nombre de familles, laissant autant de mères sur le carreau. Paris, Ville lumière, ville des lumières, présentait un visage à la Janus en lequel cohabitaient deux faces contradictoires, quoique étroitement imbriquées.

Paradoxalement, mais peut-être était-ce là le prix à payer pour son insouciance passée, Jean-Marie Goron se découvrit une authentique vocation policière en côtoyant une telle détresse, passion qui transparaît dans ses mémoires : « Je me passionnais pour mon nouveau métier. J'étais entré dans la police par hasard, alors que j'étais à la recherche d'une position sociale, et maintenant mon métier m'empoignait. Je vivais sans cesse le drame qui m'intéressait tant à lire jadis, quand j'avais la passion des romans ; et la chasse aux malfaiteurs, plus émouvante que celle des bêtes fauves dans l'Amérique du Sud, me tentait. Je commençai à comprendre la grandeur philosophique du rôle de l'homme de police, s'il est honnête. Ce dévouement de toute une vie à la défense de ses semblables, et cette lutte de tous les instants contre ce que toutes les morales humaines ont toujours appelé le mal m'enthousiasmaient. »

Une nouvelle affectation amena ensuite Jean-Marie Goron quelques rues plus loin, au commissariat de Saint-Germain-l'Auxerrois. Puis, il s'en alla du côté de la Sorbonne. L'endroit devait être propice à la littérature, le commissaire local n'étant autre que le père d'un romancier naturaliste aujourd'hui oublié des encyclopédies : Oscar Méténier. Il lui fallut attendre un nouveau poste, celui de Neuilly, pour mieux se rompre aux ficelles du métier. Il était désormais secrétaire titulaire. Son commissaire, un certain Lejeune et qui, de fait, était plus jeune que lui, laissa à Jean-Marie Goron une grande latitude et un peu de cette indépendance qui lui faisait si cruellement défaut depuis ses années de guerre et sa folle équipée argentine.

Il fallait pourtant s'y attendre, ce ne fut pas au détour du bois de Boulogne qu'il ressentit l'émoi aventureux. Jean-Marie Goron avait l'habitude : entre la piètre enquête au cours de laquelle il avait fait la connaissance de Valentin le Désossé, quelques autres menus dossiers de moindre importance et les tonnes de paperasse à remplir quotidiennement, il n'ignorait pas qu'il lui faudrait faire preuve de patience pour pouvoir s'atteler un jour à de plus nobles tâches.

En attendant, il eut à traiter – la loi des séries, peut-être – un certain nombre de suicides. Le premier de ces désespérés s'était pendu dans une maison en construction. Lorsque Jean-Marie Goron arriva sur les lieux du drame, le pendu était encore chaud. Autour du défunt, une dizaine de personnes attendaient sans bouger. À l'évidence, ils auraient pu le sauver mais, tel qu'il le nota plus tard : « Le préjugé populaire, la vieille légende, fondée sur je ne sais quelle tradition absurde, qui veut qu'on ne détache point un pendu avant l'arrivée de la police, avait été plus forte que les sentiments d'humanité de tous ces braves gens, qui regardaient, bouche bée, le pauvre diable se balancer dans l'espace, pendant que le vent gonflait sa blouse. »

De même, parfois les mariniers repêchaient des cadavres flottant sur les rivières ou les canaux. La coutume, aux origines obscures, était de leur laisser les pieds dans l'eau tout le long du trajet. Ayant droit à une prime pour ce menu service rendu, il arrivait souvent que les mariniers charrient le macchabée de la Seine jusqu'en Seine-et-Oise, département dans lequel la récompense pour un tel repêchage était notoirement plus élevée. Comble du comble, s'il y avait prime pour la récupération d'un défunt, la loi n'avait rien prévu pour ceux qui sauvaient quelqu'un de la noyade. De là à penser que certains attendaient un laps de temps « raisonnable » avant de porter secours à l'infortuné... Il n'y a pas de petits profits, même pour un honnête marinier.

Le bois de Boulogne, à la fin du siècle dernier déjà, était le lieu de ralliement des filles perdues, des gens interlopes et des grands bourgeois en quête de voluptés inédites. Il était fréquent que la police y organisât des battues. Jean-Marie Goron excellait dans cet exercice qui lui rappelait les grandes chasses qu'il aimait à organiser à Formosa. Il fit ainsi la connaissance d'une sympathique prostituée, ancienne gloire des boulevards du temps du roi Louis-Philippe et qui, à soixante-sept ans, tapinait encore avec une belle énergie. Il découvrit aussi un gamin de quatorze ans et une fillette de deux ans sa cadette, vraisemblablement abandonnés par leurs parents, qui vivaient là depuis des années, en marge de cette ville dans laquelle ils n'avaient jamais osé pénétrer. Sales comme des peignes et demeurés à l'état sauvage, ces deux enfants étaient incapables de s'exprimer autrement que par cris et borborygmes.

À fréquenter une telle faune, à patauger jour après jour dans la fange et les bas-fonds de la ville, on se dégoûte rapidement et on change de métier ou l'on devient fin psychologue. C'est cette seconde voie qu'emprunta Jean-Marie Goron. Il s'occupa ainsi de diverses affaires, modestes, histoires de mœurs, rapines, escroqueries, larcins et crimes crapuleux. Petit à petit, le métier rentrait, bien qu'il en contestât parfois certains aspects. Ayant un jour surpris un forain à tricher, il le convoqua dans son bureau pour le lendemain matin. L'escroc s'y présenta à l'heure dite, arborant son plus beau sourire et présentant son « condé », carte signée du très officiel service des jeux qui lui assurait une théorique impunité. Goron ne put rien faire contre lui, mais exigea qu'il quitte le périmètre parisien dans la journée.

Il eut plus tard cette pertinente remarque : « Cette vieille tradition de police qui consiste à avoir pour agents secrets des filous comptant sur l'impunité non seulement est immorale, mais absurde. Du reste, on y a renoncé aujourd'hui [1]. Est-ce que

1. Ce qui demeure à démontrer !

les individus qui complotent pour changer la forme du gouvernement vont aller raconter leurs petites affaires devant une baraque de foire ? Est-ce qu'on peut ajouter foi aux renseignements fournis par un voleur qui peut avoir intérêt à perdre un ennemi ou un concurrent ? »

Puis, à force d'obstination, Jean-Marie Goron devint commissaire avant d'être finalement nommé, le 6 octobre 1886, adjoint de M. Taylor, directeur du service de la Sûreté. En six ans, sa progression avait été fulgurante. Les moyennes affaires avaient succédé aux petites enquêtes. Il était désormais un policier avec lequel il fallait compter.

Doué d'un sens inné de l'observation, Jean-Marie Goron était devenu un infatigable scrutateur de l'âme humaine et de ses tréfonds. Insensible au luxe, à l'argent et aux plaisirs faciles, il acquit rapidement une réputation de rigueur qui jamais ne le quitta. Finalement, il avait trouvé sa voie. Ce qui était somme toute paradoxal pour un homme auquel on avait fermement déconseillé de tenter carrière dans la police.

CHAPITRE II

L'amour à Paris, le rose et le noir...

« Il y a peu d'honnêtes femmes qui ne soient lasses de leur métier. »

LA ROCHEFOUCAULD

Paris – cette réputation ne date pas d'hier – est connue pour être la ville de tous les plaisirs, de toutes les débauches. Mais si la prostitution est le plus vieux métier du monde, la police des mœurs[1], concept assez récent, ne date que du siècle dernier, la surveillance des ribaudes n'étant autrefois qu'une des multiples tâches des forces de police. Contrairement aux autres services, spécialisés dans la lutte contre le simple banditisme, les attributions de la section des mœurs étaient moins nettement définies. Ainsi pouvait-elle aussi s'occuper des problèmes de drogue ou de jeu. Forte d'un inspecteur principal, d'un brigadier, de quatre sous-brigadiers et de trente inspecteurs, elle était, telle que la décrit Jean-Marie Goron au XIXe siècle, « chargée de la constatation et de la répression des faits de débauche, sur la voie publique et de toutes autres missions intéressant la morale ». De plus : « Elle avait dans ses attributions la surveillance des maisons

1. La police des mœurs changea plusieurs fois de nom. Elle devint plus tard brigade mondaine parce que son patron, homosexuel notoire, trouvait une connotation déplaisante au mot « mœurs ».

de tolérance au point de vue des règlements administratifs, service de moins en moins pénible, car tuées par la concurrence extérieure, les maisons de tolérance diminuaient tous les ans et tendaient à disparaître. »

Cette section des mœurs, pour reprendre les propres termes de Jean-Marie Goron, « constatait » donc plus qu'elle ne réprimait. En fait, elle était surtout chargée de contenir le « vice » dans des proportions raisonnables : tolérance pour les maisons du même nom et répression pour les filles exerçant leurs talents sur la voie publique hors de tout contrôle administratif. La prostitution a toujours eu ceci d'étrange en nos contrées d'être à la fois licite et illicite. Le client avait le droit de consommer, la fille de joie n'avait pas celui de l'appâter. Bref, nécessaire au bon fonctionnement de la société, la fille de joie en était, de fait, plus ou moins exclue.

Le paradoxe dure encore et le jour ne semble pas près de venir où quelqu'un s'attachera à le résoudre. Il n'empêche que la vie en société a tout de l'éternel recommencement : les policiers se plaignaient alors, comme aujourd'hui et avec la même virulence, de l'envahissement des trottoirs par les putains, déplorant l'époque révolue où elles se laissaient mener de bonne grâce au commissariat le plus proche et ne se débattaient point comme des diablesses... Mais il est vrai que du temps de la Rome antique, Juvénal stigmatisait déjà, dans ses *Satires*, le laxisme moral généralisé, la jeunesse hédoniste et la perte des valeurs ancestrales ayant fait, autrefois, la grandeur des fils de la Louve. Le premier à avoir tenté de réglementer ce commerce n'est autre que le roi Saint Louis. Au début de son règne, animé d'une foi d'airain, mais probablement un rien trop impétueuse, il considéra que la prostitution, incompatible avec ses convictions chrétiennes, devait être purement et simplement interdite. Les désordres sociaux qui s'ensuivirent furent tels qu'il revint rapidement sur sa décision. Puisque le vice était inévitable, fallait-il au moins qu'il se terre afin de ne point offenser la vue des honnêtes gens.

Ce fut donc ce roi très chrétien qui organisa, le plus légalement du monde, le statut des maisons closes, lesquelles fonctionnaient avant dans un parfait désordre juridique. Il pensa aussi aux ribaudes qui désiraient quitter la profession en créant des établissements dans lesquels, au terme de quelques mois de prière et de pénitence, ces jeunes femmes apprenaient à se transformer en de parfaites femmes d'intérieur. On se débrouillait ensuite pour leur trouver des maris point trop regardants quant à leur passé mouvementé, généralement veufs ou célibataires prolongés, trop heureux d'égayer le crépuscule de leur vie. En échange, ces femmes bénéficiaient d'un statut social, d'un foyer, d'une considération nouvelle auxquels elles n'auraient pu autrefois prétendre. Ce marché était somme toute honorable.

La plupart des maisons closes de l'époque étaient rassemblées dans quelques rues, à l'instar des autres corporations. C'est aux abords de la rue Saint-Honoré qu'elles fleurissaient principalement. Les noms de certaines impasses ou ruelles perpétuent encore ces lointains souvenirs. La rue du Pélican, par exemple. En effet, au XIVe siècle, les pouvoirs publics avaient contraint les filles de joie à se raser le pubis, suite à une recrudescence de morpions et autres bestioles peu aimables dans la capitale. Fleurant la bonne affaire, certaines d'entre elles, rétives à ce commandement et soucieuses des goûts de leurs clients, s'étaient repliées dans une rue qu'elles baptisèrent la rue du « Poil-au-Con ». Une appellation malicieuse qui, pruderie bourgeoise oblige, fut transformée au XIXe siècle en rue du « Pélican ».

Pourtant, à en croire certains observateurs de l'époque, cette fin de XIXe siècle connaissait un extraordinaire regain de luxure. Le docteur Léon Larrivé évoquait-il le sujet ainsi dans *La Clinique générale de chirurgie*, austère revue médicale : « La police des mœurs est à l'ordre du jour. Elle y a toujours été d'ailleurs, mais personne ne s'en occupait plus. On apprenait bien, de temps en temps, que des rafles avaient été faites dans tel ou tel quartier, que cinquante ou soixante filles avaient été ramassées, emmenées au dépôt, pour, de là, aller à Saint-Lazare ou tout simplement être relâchées : cela n'avait qu'une importance secondaire pour le public. Notre bonne bourgeoisie ne sortait un peu de sa torpeur que lorsque la femme ou la fille d'un honnête employé ou commerçant était arrêté par "mégarde", traînée au poste et rendue à sa famille seulement après vingt-quatre ou trente-six heures de détention, heureuse si elle s'en tirait sans avoir subi, en plus, une outrageante "visite". »

Voilà bien là où blessait le bât. Tant que des pauvresses faisaient commerce de leur corps, peu de gens trouvaient à y redire. En revanche, dès qu'une femme de la bonne société se livrait au même négoce – pour s'offrir un manteau de fourrure ou goûter à des joies inédites [1] – rien n'allait plus.

Le docteur Larrivé, probablement mû par un louable souci de la bonne tenue morale des classes laborieuses, était d'un tout autre avis. Et d'évoquer le destin emblématique de la modeste cousette, jeune fille innocente placée par ses parents désargentés chez un modiste parisien : pour lui, la question était entendue, la pucelle venait de mettre un pied en enfer. « La jeune fille a été soigneusement élevée et surveillée par sa mère ; elle entre, à quinze ans, à l'atelier où sont employés, comme elle, une centaine de femmes, autant peut-être d'hommes. Elle se trouve dès lors dans un milieu très expérimenté au point de vue du travail et de l'art – nos ouvriers parisiens ont une réputation universelle – mais, aussi, vicié, je n'oserais pas dire dépravé ; et, quand bien même il n'y aurait pas, dans les salles de travail, de mélange entre l'élément masculin et l'élément féminin de l'usine, il se produit forcément dans les couloirs, dans les cours, au milieu des nécessités intimes et inévitables de l'existence dans une grande agglomération, et plus encore, dans la rue, à la sortie, un contact, une promiscuité

1. Ce type de prostitution occasionnelle est encore aujourd'hui en vigueur. Notons que ces « voltigeuses » sont la hantise des professionnelles qui leur reprochent souvent de casser les prix.

qui, fatalement, jetteront la fillette, au bout d'un temps plus ou moins long, dans les bras d'un des employés de maison. »

Le rapport avec la prostitution ? Il coulait de source dans l'esprit du bon docteur. Une fois déshonorée par le premier gommeux venu, le destin de l'infortunée était à jamais scellé. Enceinte des œuvres du satyre, il lui était désormais interdit de revenir chez ses parents. Léon Larrivé concédait certes qu'un bon mariage pouvait encore rattraper l'affaire, mais jugeait plus fréquent que la fille mère n'ait d'autre choix que le trottoir pour subvenir aux besoins du petit bâtard. Poursuivant son raisonnement, somme toute assez révélateur des mentalités d'alors, notre docteur estimait que la cause de tous ces maux, de tous ces désordres, était le besoin incongru qu'avaient certaines familles modestes de s'élever au travers de leur progéniture : « C'était pourtant une honnête fille lorsque ses parents, ouvriers aisés ou petits bourgeois, l'ont placée dans un atelier de mode ou de couture, dans un instinct de supériorité intellectuelle et artistique, de somptuosité relative, ne voulant pas que leur fille fût une simple mercenaire ou manœuvre comme eux. Et, cependant, c'est ce qui l'a perdue ! » Curieuse conception de l'ascension sociale des classes laborieuses...

La police, elle, ne s'embarrassait pas de tels distinguos. Les filles étaient classées en deux catégories bien distinctes : les « soumises » et les « insoumises ». Parmi les premières, les « filles à numéro ». Installées dans les maisons closes, dûment répertoriées, inscrites au registre, elles suivaient scrupuleusement le règlement édicté à leur sujet. Les « filles à carte » exerçaient elles aussi librement, bien qu'ayant leur nom au registre de la préfecture de police ou à la mairie. Les autres, les « insoumises », cibles privilégiées des services de police, travaillaient dans la clandestinité sans le moindre contrôle sanitaire[1].

---

1. Cette préoccupation, assez récente, remonte aux campagnes italiennes de François Ier à l'occasion desquelles les soudards français ramenèrent au pays nombre de maladies vénériennes. Avant, et ce dès le règne du roi Louis VII,

Ce système, loin d'être parfait, avait au moins l'avantage de garantir un statut à la fille de joie. Ce n'était certes qu'un demi-statut, un statut qui en faisait des citoyennes de seconde zone. Il était néanmoins préférable à celui que subissent aujourd'hui les prostituées qui, privées de tous droits sociaux, de toute protection, n'ont d'existence légale qu'au moment de s'acquitter de leurs impôts... lesquels sont d'ailleurs calculés de la façon la plus fantaisiste, leur métier – et leur personne, même – n'ayant pas d'existence officielle.

Autre problème, tout aussi préoccupant pour la police de l'époque : la fameuse traite des Blanches.

Les 21, 22 et 23 juin 1899, trois ans après que Jean-Marie Goron eut pris sa retraite, se tint ainsi un Congrès international de la répression de la traite des Blanches, à Londres, à l'instigation de la Vigilant Association. Y étaient présents, pour la France, les sénateurs Béranger et Denis, le père du Lac de la compagnie de Jésus, ainsi que quelques dames de la bonne société.

Et *Le Matin*[1] de saluer en ces termes la délégation française où les catholiques semblaient faire bon ménage avec les protestants : « Il a fallu, certes, un certain courage, nous serions tentés de dire une certaine audace, pour solidariser ces noms, si opposés, dans une même pensée. S'intéresser à de pauvres filles que

---

les prostituées étaient consignées dans leurs maisons pour de simples raisons de morale et de religion, sans que leur santé ou celle de leurs clients soient prises en considération.

1. Quotidien fondé en 1884 par des journalistes américains. Les éditoriaux en étaient tour à tour rédigés par des hommes de gauche et de droite, tels Jules Vallès et Emmanuel Arène, Cornély et Paul de Cassagnac. *Le Matin* disparut en août 1944. Investi par une troupe de F.F.I. en armes, il abrita un temps les services du *Populaire* avant que son siège ne devienne finalement celui de *L'Humanité*.

leurs antécédents, parfois, ne signalent pas à l'indulgence, mais qui sont victimes des circonstances et victimes surtout d'une odieuse exploitation. »

L'Éclair[1], lui, préférait conter par le détail le calvaire de ces malheureuses, non sans une certaine dose, voire une dose certaine, d'humour involontaire : « Devant les établissements de plaisir, flânent d'apparents badauds. Les mains derrière le dos, bedonnants, de lourdes breloques battant le gilet, ils passent et repassent sous la nappe lumineuse de l'entrée féerique. » Voilà pour le décor. Voyons maintenant le comportement du prédateur : « Si une campagnarde, papillon de nuit que la lueur attire, s'y attarde, reluquant de ses grands yeux curieux et naïfs les affiches, les images, les lumières, tout le brutal racolage du plaisir et de l'amour, l'homme s'approche. »

Le tendre agneau n'est pas loin de se faire croquer par le loup. Et il ne s'agit pas de n'importe quel loup. Qu'on en juge : « Ce n'est pas un galant en quête d'une aventure, c'est un entrepreneur. Il ne propose point à la niaise une débauche dont il paierait l'écot, mais une affaire. Il sait une place, une bonne place, où l'on a de beaux gages, peu de choses à faire. Point de patronne revêche, de mioches piailleurs ; mais une dame toujours de belle humeur et des fêtes dont on a sa part. L'autre écoute, bouche bée, se laisse séduire à ce discours digne des anciens racoleurs. C'est un racoleur, en effet, que cet homme. Il recrute pour l'armée du vice. »

Nonobstant la présentation un rien rocambolesque des faits, *L'Éclair* résumait la situation en ces termes : « Nombreuses sont les personnes qui se sont vivement inquiétées du nombre considérable de jeunes Françaises appelées chaque année en Russie.

1. Quotidien fondé en 1887 à Paris. Tout d'abord simple journal d'information, la rumeur veut que son cléricalisme affiché en ait fait l'un des principaux relais du Vatican en matière de politique étrangère. Il fusionna ensuite avec *L'Avenir*, en 1918.

À maintes reprises, la police a cherché à connaître les termes des contrats d'engagement des deux ou trois cents jeunes personnes qui vont annuellement en Pologne ; il a été établi qu'un certain nombre d'entre elles cherchaient à dissimuler leur âge, que beaucoup qui n'étaient que domestiques ou cuisinières s'étaient fait engager comme artistes... »

Les destinations changent, la rouerie de certains, la naïveté des autres, non. À la fin du XIXe siècle, le mirage africain, les rêveries arabes et les chimères tropicales n'étaient pas encore de mise. C'était en Russie que de jeunes sottes pensaient faire carrière en tant qu'« artistes ». L'histoire de ces jeunes filles imprudentes ? Toujours la même : « Le prédateur décide la fille à s'engager. Plus tard, elle criera ou se taira. Elle se tait souvent, quand elle a compris, car il est déjà trop tard pour reculer. Puis, comment reculer ? C'est au loin qu'il envoie sa cargaison. »

La Fronde, périodique oublié depuis, préféra, le 10 juin 1899, traiter l'affaire en des termes moins grandiloquents et attirer l'attention du public sur la « piste russe », citations du journal moscovite *Novosti* à l'appui : « Ce commerce, explique *Novosti*, a pris dans l'Europe occidentale de vastes proportions. C'est la ville de Jassy[1] qui en est le centre. (...) Il y a deux ans, on a arrêté, à Odessa, un marchand d'esclaves russes et on a saisi chez lui toute une correspondance avec des sous-agents à Jassy, à Bruxelles, à Riga et ailleurs. Cette édifiante correspondance nous a appris qu'il se trouve un peu partout, dans les campagnes de la Russie aussi bien que dans les villes, des agences en rapports suivis avec les grands marchands d'esclaves et les ogresses des maisons publiques. »

L'Europe de l'Est paraît décidément propice à ce genre de trafics. L'actualité la plus récente nous a ainsi révélé que nombre de réseaux de trafic d'enfants passaient désormais par la Russie et ses anciens pays satellites. Les réalisateurs de films pornographiques

1. Jassy, ou Iasi, ancienne capitale de la Moldavie, l'un des plus grands centres culturels roumains.

ont flairé le filon. Depuis la chute du mur de Berlin, c'est en Hongrie, en Pologne, en Russie ou en République tchèque qu'ils vont s'approvisionner en filles. Elles ont la réputation – non usurpée – d'être d'une rare beauté. Peu gourmandes sur les tarifs, elles sont de plus singulièrement ignorantes des problèmes liés au sida.

Que pensait Jean-Marie Goron de ce trafic ? Dans la continuité du congrès de Londres évoqué précédemment, il répondait aux questions de *L'Éclair* : « C'est le souteneur qu'il faut atteindre... et la loi ne les atteint pas. Un exemple : à la suite de scandales répétés, je reçus l'ordre de purger Paris des souteneurs qui l'infestaient. J'exécutais des rafles chaque nuit. Mes agents ne procédaient que contre des individus connus, signalés, convaincus de ne vivre que de la prostitution. Je procédai à cinq cents arrestations. Savez-vous combien purent être maintenues ? Quatre-vingts ! Les quatre cent vingt autres réussirent à faire croire aux magistrats qu'ils vivaient de ce qu'ils gagnaient aux courses, les autres, qu'ils exerçaient le métier de déménageur. »

Loin des théories du docteur Léon Larrivé qui tenait le statut social des familles et le désir qu'elles avaient de s'en sortir pour responsables de la déchéance de ces pauvres filles, Jean-Marie Goron estimait que le véritable problème était ailleurs : « Encore une fois, le souteneur fait la prostituée plus encore que la misère. On ne peut, malheureusement, détruire la misère, mais on peut et l'on doit combattre le souteneur. » Les policiers ne raisonnent pas autrement aujourd'hui et se plaignent de semblable façon des magistrats, auxquels ils reprochent de remettre en liberté les malfaiteurs qu'eux ont eu tant de mal à arrêter.

Pour l'anecdote, Jean-Marie Goron, connu comme l'un des spécialistes les plus avisés du monde de la rue, devait signer, une fois sa retraite prise, une série d'ouvrages qui firent grand bruit, *L'Amour à Paris*[1] ! Fascicule par fascicule à cinq centimes la

1. Jules Rouff éditeur. Nombre de citations de ce chapitre sont extraites de cette série d'ouvrages.

livraison, ces opuscules, richement illustrés par Jean Wely, détaillaient les vices parisiens, ceux des riches comme des pauvres, par le menu. Atroces ou cocasses, certaines histoires méritaient à l'évidence d'être contées.

Le 1er décembre 1889, rue Basfroi, près de l'ancienne prison de la Roquette, logeait une balayeuse, Léonie Malfilâtre. Fille mère, elle ne ménageait point sa peine pour subvenir aux besoins et à la bonne éducation de son enfant, Alexandrine, un petit ange aux cheveux blonds et aux yeux d'azur. Et Jean-Marie Goron de souligner : « Je ne sais même si elle n'était pas une des dernières descendantes de Jacques-Louis de Malfilâtre, ce pauvre poète, mort au siècle dernier [1]. »

À treize ans à peine révolus, la petite Alexandrine savait se montrer digne de la confiance que lui portait sa mère. Fillette studieuse, toujours première de sa classe à l'école de la rue des Taillandiers, elle accumulait les prix d'excellence et n'avait pas son pareil en cours de dessin. La mère s'était vite consolée du départ du père qui l'avait si rapidement quittée. Depuis, elle collectionnait les amants. Son dernier godelureau, un dénommé Vodable, était dans la juste lignée de ses prédécesseurs : fort en gueule et en épaules ; affectueux, mais pas plus que de raison ; l'alcool querelleur et la torgnole facile. Et, surtout, amant infatigable.

Vodable était un de ces ouvriers journaliers qui n'avaient rien d'autre que leurs bras à louer à d'éventuels employeurs et leur

1. Notons que Jacques-Louis de Malfilâtre fut un temps abbé de salon avant de se faire une indéniable renommée grâce à ses poèmes galants et ses alexandrins coquins. Las, quelques mauvaises querelles familiales, additionnées à de sérieux problèmes financiers, devaient abréger une œuvre pourtant commencée sous les meilleurs augures. À son propos, Philippe van Tiehem note dans son *Dictionnaire des littératures* (P.U.F., 1968) : « Sans avoir eu le temps de rien parachever, il laissa l'image d'un poète gracieux, élégant, distingué, mais sans génie. »

vigueur à proposer aux esseulées. Il n'avait certes rien de l'époux idéal mais, bon an mal an, comblait la solitude de Léonie, jouait les pères de substitution auprès de la petite Alexandrine. À défaut d'être idyllique, le tableau demeurait présentable.

Quoique... À en croire les rapports de police établis ultérieurement, le 30 novembre 1889 au matin, Léonie Malfilâtre se leva à quatre heures pour se rendre à son travail. Trois heures plus tard, elle revenait à la maison réveiller sa fille pour qu'elle fasse ses devoirs du jour. Tâche à laquelle Alexandrine s'astreignit avec l'énergie et la bonne volonté qui lui étaient coutumières. Une fois qu'elles eurent mangé ensemble, la femme Malfilâtre s'en retourna à son balai. Elle ne revint à son domicile que sur le coup de trois heures de l'après-midi. Alexandrine n'était pas rentrée déjeuner. Vodable la rassura aussitôt : « Je lui ai donné quelques sous pour qu'elle puisse manger à la cantine. »

Jamais Vodable ne s'était montré aussi empressé que ce jour-là. Multipliant œillades, sourires, avances explicites et caresses savantes, il ne tarda pas à l'entraîner sur le lit. Ils n'en sortirent que trois heures plus tard, épuisés. Mais, une fois redescendue du septième ciel, Léonie sentit une sourde angoisse lui étreindre le cœur : Alexandrine n'était toujours pas rentrée de l'école. Flanquée de son amant, elle se précipita donc chez le père de la fillette. Celui-ci jura ne pas l'avoir vue depuis plusieurs jours. Ils se rendirent ensuite au commissariat. Sans plus de succès. Léonie Malfilâtre était aux cent coups. Mais, une fois encore, les talents de Vodable parvinrent à lui faire oublier son inquiétude. Il commença à la faire boire. Puis, de verre en verre, ses attouchements se firent de plus en plus précis, de plus en plus convaincants. C'est ainsi qu'elle le suivit à leur domicile de la rue Basfroi. Enivrée par l'alcool, la malheureuse avait oublié sa fille, ne songeant plus qu'aux bras de son amant.

Comme tous les matins, elle se leva à quatre heures. Vodable dormait à poings fermés. Lorsqu'elle revint, à sept heures, il n'était plus là. Et sa fille n'était toujours pas revenue. Léonie Malfilâtre sentait une main invisible lui enserrer la poitrine. Machinalement, pour faire taire son angoisse, elle entreprit de faire un peu de ménage. La tâche ne lui prit guère de temps : son appartement n'était composé que de deux modestes pièces en soupente.

Alors qu'elle s'apprêtait à ranger son lit aux draps encore froissés de ses ébats, elle aperçut, abandonné à même le sol, sous le sommier, un petit corps recroquevillé : Alexandrine !

La malheureuse avait été étranglée. Sa jupette était relevée sur le ventre, laissant apparaître son entrejambe constellé de bleus et de contusions.

Léonie Malfilâtre, les yeux exorbités, se rua dans les escaliers, manquant se rompre le cou à chaque marche, et fit irruption dans la rue. Aussitôt alertés, les voisins décidèrent d'aller pendre le coupable. Lequel ? Vodable, bien sûr ! N'avait-il point un jour assuré, lors d'une de ses traditionnelles beuveries, qu'il ferait la peau de Léonie ? Il n'en avait pas eu le courage, alors il s'était rabattu sur sa fille, l'avait tuée après avoir commis sur elle le plus odieux des attentats. Pis, il avait encore abusé de la mère tandis que, sous leur couche, le cadavre de la fillette commençait de se refroidir...

Mais Vodable demeurait introuvable.

Saisi de l'affaire, Jean-Marie Goron dépêcha trois de ses meilleurs policiers, Houlier, Joubert et Robiquet, afin qu'ils surveillent le domicile de Léonie Malfilâtre, rue Basfroi, pariant que le monstre ne tarderait pas, sous l'emprise d'un quelconque délire éthylique, à revenir sur les lieux de son crime. La première nuit de surveillance se déroula sans incident notoire, hormis ce locataire qui, étant descendu prendre l'air dans la rue, se fit rouer de coup par les trois agents. Ils l'avaient pris pour Vodable. Ils s'étaient trompés. Ils s'en excusèrent. Cet honnête citoyen n'en fut qu'à moitié satisfait. On le comprend.

Il ne se passa plus rien jusqu'au lendemain. Là, Jean-Marie

Goron qui trépignait d'impatience dans son bureau, exaspéré que l'enquête n'avance pas plus vite, reçut la visite impromptue de l'un de ses inspecteurs, qui lui annonça :

– Chef ! Vodable est là. Il dit qu'il a faim...

– Qu'il a faim ?

– C'est comme je vous le dis, chef.

L'inspecteur, en effet, ne mentait pas. Vodable était là, derrière lui. Le visage hâve, les yeux vides et rouges, il n'eut que ces seuls mots :

– J'ai faim. Je suis Vodable.

Jean-Marie Goron ordonna à ses hommes qu'ils s'en aillent chercher de quoi sustenter le prévenu. Une fois qu'il eut mangé tout son saoul, il expliqua : « J'suis allé à Villeneuve-Saint-Georges. Ne trouvant pas d'ouvrage, j'suis revenu dans Paris. À la barrière de l'Étoile, j'ai gagné quelques sous en aidant à décharger une voiture de charbon. J'ai alors acheté un peu de pain et de charcuterie et j'ai mangé. Puis, j'ai repris ma course dans Paris, au hasard, n'ayant pas de quoi me payer un gîte. Au matin, je me suis retrouvé devant la gare de Lyon, harassé. Je m'étais endormi sur un banc. Avec un sou qui me restait, j'ai acheté un journal et j'ai lu qu'on disait que j'avais violé la petite Alexandrine. C'est faux ! Je n'ai fait que la tuer. C'est ce que je suis venu vous dire. J'étais trop fatigué pour venir à pied jusqu'ici. J'ai pris une voiture. Elle est en bas. Faites-la payer ! »

Un rien estomaqué par tant de désinvolture, Jean-Marie Goron accéda malgré tout à sa demande. Il ordonna donc que l'on paye le cocher qui venait de lui livrer un coupable aussi coopératif.

Puis Vodable poursuivit : « Quand je suis arrivé le matin, je n'ai trouvé que la petite Alexandrine. Je savais que sa mère me trompait et revoyait son ancien amant. J'ai voulu la faire parler, lui demandant ce qui se passait quand je n'étais pas là. La petite a refusé. Je lui ai mis les mains autour du cou et j'ai serré. Bientôt, elle ne remua plus. Alors, voyant qu'elle ne donnait plus signe de vie et que je l'avais étranglée, je l'ai poussée sous le lit pour m'en débarrasser. Voilà tout ! »

Voilà tout. Ce n'était déjà pas mal...

Ce jour-là, Jean-Marie Goron regretta amèrement que les voisins de Léonie Malfilâtre n'aient pas rendu, seuls, la justice : « J'avoue que moi-même, malgré l'accoutumance du crime que me donnaient mes fonctions, je partageais l'horreur de la foule. Bien qu'à ce moment j'eusse déjà l'opinion que j'ai dite sur la peine de mort [1], je pensais ce jour-là : "Le misérable ! En voilà un au moins que je verrai guillotiner avec plaisir !" »

Il était évident, aux yeux de Jean-Marie Goron, que Vodable mentait de façon éhontée. Ayant fait semblant d'apprendre que la petite Alexandrine avait été violentée, il se contenta de prétendre qu'un « autre » avait fait le coup une fois qu'il n'était plus là. Comme c'était vraisemblable !

C'est avec un grand soulagement que les riverains de la rue Basfroi et le reste des Parisiens apprirent, le 2 juillet 1890, que la tête du monstre roulait dans le panier de la guillotine, place de la Roquette, à quelques pâtés de maisons de la rue Basfroi.

Moins d'un an plus tard, une autre affaire, tout aussi crapuleuse et sordide – un peu plus, peut-être –, défrayait la chronique judiciaire de la capitale.

Le 4 novembre 1891, un certain Vacheresse, emballeur de profession, se rendit, pour les besoins de son travail, dans la cave d'un immeuble de la rue de Charonne. Là, entre deux caisses, il découvrit le corps d'un jeune homme gracile, aux mains fines et aux membres bien découplés. La tête de l'éphèbe gisait quelques mètres plus loin.

1. Déjà, à l'époque, le débat faisait rage. Interrogé à de multiples reprises, Jean-Marie Goron assura toujours qu'il croyait à la valeur exemplaire du châtiment suprême.

Une enquête fut aussitôt diligentée. Tous les locataires furent interrogés les uns après les autres. Personne n'avait rien remarqué de troublant. Même la concierge, fait rare en matière d'enquête de voisinage, se tint coite. Enfin, pas longtemps. Son trouble paraissait si évident que les hommes de Jean-Marie Goron décidèrent de l'interroger plus sérieusement. Elle finit ainsi par admettre qu'elle louait, en toute clandestinité, une chambre de bonne à l'un des habitants de l'immeuble, Joseph Vaubourg. Si elle s'était résolue à légèrement enfreindre la loi, ça n'avait été que sur la ferme et bienveillante injonction de la tante de celui-ci, vieille fille de son état et, paraît-il, assez fortunée, ce qui avait dû aider à dissiper ses scrupules d'honnête citoyenne.

Si le cadavre était sans tête, l'enquête, elle, ne fut pas sans rebondissements. L'une des petites-nièces de la tante Vaubourg laissa échapper le lendemain :

– Tantine a bien grondé mon oncle Joseph parce qu'il est rentré avec un homme saoul !

« Tantine » commença par nier avant de finalement avouer aux hommes de Jean-Marie Goron : « Je descends du ciel ! Pardonnez-moi si j'ai menti. Mais c'était pour ne pas me mettre mal avec la concierge. Oui, c'est vrai, mon neveu est rentré, l'autre nuit, avec un de ses camarades nommé Boutry. Ils étaient gris tous les deux et ils ont fait de telles saletés dans les draps que Joseph les a emportés et fait laver lui-même pour que je ne m'en aperçoive pas ! »

L'image était suffisamment parlante pour que les enquêteurs poursuivent plus loin leurs investigations. Ayant localisé l'adresse du dénommé Boutry, ils se rendirent donc à son domicile, un hôtel borgne, sis passage Raguinot. Comme on pouvait s'y attendre, le logeur affirma n'avoir point vu Boutry depuis plusieurs jours. Son signalement, en revanche, correspondait assez bien à la tête découverte par l'emballeur dans la cave de la rue de Charonne.

Joseph Vaubourg, qui avait été appréhendé dans la foulée,

niait avoir jamais connu Boutry. Manque de chance pour lui, une rapide enquête permit d'apprendre qu'effectivement il avait remis au blanchisseur du quartier des draps dont l'état était sans équivoque quant aux ébats dont ils avaient été témoins tout au long de la nuit du crime. Mieux, Vaubourg et Boutry, qui travaillaient tous deux sur les bords de Seine où ils déchargeaient les péniches, étaient connus en ces lieux comme le loup blanc. Ils y étaient même si célèbres qu'on ne les connaissait plus que sous le sobriquet peu flatteur de « Paul et Virginie ».

Joseph Vaubourg, accablé par un tel faisceau de présomptions, avoua son forfait. Au cours d'une violente dispute, due à l'abus d'alcool, il avait étranglé son ami après cette nuit d'intime camaraderie. Pris de peur, il avait ensuite dissimulé le corps dans la cave après l'avoir décapité. Pourquoi un tel raffinement dans l'abjection ? « Une impulsion, une simple impulsion... », répondit Vaubourg, penaud. Puis, il avait abusé du cadavre encore chaud.

Devant l'horreur qu'inspira ce crime, le procès se déroula à huis clos. Contre toute attente, Joseph Vaubourg échappa à la guillotine et fut condamné aux travaux forcés à perpétuité. Il mourut en prison.

On aurait ainsi tort de croire que notre siècle a le triste apanage des détraqués sexuels tant il paraît évident que cette époque-là valait bien la nôtre. Que dire, ainsi, de ce couple de rentiers et de leur jeune fille d'à peine seize ans, honnêtes et a priori bien sous tous rapports, qui se prostituaient ensemble ? Le père faisait office d'étalon, honorant les deux sexes avec la même vigueur indifférente. L'épouse satisfaisait les clients adeptes des charmes mûrs, tandis que la fillette jouait les lolitas auprès de vieux messieurs aussi fortunés que libidineux. Cette famille hors du commun n'était d'ailleurs pas rétive aux techniques d'avant-garde. Lors de l'arrivée du cinématographe, en 1896, elle fit office de pionnier, décelant à l'avance toutes les potentialités commerciales de cet art nouveau. Et le père, la mère et la fille de se mettre ensemble en scène dans d'incestueux ébats. Cela n'a rien de suffocant pour qui sait que le cinéma pornographique est aussi vieux que le cinéma lui-même...

Parmi les excentriques de la chose, rappelons ces deux femmes que Jean-Marie Goron évoque d'une plume pudique. Cette grande bourgeoise qu'il fallut soigner d'urgence parce que son caniche, probablement las de lui laper l'entrejambe, avait croqué à belles dents son intimité offerte. Celle qui, en quête de sensations inédites, se dispensa quelque plaisir avec un poisson encore frétillant. En voulant l'extraire, les écailles avaient alors fait office d'hameçon et la bête, même décédée, refusait de quitter le nid accueillant. Morte de honte et au bord de la septicémie, la dame s'était résolue, deux jours plus tard, à se rendre à l'hôpital. Pour en finir avec ce panorama des nuits parisiennes d'alors, il faut encore se souvenir de cet homosexuel en goguette qui, s'en retournant chez lui au terme d'une soirée bien arrosée – mais peut-être pas assez bien accompagnée –, décida de tester les vertus érotiques de la grosse boule de cuivre qui ornait la rampe d'escalier de son immeuble. Le plaisir, tout d'abord intense, se révéla ensuite bien long. En effet, les jambes battant le vide, incapable, de par sa position, de reprendre une posture plus décente, l'infortuné demeurait désespérément enchâssé sur l'ornement métallique. Il dut appeler au secours. Et la concierge se fit un plaisir d'avertir les agents qui eurent, on le comprend aisément, les pires difficultés à garder leur sérieux en sciant le socle de la boule de cuivre.

Et puis, cette fin de siècle fut également la période des bordels immortalisés par le célèbre peintre Toulouse-Lautrec. Force est d'avouer qu'il s'en passait de belles dans ces antres de la volupté tarifée. Il y avait bien sûr le bobinard de seconde zone, voire de troisième. Ceux dans lesquels les filles de joie en fin de course subissaient, dans les vapeurs d'absinthe, les assauts d'ouvriers frustes, malodorants et pressés, les caresses maladroites d'étudiants prêts à en découdre avec un pesant pucelage. Et puis, il y avait le claque haut de gamme où il fallait montrer patte blanche. Ceux où certaines têtes couronnées réservaient une chambre à l'année, où des politiciens avaient leurs canailles habitudes. On dit ainsi qu'un diplomate anglais de noble lignée ne parvenait à la félicité qu'au terme d'un étrange rituel. Enduit de miel, il se faisait couvrir de plumes avant de s'introduire un œuf dur dans le fondement. Ainsi harnaché, l'Albionnais perfide escaladait l'armoire de la chambre, s'y juchait et lâchait son œuf en gloussant d'importance. Il ne lui restait plus ensuite qu'à se jeter sur la fille. Un vieux militaire aux états de service éloquents ne pouvait honorer les représentantes du beau sexe qu'après s'être grimé en nourrisson, avoir été changé et langé en bonne et due forme. Tel capitaine d'industrie n'aimait que les chairs juvéniles, l'autre les préférait fanées. Tel député, pour connaître le septième ciel, exigeait qu'on lui urine dessus, tel sénateur n'était pas insensible aux charmes, plus définitifs, d'une bonne et saine défécation.

Bref, dans ces maisons dont on n'évoquait le nom qu'à voix basse ou par de savantes périphrases, le client était roi. Il n'y faisait pas que consommer : il pouvait s'y sustenter, étancher sa soif, ou simplement parler, entre amis, de politique, d'affaires. Et de femmes, évidemment.

C'est de tout ce monde nocturne, parfois interlope mais souvent huppé, que Jean-Marie Goron se fit, une fois l'heure de la retraite venue, le chroniqueur minutieux. La critique de son ouvrage fut plus qu'élogieuse. Pour *Le Figaro*, « cet ouvrage peu banal » était « une photographie sociale sans retouches ». Pour *Le Matin*, « il n'y avait pas de roman plus empoignant et d'histoire plus documentée que le récit publié par M. Goron ». Le 21 décembre 1898, interrogé par *Le Journal*[1], l'auteur lui-même

1. Quotidien modéré fondé en 1892 auquel collabora Pierre-Antoine Cousteau, le frère du fameux et défunt commandant.

évoquait certaines pages comme étant « suggestives » et « corsées ». Ces récits, forts de leur immense succès public, furent simultanément traduits en anglais et en espagnol.

Et les filles de joie dans cette affaire ? Chassées des Paniers fleuris et autres Clos jolis, elles se sont depuis rabattues sur le bitume et le trottoir. Au grand bonheur des souteneurs, au dam de leurs clients... et de certains policiers dont les récriminations actuelles ne sont guère différentes de celles jadis proférées par Jean-Marie Goron. Le débat, on le voit, est loin d'être clos, telles les maisons du même nom.

CHAPITRE III

Comment une Légion d'honneur fit chuter le président Jules Grévy

« Qu'est-ce que l'honneur ? Un mot.
Qu'est-ce que ce mot, honneur ? De l'air. »
WILLIAM SHAKESPEARE

Le 29 septembre 1887, Taylor, le supérieur hiérarchique direct de Jean-Marie Goron, tombait malade. Ce dernier le remplaça. Il ignorait encore qu'à cause d'un empêchement momentané, il allait tomber sur l'une des escroqueries les plus sordides de ce début de Troisième République, en se rendant chez le préfet de police de Paris, M. Gragnon, pour son rapport hebdomadaire.

Rond, plutôt bonhomme, le préfet Gragnon pria Goron de le suivre dans le cabinet attenant à son bureau. Une fois qu'ils furent confortablement installés dans d'imposants fauteuils de style Empire, le préfet annonça, visiblement gêné :

– Cher monsieur Goron, j'ai une affaire à vous confier. Il ne s'agit pas d'une enquête comme les autres. Pour la mener à bien, il vous faudra faire preuve de souplesse et de ténacité.

– Il s'agit donc d'une affaire politique, sourit le policier.

– On ne saurait décidément rien vous cacher...

Amusé, Jean-Marie Goron observait le préfet qui peinait à trouver ses mots. Il finit par soupirer :

– Il m'est revenu aux oreilles qu'une certaine Mme Limouzin, demeurant 32, avenue de Wagram, se livrerait au trafic des décorations en général, de la Légion d'honneur en particulier. Pis, il m'a été aussi rapporté qu'elle serait au courant de nos plans de mobilisation et n'hésiterait pas à les monnayer au plus offrant.

– Fichtre...

– Fichtre, comme vous dites, mon cher Goron ! Mais il y a mieux : notre informateur nous propose de la piéger. Il lui suffira de se faire passer pour un riche industriel en quête de reconnaissance...

– Bref, de demander à ce que ses activités soient adoubées d'un petit ruban rouge...

– En quelque sorte, admit le préfet. Au cours d'aujourd'hui, imposé unilatéralement par cette dame Limouzin, le ruban en question vaut dans les vingt-cinq mille francs. Il vous suffira de suivre notre informateur et de la prendre ensuite en flagrant délit de concussion. Voici l'ordre de perquisition. Il vous permettra d'intervenir de façon efficace, légale et, surtout, immédiate...

– Je tâcherai d'agir au mieux, monsieur le préfet.

Jean-Marie Goron se leva et, s'apprêtant à prendre congé, entendit la voix du préfet :

– J'ai fait de cette histoire une affaire personnelle. J'entends qu'elle soit menée à bien. On ne plaisante pas avec la Légion d'honneur.

– C'est ainsi que je l'avais compris, monsieur le préfet.

Le lendemain, Jean-Marie Goron était embusqué à la terrasse d'un café, avenue de Wagram. De là où il était posté, il pouvait surveiller l'entrée du domicile de Mme Limouzin. L'informateur du préfet venait d'entrer dans l'immeuble, flanqué de l'inspecteur de police Langlois, censé se faire passer pour un négociant de Roanne. Une heure plus tard, ce dernier vint rejoindre son supérieur hiérarchique.

Manifestement éberlué par ce qu'il venait de voir, Langlois s'affaissa sur une chaise et expliqua :

– Jamais je n'avais assisté à tel spectacle... Pour vingt-cinq mille francs, elle était prête à me procurer une Légion d'honneur. Elle a dans sa poche un sénateur et deux généraux d'active, parfaitement disposés à parapher l'escroquerie. Et j'ai vu sur son bureau des papiers portant l'entête du ministère de la Guerre !

Le sang de Goron ne fit qu'un tour :

– Dire que j'ai fait la guerre de 1870 pour voir ça ! Restez ici, Langlois, pas la peine de vous griller. Je monte chez cette Limouzin !

Mme Limouzin était un petit bout de femme tassée, au visage dur et fripé. Elle était outrageusement maquillée. Ses traits vifs, à l'expression sournoise, étaient encadrés d'une perruque d'un blond irréel. Au premier abord, le personnage mettait mal à l'aise ; à cause de ses yeux noirs et perçants, peut-être. Après avoir fait entrer Jean-Marie Goron dans son vestibule, elle le défit prestement de son manteau et lui désigna le chemin du salon. Malgré cette arrivée inopinée, elle paraissait parfaitement maîtresse d'elle.

Lorsqu'il lui mit sa carte de police sous les yeux, elle ne sembla pas étonnée outre mesure, se contentant de demander :

– Que puis-je pour vous, monsieur ?

– M'expliquer la façon dont vous faites trafic de décorations et les raisons qui font que des documents confidentiels émanant du ministère de la Guerre puissent se trouver sur votre bureau...

– Honnêtement, je ne vois pas de quoi vous parlez, répondit-elle, avec une infernale assurance. Laissez-moi plutôt vous présenter mon mari.

M. Limouzin fit alors irruption dans le salon.

Solennel, un rien guindé, mais tout aussi à l'aise que son épouse, il tendit une main manucurée à Jean-Marie Goron. Lequel garda obstinément les siennes dans les poches de sa redingote.

L'espace d'un instant, M. Limouzin parut se renfrogner. Mais il dit aussitôt, sur le même ton mondain :

– Je ne comprends pas la présence d'un officier de police en ces lieux. Nous ne sommes pas des criminels.

– La raison de ma présence en ces lieux est simple : je suis venu perquisitionner. D'ailleurs, voici un mandat signé de la main du préfet Gragnon.

– Comment donc..., s'étrangla la femme.

– C'est comme je vous le dis : je suis venu perquisitionner, répéta Goron.

– Mon petit ami, vous ne savez pas où vous mettez les pieds, menaça M. Limouzin. Je vous préviens que j'ai des amis haut placés...

– La bonne nouvelle ! Seriez-vous assez aimable pour me fournir leurs noms et adresses, que je puisse leur rendre visite à leur tour ?

Le couple Limouzin accusa le coup.

– Je vous ferai casser, monsieur, menaça Mme Limouzin en blêmissant.

– J'ai les reins solides, madame : celui qui me cassera n'est pas né. Voyons plutôt cette commode et ce secrétaire. Il m'est avis qu'une petite inspection me serait des plus instructives.

Les époux Limouzin déployaient de pathétiques efforts pour ne rien perdre de leur superbe. Le policier sentit qu'il avait visé juste.

La pêche fut quasi miraculeuse : il découvrit des lettres arborant les signatures les plus illustres, les plus assises, les plus respectables. Il enfouit la liasse de papier dans sa serviette de cuir, au mépris de la procédure qui aurait voulu qu'il paraphe tous les documents en présence des suspects.

– Salaud, ordure, siffla Mme Limouzin.

– Soyez heureuse, chère madame, je suis dans un bon jour. Je ne retiendrai donc pas l'insulte à l'agent dans l'exercice de ses fonctions. Je ne vous salue pas. Je vous méprise, vous et ce que vous représentez...

– Monsieur, vous dépassez les bornes ! risqua l'époux de la grossiste en décorations.

– Vous, encore un mot, et je vous administre une correction que vous ne serez pas près d'oublier ! Foi de turco !

Le poisson était ferré. Malgré l'algarade causée par Jean-Marie Goron, l'agent Langlois était encore utilisable, même si les époux Limouzin savaient être désormais dans le collimateur de la police. D'un commun accord, Gragnon et Goron décidèrent qu'il n'était pas opportun de les arrêter tout de suite. Mme Limouzin se targuait d'être l'obligée de deux généraux, cette affirmation hantait les nuits du préfet. Pour lui, l'affaire était entendue : il ne pouvait s'agir que d'escrocs ayant usurpé l'uniforme. Il chargea donc Jean-Marie Goron de faire la lumière sur ce premier aspect de l'enquête.

Dès le lendemain, celui-ci se remettait en faction dans le même bistrot de l'avenue de Wagram, à quelques pas de l'immeuble où officiaient les deux prévaricateurs. Un poste d'observation idéal pour contrôler entrées et sorties du domicile des époux Limouzin.

L'homme qui en sortit une demi-heure plus tard se tenait droit et ferme. Il avait la barbe conquérante et le cheveu grisonnant. En le voyant, Jean-Marie Goron manqua d'en renverser son verre. Ce n'était autre que le général Caffarel, sous-chef d'état-major au ministère de la Guerre...

Comme on pouvait s'en douter, le préfet Gragnon eut quelque mal à croire qu'un officier supérieur, aux états de service irréprochables, ait pu tremper dans une telle malversation. Pourtant, l'évidence s'imposait. D'autant plus que les deux agents affectés à sa filature l'avaient suivi jusqu'au... ministère de la Guerre, endroit dans lequel il avait été reçu avec le cérémonial dû à son rang. Quelques menues vérifications plus tard, le doute n'était plus permis : ce général était un *véritable* général ! Et non point un quelconque imposteur s'étant fait passer pour le général Caffarel.

Était-il un fieffé coquin ou avait-il été tout simplement dupé par le couple d'intrigants ? Dans les deux cas, l'affaire était d'importance et devait être traitée avec doigté. En effet, se porter garant d'un candidat à la Légion d'honneur n'est pas ce que l'on appelle un délit constitué. Une indélicatesse, tout au plus. Laquelle n'a jamais été passible du bagne, heureusement d'ailleurs, eu égard aux problèmes liés à la surpopulation carcérale.

Ainsi, les consignes données par le préfet Gragnon furent-elles d'une clarté à nulle autre pareille : pas de vagues ! La prudence était d'autant plus de circonstance que Jean-Marie Goron avait en quelque sorte joué les provocateurs, en poussant le couple Limouzin à la faute, méthode louable par son efficacité, mais généralement réprouvée par le manuel du parfait policier.

Enfin, le dossier qu'il constitua parvint sur le bureau du général Ferron, alors ministre de la Guerre. Une seconde perquisition fut ensuite ordonnée au domicile des Limouzin. Les policiers dépêchés sur place ne découvrirent rien de compromettant. Jean-Marie Goron avait pris ce qu'il y avait à prendre. Le couple d'escrocs avait dû faire disparaître le reste.

En revanche, le préfet Gragnon fut convoqué le 5 octobre par le général Ferron. À l'occasion de cette entrevue, il lui fut clairement signifié que l'enquête était close et que l'on requérait sa présence à Turin où se tenait une exposition internationale des matériels d'incendie ! En guise de consolation, il lui fut néanmoins signalé que le général Caffarel serait frappé des sanctions administratives idoines.

Le 7 octobre, soit trois jours après l'enterrement du dossier par le gouvernement, *Le XXe siècle*, l'un des plus fameux journaux parisiens – et non des moins turbulents –, faisait paraître l'article suivant :

LA LÉGION D'HONNEUR À L'ENCAN

Voici ce dont il s'agit. Un des plus gros bonnets du ministère de la Guerre, un officier général porteur d'un nom historique, tiendrait boutique de décorations de la Légion d'honneur dans les bureaux mêmes de la rue Saint-Dominique.

Il y aurait une cote des rubans rouges, comme pour les valeurs de la Bourse, les laines ensuite, ou les pétroles de Chicago, variant suivant les saisons, les demandes et surtout les ressources des récipiendaires, de 35 000 à 50 000 francs.

Le général, dont on m'a dit le nom, n'agirait pas seul, naturellement. Il aurait de nombreux complices, des rabatteurs chargés de lui amener des clients... On cite notamment un baron puissant et une dame qui habite non loin de l'Arc de Triomphe. Il y aurait au surplus un certain nombre de gens compromis dans ces tripotages : officiers, sénateurs, aventuriers, etc. On frémit quand on songe que les plans de mobilisation sont dans de pareilles mains. Qui trafique des décorations peut aussi bien trafiquer des secrets de la défense nationale. Peut-être, hélas, le forfait suprême est-il déjà accompli. Voudrait-on faire encore le silence et l'oubli sur ce nouveau scandale ? Mais l'opinion publique est désormais saisie ; elle exigera que la lumière soit faite, jusqu'au bout, pleine et entière.

À la suite de cet article, dont le moins qu'on puisse dire est que la virulence n'y cède en rien à l'exactitude des informations, une question se pose : d'où venait la fuite ?

Officiellement, personne n'en sut jamais rien. Le 7 avril 1912 pourtant, Jean-Marie Goron expliquera à *L'Éclair* : « La presse est un mal nécessaire. Il faut savoir la supporter et même en tirer parti. "Vous nous montiez le coup", me disent d'anciens journalistes avec qui j'ai conservé des relations. Hé, parbleu ! le plus souvent possible, mais tout en essayant de vous être agréable en vous donnant des informations qui ne tiraient pas à conséquence et qui vous fournissaient de la copie. »

De là à penser que...

Pourquoi Jean-Marie Goron aurait-il commis pareille indiscrétion ? La raison en est simple, en admettant toutefois que notre hypothèse soit fondée[1] : autrefois, la Légion d'honneur n'était pas ce qu'elle est devenue aujourd'hui. On ne la remettait pas encore aux histrions, aux ronds-de-cuir et aux chansonniers. Créée par Napoléon Bonaparte, elle était censée récompenser la bravoure de ceux qui s'étaient illustrés au feu et non point couronner les points de retraite des bureaucrates. La Légion d'honneur, sacrée par essence, n'était ni négociable ni monnayable. D'où le légitime écœurement de Goron.

Mais, quel qu'en ait été l'instigateur, la manœuvre se révéla néanmoins déterminante. L'encre du *XXe siècle* était à peine sèche que tombait l'ordre de mise sous écrou du général Caffarel.

La façon dont s'opéra l'arrestation mérite qu'on s'y attarde. Cette dernière, en effet, qui ne fit l'objet d'aucun ordre écrit ou de mandat, relevait donc de la plus parfaite illégalité. On voulait bien, parce que l'on ne pouvait faire autrement, arrêter le général Caffarel. Mais sans que cela s'ébruite. Étonnant ? Pas tant que ça, en fait, sachant que ce misérable trafic impliquait certaines personnes haut placées, très haut placées[2]. Bref, le gouvernement faisait tout pour tenter de laver son linge sale en famille, loin de ces journalistes si indiscrets.

Notons au passage que ceux-ci ne manquaient pas de toupet.

1. Un fait est sûr : Jean-Marie Goron était l'un des mieux placés pour organiser la fuite. Il avait les informations et, surtout, d'excellents contacts avec les journalistes.

2. La preuve en est qu'aujourd'hui encore, personne ne sait avec exactitude les noms des personnalités impliquées dans cette affaire. Il est toutefois sûr que l'un des sénateurs évoqués par *Le XXe siècle* n'était autre que le général d'Andlau. Lequel aurait fui à l'étranger après avoir été mis en cause par Mme Limouzin.

C'est ainsi qu'une fois l'affaire déballée au grand jour, trois d'entre eux se rendirent avenue de Wagram, au domicile de Mme Limouzin, et, s'étant fait passer pour des policiers, tentèrent de l'emmener dans une maison de campagne afin qu'elle leur conte par le menu le récit de ses méfaits.

La farce tourna encore plus à l'aigre lorsque, à l'occasion d'une nouvelle perquisition effectuée au domicile des époux Limouzin, Jean-Marie Goron découvrit deux lettres signées de la main du député Daniel Wilson, gendre de Jules Grévy... président de la République.

La trouvaille était de taille. D'une si belle taille d'ailleurs, que personne ne semblait prêt à la digérer.

Le 23 octobre 1887, assistant dans le cabinet du juge d'instruction au dépouillement des scellés faits à son domicile, Mme Limouzin s'écria :

– Il manque les lettres de Wilson !

Jean-Marie Goron, au bord de l'apoplexie, intervint :

– Impossible ! Je les ai remises au préfet Gragnon, ainsi que l'ensemble du dossier ! Et en mains propres, encore !

– En mains propres, peut-être, sourit la grossiste en rubans rouges, mais pas forcément en de bonnes mains...

Ces deux lettres n'avaient vraisemblablement pas été perdues pour tout le monde. Elles devaient même réapparaître lors du procès du général Caffarel. Mais étaient-ce les mêmes ? Rien n'était moins sûr...

Les deux courriers rédigés de la main du gendre du président Grévy et découverts au domicile des époux Limouzin étaient datés de l'année 1884. Jean-Marie Goron était formel sur ce point. Mieux, le papier arborait la marque du fabricant ainsi libellée : « *B.F.K.-Rives* ». En revanche, les deux lettres qui furent produites au tribunal portaient une mention différente, « *Rives.B.F.K.* », que le papetier avait inaugurée l'année suivante. Le doute n'était plus permis. Les lettres exhibées au tribunal étaient des faux !

Dans la tourmente, d'autres documents avaient eux aussi disparu : ceux qui étaient issus du ministère de la Guerre et concernaient nos plans de mobilisation. Les époux Limouzin s'étaient-ils réellement livrés à l'espionnage ? Nul ne put jamais le déterminer de façon certaine.

Mais le mystère des deux lettres de Daniel Wilson était, lui aussi, loin d'être élucidé. Le préfet Gragnon, réfugié derrière le secret professionnel, assura avoir communiqué l'ensemble des documents au ministère de la Guerre.

Il devait ensuite déclarer au tribunal : « Je ne puis vous donner une explication : quand je fais une déclaration au président du Conseil, je ne dois pas la répéter ; il faut que je sois dégagé du secret professionnel qui me lie. J'ai parlé des deux lettres remises au ministre de la Guerre parce que le général Ferron m'y avait autorisé. Si le gouvernement m'y autorise, je parlerai pour le reste [1]. »

Le gouvernement ne lui donna pas l'occasion de faire preuve de son éloquence. Sa démission fut exigée. Il s'y refusa, mais il fut finalement révoqué par le ministre de l'Intérieur, Armand Fallières [2]. La Troisième République entendait faire son ménage. Seule.

Une fois le préfet Gragnon « mis au placard », Jean-Marie Goron, de simple sous-chef de la Sûreté, devint provisoirement chef de la Sûreté tout court, en remplacement de Taylor, son ancien protecteur, qui était toujours souffrant. Ce, sous la ferme injonction du préfet Gragnon, qui aurait eu ces mots : « En confiant à Goron ce poste, qu'il a si bien mérité, je le couvre

1. Archives personnelles de l'auteur.

2. Né en 1841 et mort en 1931 à Mézin, dans le Lot-et-Garonne, Armand Fallières était l'un des piliers du mouvement radical-socialiste. Après avoir été ministre de l'Intérieur, il devint président du Sénat en 1899 et succéda, en 1906, à Émile Loubet, à la présidence de la République. C'est sous son mandat notamment, en 1912, que le service national fut porté à trois ans, à cause de la menace militaire allemande.

entièrement. » Lequel Gragnon se débrouilla bien sûr pour que le récit de cette succession transpire dans la presse.

Et Jean-Marie Goron de se rappeler, plus tard, dans ses mémoires : « Dans toute cette affaire des décorations, depuis le premier jour, je n'avais fait qu'obéir scrupuleusement à mon chef, comme je le devais ; j'avais fait mon devoir, il faisait noblement et loyalement le sien en me couvrant, et il donnait, en même temps, une sanglante leçon à ses chefs à lui, à ceux qui l'avaient révoqué[1]. »

Cette promotion subite, Goron n'allait avoir qu'une seule nuit pour la savourer. Dès le lendemain, Léon Bourgeois[2], qui avait succédé au préfet de police Gragnon, décida de le mettre en disponibilité, le temps que la lumière soit faite sur les tenants et aboutissants du trafic de Légions d'honneur.

La décision était sage. Elle était également magnanime, Léon Bourgeois ayant laissé toute latitude à Jean-Marie Goron pour désigner lui-même son successeur[3]. Il n'allait guère avoir le temps de profiter de ces vacances impromptues : deux jours plus tard, Goron était convoqué par le magistrat Horteloup, conseiller à la Cour. Entendu comme témoin, il le fut ensuite comme quasi-inculpé. Pour Horteloup, le policier était évidemment coupable du détournement des lettres de Daniel Wilson. Crime qui, à en croire le magistrat, pouvait lui valoir vingt ans de

1. Le préfet Gragnon, quant à lui, devait mourir sans jamais avoir été réhabilité. Il est vrai que le sacrifice des lampistes est une vieille tradition nationale.

2. Léon Bourgeois, né en 1851 et mort en 1925, fut longtemps dirigeant de premier plan du parti radical-socialiste. Président du Conseil en 1895, de l'Assemblée nationale en 1902 et du Sénat en 1920, il fut également le premier président de l'éphémère Société des Nations où il professa un « pacifisme fondé sur la démocratie universelle ». Ce qui, au vu des deux conflits mondiaux qui s'ensuivirent, n'engageait manifestement pas à grand-chose.

3. Ce qu'il fit de bonne grâce. Même si, au bout d'un mois d'intérim, l'heureux élu dut se faire quelque peu tirer les oreilles pour lui rendre son poste.

bagne au bas mot. Évoquant ce moment pénible dans ses mémoires, Jean-Marie Goron eut ces quelques mots sévères quant aux méthodes de la justice : « Il est évident que moi, qui n'avais rien à avouer, ni même à révéler, cela ne changeait pas grand-chose à mon cas. Mais combien de fois en est-il autrement, quand il s'agit de pauvres diables, qui se laissent intimider et qui, tout en étant innocents, arrivent à dire des sottises qui peuvent les faire prendre pour des coupables ? »

En attendant, l'affaire des décorations n'en finissait plus d'empoisonner la vie politique. Des émeutes éclatèrent à la Concorde. Jules Grévy fut acculé à la démission tandis que dans les cabarets, les chansonniers brodaient sur le thème : « Quel malheur d'avoir un gendre... »

Jean-Marie Goron faisait les cent pas devant le bureau du juge Horteloup. Il était d'une humeur de dogue, comme à chacune de leurs entrevues. Un bruit feutré le fit se retourner soudain.

Un homme légèrement voûté, aux yeux vifs et à la barbe blonde venait de pénétrer dans le vestibule. Son visage avait fait la une de tous les journaux. Daniel Wilson !

Il s'arrêta un long moment devant le tableau qui trônait au-dessus de la cheminée : l'organigramme de tous les conseillers à la Cour. Il l'examina avec tant d'attention qu'on eût pu croire qu'il cherchait à se rappeler, parmi les noms calligraphiés à l'anglaise, ceux auxquels il avait rendu de signalés services. Puis, toujours aussi imperturbable, il se tourna vers le policier :

– Monsieur Goron, je présume ?

– Monsieur Wilson, j'imagine ?

– Lui-même, vous prendrez bien un cigare...

Jean-Marie Goron hésita.

– Allons, je vous en prie, le simple fait d'accepter l'un de mes havanes ne fera pas de vous un corrompu.

Après avoir encore hésité, il se décida à prendre le cigare que le gendre de Jules Grévy lui tendait, dans un étui de cuir marqué de son chiffre. Au même moment, le juge Horteloup appelait le policier dans son bureau. Ce fut là leur première et dernière entrevue.

Le lendemain, Jean-Marie Goron était définitivement blanchi. Mais une question demeurait, obsédante, sans réponse : qui avait subtilisé les deux lettres de Daniel Wilson pour les remplacer par des faux ? Personne ne le sut jamais. Le préfet Gragnon fut, sur ce point, d'une discrétion de violette. Il couvrit Goron, assurant que ce dernier n'avait fait qu'obéir aux ordres et qu'il n'avait rien à voir avec la substitution. Il affirma également « ne pas avoir à dire autre chose ».

L'affaire en resta là.

Enfin, presque. Ainsi, Goron apprit-il, bien plus tard, que le dénonciateur de Mme Limouzin – celui qui avait été à l'origine de toute cette affaire – avait agi pour d'étranges motifs : cette dernière, ayant emprunté une robe à sa maîtresse, avait ensuite refusé de la lui rendre. À quoi tient la vie ? Un président de la République, tombé pour une simple robe... Il y avait peut-être d'autres raisons. Peu de temps avant sa chute, le général Caffarel avait été nommé sous-chef d'état-major par le général Boulanger. Lequel, déjà, n'avait pas que des amis.

Né à Rennes en 1837, mort à Ixelles, en Belgique, en 1891, Georges Boulanger avait été nommé ministre de la Guerre en 1886. Son patriotisme exacerbé et ses élégantes manières en firent rapidement l'un des hommes les plus populaires de France. Soutenu par la Ligue des patriotes de Paul Déroulède, son influence grandissante auprès du peuple finit par effrayer la classe politique. Il fut donc « exilé » à Clermont-Ferrand. Quand éclata l'affaire des décorations, la presse boulangiste fut on ne peut plus agressive avec le président Jules Grévy. Un coup de force fut alors envisagé par l'entourage du bouillant général. Mais la démission de Grévy donna un coup d'arrêt immédiat aux manifestations parisiennes.

Il se présenta ensuite à diverses élections partielles à l'occasion desquelles il fut triomphalement élu. Mis à la retraite en 1888, il tenta une marche sur Paris, le 27 janvier 1889. Allait-elle se conclure par la prise de l'Élysée ? C'est ce qu'espéraient ses nombreux partisans. Il n'osa prendre le risque d'un coup d'État. De son côté, le gouvernement tint bon et ne se laissa pas impressionner par les rodomontades du général. Craignant d'être arrêté, il se réfugia en Belgique. Les élections suivantes marquèrent la fin du boulangisme dont le leader était par ailleurs frappé d'inéligibilité. Le 30 septembre 1891, il se suicidait sur la tombe de sa maîtresse, Mme de Bonnemain.

Pour en revenir à cette affaire des décorations, il fut encore murmuré, sans qu'on puisse toutefois en apporter la preuve, que Mme Limouzin aurait également mis en cause le général Boulanger. D'autres, peut-être, pensaient aussi qu'en faisant trébucher Wilson, Grévy laisserait la place libre à un autre président. Les prétendants, on s'en doute, ne manquaient pas.

Le député Daniel Wilson, quant à lui, poursuivit malgré tout une brillante carrière parlementaire. Pour ce faire, les moyens ne devaient pas lui être comptés, tel que Philippe Erlanger le suggère avec insistance dans son volumineux *Clemenceau* [1] : « Daniel Wilson, installé à l'Élysée, avait formé un syndicat de journaux provinciaux destiné à soutenir ses campagnes électorales. Pour subventionner ces feuilles, il se procurait des fonds en échange de promotions administratives et de croix de la Légion d'honneur. »

Une large partie du trésor de guerre de Daniel Wilson avait dû échapper à la justice. En attendant, le scandale avait été énorme. Dans l'esprit d'une majorité de Français, quotidienne-

1. Grasset, 1968.

ment augmentée de nouveaux mécontents, l'autorité morale de l'État était désormais réduite à néant. De nouvelles révoltes pointaient à l'horizon. Celle menée, entre autres, par le fameux marquis de Morès, tel que nous allons le voir à l'instant. Une autre s'annonçait encore, autrement plus menaçante : la vague anarchiste, la terreur noire.

CHAPITRE IV

Le marquis de Morès, un cow-boy en politique

« Le marquis de Morès ? Anglais, je l'eusse fait vice-roi ! »

ÉDOUARD VII

Vouloir juger la politique de cette fin de XIXe siècle à notre aune contemporaine serait vain. À l'époque, nos hommes de droite seraient probablement passés pour des suppôts de la subversion. Pareillement, les gauchistes d'alors feraient maintenant figure d'ultranationalistes. En fait, le clivage passait principalement entre socialistes et libéraux, comme il a désormais tendance – maintenant que tous s'accordent à prôner l'économie de marché – à tracer une ligne entre « partisans de l'État-nation » et « européistes »[1].

La différence majeure est que ces socialistes-là étaient aussi – et surtout – de virulents patriotes, fidèles à la tradition inaugurée par Auguste Blanqui, père du socialisme à la française, et farouchement opposés à la tentation internationaliste de l'idéologie marxiste. En d'autres termes, ces hommes étaient avant tout socialistes parce que nationalistes ; de gauche parce qu'à leurs yeux, la droite libérale et monarchiste représentait les forces

1. C'est tout du moins l'avis de sociologues aussi renommés qu'Emmanuel Todd et Pierre-André Taguieff.

d'argent subordonnées aux pays étrangers. De nos jours, telle distribution des rôles peut paraître contradictoire ; elle ne l'était pas alors. La République vivait sur un mythe national, celui de la nation, née de la Révolution française, d'un peuple en armes ayant victorieusement vaincu les monarchies réactionnaires, coalisées contre la France, à l'occasion de la bataille de Valmy [1].

Quelques pages auparavant, était évoquée à propos du général Boulanger la figure de Paul Déroulède, chef de la Ligue des patriotes. Malgré son nationalisme échevelé, celui-ci était tout sauf un homme de droite au sens où on l'entendrait aujourd'hui. Il suffit pour s'en persuader de savoir quelles étaient les personnalités qui le parrainaient le plus officiellement du monde : Félix Faure, futur président de la République, Pierre Waldeck-Rousseau, député socialiste, Joseph Reinach, ancien chef de cabinet de Léon Gambetta et acharné défenseur du capitaine Dreyfus, et... Victor Hugo qu'on ne présente plus.

De cette alliance, que d'aucuns jugeront être contre nature, naîtrait ce que l'historien Zeev Sternhell nomma plus tard, faute de définition plus adéquate, le « fascisme à la française ». Et le même de noter : « Le système d'alliance entre les modérés, tout comme le processus d'intégration de la social-démocratie dans le système libéral, est alors mis en place pour plus d'un demi-siècle. Tout comme s'effectue alors, par le biais de la révolte boulangiste et nationaliste des dernières années du siècle, une synthèse de radicalisme social et de radicalisme national. Les "gauchistes" de l'époque – un Rochefort, par exemple – s'attaquent aux abus de la société bourgeoise, et les nationalistes de Déroulède et les hommes de la Ligue des patriotes montent à l'assaut des faiblesses de la démocratie parlementaire. Tous, en

1. Malheureusement pour l'iconographie révolutionnaire, la bataille de Valmy n'avait été qu'une escarmouche de moindre importance. Et si le sort des armes avait été favorable aux troupes françaises, ce fut plus dû à la dysenterie ayant frappé l'ennemi qu'à la bravoure des armées françaises.

tout cas, tombent aisément d'accord pour désigner le libéralisme comme l'ennemi prioritaire[1]. »

C'est dans cette effervescence politique qu'Antoine de Vallombrosa, plus connu sous le nom de marquis de Morès, allait, mieux que quiconque, incarner ce socialisme à la française que Zeev Sternhell tient pour le direct ancêtre du fascisme mussolinien. Thèse qui n'engage d'ailleurs que lui : Benito Mussolini n'ayant à aucun moment, que ce soit en parole ou par écrit, revendiqué une telle filiation.

Né à Paris en 1858, le marquis de Morès, descendant par sa mère du duc des Cars[2], eut tôt la vocation militaire. Admis à Saint-Cyr, il fut notamment le condisciple des lieutenants Philippe Pétain et Charles de Foucauld, respectivement futurs chef de l'État français et ermite du Hoggar. Établi ensuite en Indochine, le marquis de Morès travailla le premier sur le projet de chemin de fer de Mandalay, l'ancienne capitale de la Birmanie. Ce chantier ayant finalement été mené à bien par les Anglais, il décida de s'en aller sous d'autres cieux, écœuré à la fois par le cynisme britannique et la mollesse de l'administration coloniale française. C'est du côté du Nouveau Monde qu'il partit alors chercher l'aventure. Devenu cow-boy accompli, le marquis de Morès trouva femme dans les plaines du Far West. Il en fut

1. *Ni droite, ni gauche. L'idéologie fasciste en France*, Éditions Complexe, 1987. Pour étrange qu'il puisse paraître, ce type de rapprochement, a priori contre nature, revint régulièrement depuis troubler le traditionnel échiquier politique français.

2. Le duc des Cars en question était également l'un des ancêtres du romancier à succès Guy des Cars. La famille des Cars, originaire de l'ouest de la Vendée, donna à la France nombre de chouans et de députés réactionnaires. L'un d'eux, le comte des Cars, avait l'habitude de martyriser le député radical Joseph Caillaux – par ailleurs suspecté de germanophilie galopante – en lui criant du haut de son pupitre : « Taisez-vous, monsieur Caillaux, et vive Jeanne d'Arc ! » Impressionné par sa voix de stentor, il était fréquent que Joseph Caillaux se le tienne pour dit, malgré l'indéniable maigreur dialectique de l'argument.

si épris qu'il baptisa de son nom, Medora, la ville qu'il fonda avec une dizaine de pionniers.

Revenu en France, il se lança dans l'aventure boulangiste aux côtés de Paul Déroulède. À peine échaudé par la tentative de coup d'État avortée du général Boulanger, il décidait de continuer, seul, le combat. Pour lui, l'affaire était entendue, la révolution serait socialiste ou ne serait pas et c'était aux enfants des communards de relever l'étendard : « Dans l'État de demain, après le syndicat, la commune autonome sera l'autre facteur essentiel. La répression de la Commune après le siège est une honte pour la bourgeoisie. Sauf quelques voleurs et quelques étrangers, les trente mille morts étaient la fleur du sang de Paris. La grande ville, du reste, ne s'est jamais remise de cette coupe sombre. Je connais beaucoup de combattants de la Commune ; ce sont des révolutionnaires nationaux, ils sont mes amis et je n'hésite pas à crier : Vivent les communes de France[1] ! »

Personnage éminemment truculent, on aurait aujourd'hui quelque peine à situer le marquis de Morès à droite ou à gauche de l'échiquier politique. Certes, son antisémitisme militant le ferait maintenant classer à la droite de la droite, voire à la gauche de la gauche. Ce qui serait sottise, sachant qu'en cette fin de siècle dernier, l'antisémitisme se répartissait équitablement d'un côté comme de l'autre des forces en présence[2].

Gentilhomme aux exquises manières, aux moustaches taillées en pointe, au menton carré et aux yeux clairs, le marquis de

---

1. Cité par Francis Bergeron et Philippe Vilgier dans *Les Droites dans la rue*, D.M.M., 1985.

2. Pour être plus précis, sachons que l'« antisémitisme de droite », d'essence chrétienne, tenait le peuple juif pour « déicide » et était exempt, la plupart du temps, de connotations raciales, alors que l'« antisémitisme de gauche » le considérait avant tout comme symbole de bourgeoisie, d'argent et d'exploitation des masses laborieuses. De plus, l'athéisme militant pratiqué par certains devait vite les faire glisser de l'antichristianisme à l'antisémitisme le plus virulent.

Morès eût été plus à son aise dans un salon littéraire tenu par on ne sait quelle comtesse poitrinaire qu'à battre le pavé avec le « petit peuple » de Paris. Le 1er mai 1890 pourtant, c'est aux côtés des ouvriers qu'on le trouva, lors de la première fête du travail. Bateleur-né, il n'avait pas son pareil pour mouliner de sa canne à pommeau d'argent tout en flattant la croupe des crémières. Mieux que de savoir lui parler, cet homme *sentait* le peuple. Sa langue était châtiée, sa syntaxe admirable, et si le bon usage de l'imparfait du subjonctif n'avait plus de secrets pour lui, il savait pourtant être trivial, n'hésitant pas à ponctuer ses discours de « foutredieu », de « mort aux cons » et autres « j'emmerde les bourgeois ».

Sa popularité, le marquis de Morès la dut principalement aux garçons bouchers. En effet, une rancœur immémoriale voulait qu'aux abattoirs de la Villette les découpeurs de carcasses soient perpétuellement en butte aux grossistes en viande. Lesquels avaient la réputation, usurpée ou non, de professer la religion juive. Il n'en fallut pas plus au bouillant marquis pour se lier à Jules Guérin, leader de la Ligue antisémitique de France et du Grand Occident de France, groupuscule antimaçonnique dont la devise, courte mais sans équivoque, faisait référence aux trois points des frères maçons en ces termes : « Deux poings dans la gueule ! »

La pétulance du marquis et les mœurs politiques d'alors aidant, il était fréquent que ce dernier inaugurât ses journées sur le pré, au petit matin, flanqué de deux témoins, l'épée en main. Un adjectif de trop, une insulte qui ne s'imposait pas, que n'aurait-on fait pour un bon mot ?

Lors de ce 1er mai 1890, ce n'est pas prendre le lecteur en traître que de rappeler que le marquis de Morès avait causé quelques raffut, algarades et empoignades. Les journaux qualifièrent le défilé de « bruyant ». Le mot était faible. Pour dire vrai, ce fut un diable déchaîné, au chapeau cabossé et à la canne virevoltante que Jean-Marie Goron arrêta au milieu du tumulte des garçons bouchers en furie, des manifestants et des voyous attirés par tant d'agitation.

À peine arrivé au dépôt, le marquis de Morès, loin de se débattre ou d'entraver la bonne marche de la justice, avait entrepris de tenir salon devant les gardiens de la paix et de leur faire entrevoir les bienfaits de ce « socialisme à la française » dont il était devenu le héraut incontesté.

Lorsque Jean-Marie Goron, venant rendre une visite de routine à l'auguste prisonnier, se rendit compte que ses propres agents le regardaient, *lui*, d'un air suspicieux, il se dirigea aussitôt vers le marquis :

– Cher ami, soyez aimable à l'avenir de ne pas chercher à pervertir les agents de l'État...

– J'emmerde l'État ! Vive la nation ! s'époumona le marquis de Morès.

– Ne dites donc pas tant de mal de l'État. Sans lui, il n'y aurait pas de nation, répondit Goron. En revanche, il est possible que vous ayez tenu quelques propos séditieux. Si tel est le cas, vous avez ma parole que je persisterai à n'être au courant de rien.

– Au contraire, s'exclama le marquis. Je persiste à dire du mal du gouvernement. N'ayez donc aucune pudeur à répandre mes philippiques, vous me rendriez là un signalé service !

Évoquant cette première rencontre, Jean-Marie Goron devait consigner dans ses mémoires : « J'avais gardé le meilleur souvenir de cette nature si franche, si loyale, de ce singulier prisonnier, qui ne pouvait rester deux heures au milieu de mes agents sans en convertir la moitié à ses idées ! »

Advint ce qu'il devait advenir : de provocations en pamphlets et de brûlots en polémiques, le marquis de Morès finit par plus jouer du sabre que de la plume. C'est ainsi qu'à l'aube le capitaine Alfred Mayer perdit la vie. Le différend devait être d'importance relative, puisque aujourd'hui encore personne n'est en mesure de savoir exactement pourquoi les deux hommes se retrouvèrent sur le pré. Il n'empêche, la mort d'un officier exigeait que la machine judiciaire se mît en marche.

Le marquis de Morès ne l'entendait pas de cette oreille. Lui, si prompt à se montrer sur les trottoirs et dans les salons, disparut subitement. Jean-Marie Goron fut chargé de le retrouver au plus vite. Se remémorant cet épisode, il écrivit plus tard : « Peut-être, par un de ces caprices d'enfant gâté dont il était coutumier, Morès avait-il voulu faire la nique à la police en se cachant. Mais moi, qui avais justement quelques côtés de son caractère, je ne pouvais pas sentir qu'on me fît la nique, et, quand j'étais chargé d'une mission, j'avais horreur de revenir bredouille. D'un autre côté, je dois le dire, je n'avais aucune inquiétude sur le sort de Morès, et je savais bien que son arrestation ne serait que de pure forme. J'étais bien certain que le duel dans lequel il avait tué son adversaire ne pouvait avoir été que loyal. »

En attendant, le marquis semblait bien s'être volatilisé. Jean-Marie Goron tournait en rond. Le lendemain, un indicateur vint lui apprendre que le fugitif logeait boulevard Pereire sous le nom de Poirrier. Jean-Marie Goron, nous l'avons vu, n'avait que peu d'estime pour les indicateurs. Il n'empêche qu'il accepta de bonne grâce ce renseignement inespéré. Il se rendit donc à l'adresse indiquée, flanqué d'un de ses secrétaires. Là, il se trouva face à face avec le concierge de l'immeuble, qui n'affichait qu'une humeur modérément coopérative. Le policier lui brandit donc son mandat sous le nez. Ce, avec un vague succès d'estime, il faut le reconnaître.

– M. Poirrier habite-t-il ici ?

– Je ne connais pas de M. Poirrier.

Le gaillard avait l'air coriace. Il n'en avait d'ailleurs pas seulement l'air : il était coriace. Jean-Marie Goron tenta de le déstabiliser en demandant tout de go :

– Vous ne connaissez pas de M. Poirrier. Mais alors, peut-être connaissez-vous le marquis de Morès ?

Aussi impavide qu'une statue antique, le concierge répondit en se grattant la tête :

– Le marquis de Morès, voyons voir, ne serait-ce pas cet homme qui, il y a deux jours, aurait tué un officier en duel ?

– C'est exact. Et je peux même vous assurer qu'il habite dans cet immeuble.

– Et moi, je peux vous assurer que non.

– Me l'assureriez-vous avec autant d'impudence si je vous donnais cinq pièces de cent sous chacune ?

– Ce n'est pas une question d'argent, monsieur le commissaire, ce M. Poirrier n'habite tout simplement pas ici.

– Et si je vous emmenais au poste pour entrave au cours de la justice, seriez-vous toujours aussi formel ?

– Je vous le répète, monsieur le commissaire : il ne s'agit ni d'une question d'argent ni de menaces. Je ne connais pas l'homme dont vous me parlez.

– Vous serez moins fier quand je vous aurai fait chasser de votre place, s'énerva Jean-Marie Goron. Je connais la maison pour laquelle vous travaillez. Il me suffit d'une simple lettre pour que vous vous retrouviez à la rue.

Le procédé, outre que d'être inélégant, ne se révéla pas plus efficace. Le concierge, aussi incorruptible et borné qu'on peut l'être, persistait à nier. Pourtant, Jean-Marie Goron savait que son renseignement était bon et que ce diable de marquis logeait bel et bien ici.

Il fallait donc prendre une décision. Il la prit. Bousculant le concierge sans ménagement, Jean-Marie Goron et son secrétaire pénétrèrent dans l'immeuble et entreprirent, au mépris de toute procédure, d'en visiter les appartements un par un. Parvenus au premier étage, ils entendirent une voix tonitruante qu'ils ne connaissaient que trop : celle du marquis de Morès.

Ils frappèrent aussitôt à la porte et, sans attendre de réponse, Jean-Marie Goron s'exclama à voix haute :

– Goron, de la Sûreté nationale ! Ouvrez !

La porte s'ouvrit à l'instant sur un marquis radieux.

– Je suis celui que vous cherchiez. Vous, mon cher Goron ! Que ne le disiez-vous plutôt ? Si j'avais su que c'était vous !

– Ce ne fut pas faute de le dire à votre concierge, mais ce bougre n'a rien voulu entendre.

– Ah, le brave homme ! On n'en fera plus des comme lui ! Mais, je vous fais perdre votre temps, j'imagine bien la raison de votre venue ici : le capitaine Alfred Mayer. Il est vrai que je l'avais quelque peu insulté. Il m'en a tenu une telle rigueur qu'il a exigé que nous nous en expliquions sur le pré. Ce que nous fîmes. Vous savez quel a été le verdict des armes...

– C'est précisément lui qui m'amène ici. J'ai ordre de saisir les armes ayant servi à ce duel. Et, accessoirement, de vous arrêter.

– Mais les épées sont là, je les avais préparées tout exprès pour vous. En attendant de m'arrêter, laissez-moi donc vous montrer ma collection de cannes de combat.

Jean-Marie Goron accepta l'invitation de bon cœur. Il palpa un pommeau argenté aux formes contondantes d'une main experte, jugea du doigt le fil d'une lame et soupesa, admiratif, le lest de plomb d'une canne finement ouvragéc avant d'admcttre :

– C'est vraiment un plaisir rare que de mettre les menottes aux poignets d'un aussi charmant ennemi du régime !

– Être arrêté par un policier de si bonne compagnie est également une joie.

Dans le grand salon du marquis de Morès se trouvait un petit secrétaire croulant sous une montagne de papiers. Le commissaire ne résista pas à la tentation d'y glisser un coup d'œil furtif. Ayant parcouru un premier dossier, il pointa un doigt sur son interlocuteur :

– C'est votre jour de chance, monsieur le marquis, je vais faire exactement comme si je n'avais rien lu de tout cela. Je suis devenu policier parce que je voulais défendre l'ordre public et non point contrôler les pensées de mes concitoyens. S'il ne tenait qu'à moi, il n'y aurait pas de police politique en ce pays.

– S'il ne tenait qu'à vous, vous rejoindriez nos rangs.

– Laissons donc les choses telles qu'elles sont. Vous faites de la politique et moi de la police. Vous avez enfreint la loi et je vous arrête. Où irions-nous si les agents de la force publique se mêlaient de politique ?

– Il se peut que vous ayez raison, convint le marquis de Morès.

Moins d'une heure plus tard, les trois hommes arrivaient à la Sûreté, place Dauphine. Ayant quelque autre affaire à régler, Jean-Marie Goron abandonna le marquis dans un petit cabinet, non sans s'être assuré qu'il était sous bonne garde. Lorsqu'il retrouva son prévenu, il crut tout d'abord s'être trompé d'endroit. Ce n'était plus une salle de garde à vue, mais un chapiteau de cirque. Debout sur une table, le marquis de Morès haranguait la dizaine d'agents présents.

Ils l'écoutaient, littéralement subjugués par la magie du verbe, la force des arguments, la truculence du conférencier. Goron devait noter plus tard : « Je n'oserai pas dire que, dans sa diatribe, M. Morès n'ait point dit un peu de mal du gouvernement. Mais moi, je n'ai rien entendu ! »

Il aurait fallu plus qu'une simple garde à vue pour calmer le bouillant marquis. Jean-Marie Goron savait qu'en le relâchant, ils étaient destinés à se revoir immanquablement. Plusieurs fois l'an, il arrêtait donc le marquis de Morès, à la suite d'innombrables duels, d'esclandres sur la voie publique ou de ces terribles pugilats qui l'opposaient sans cesse aux forces de l'ordre.

Le rituel était à chaque fois immuable :

– Cher marquis, je dois vous arrêter une fois encore !

– Je vous en prie, mon bon Goron, vous êtes payé pour ça !

Souvent, le marquis de Morès tenta de rallier le policier à la conception qu'il se faisait du « socialisme à la française ». Jean-Marie Goron se refusa toujours à le suivre sur ce terrain.

Longtemps plus tard, en 1896, année au cours de laquelle Goron prit sa retraite, les deux hommes se virent une dernière fois, chez un ami commun. Malgré les années, le marquis de Morès n'avait rien perdu de sa fougue et de son enthousiasme. Deux ans auparavant, il avait pactisé avec les anarchistes à l'occasion d'un vaste mouvement de grève. Il voulait aujourd'hui unir la France à l'Islam et à l'Égypte, dans le but avoué de contrecarrer l'hégémonie britannique en Afrique du Nord. Infatigable jeune homme, le marquis poursuivait d'autres fantômes, d'autres chimères.

Bouche bée, Jean-Marie Goron l'écoutait, littéralement ensorcelé par sa faconde, son entrain, son extraordinaire force de persuasion. Lui aussi avait couru l'aventure. Les mêmes dieux fantasques avaient autrefois consumé son âme. Semblable quête d'absolu l'avait aussi dévoré de l'intérieur.

Jean-Marie Goron, à sa façon, avait su « vieillir ». Pas le marquis de Morès. Aussi s'inquiéta-t-il :

– N'avez-vous pas peur d'être tué là-bas, par on ne sait quels barbaresques, fanatiques et autres agents de l'Angleterre ?

Le marquis prit alors une mine de conspirateur, dégrafa soigneusement son col de celluloïd et ouvrit grand les pans de sa chemise. Il en sortit une médaille étrange, circulaire, sur laquelle des caractères arabes étaient gravés dans le cuivre.

– Avec cela, je ne crains rien. C'est un saint homme, un musulman, qui me l'a offerte[1]. Elle saura me protéger des démons et des esprits mauvais...

---

1. Traditionnellement, ces talismans étaient faits de cuivre ou de plomb, l'or n'ayant pas à être arboré par les hommes, conformément aux commandements de Mahomet. Ils étaient le plus souvent marqués d'une sourate du Coran. Si le Prophète avait fermement condamné ce type de pratiques « magiques », elles étaient la plupart du temps tolérées dans les faits.

– Tout cela ne vaut pas un bon fusil.

Le marquis de Morès eut un sourire complice.

– Mon cher ami, j'ai aussi un fusil. Vous me connaissez assez pour savoir que je n'hésiterai pas à m'en servir.

C'est avec un pincement au cœur que Jean-Marie Goron prit congé de son hôte. Il avait beau se dire que le marquis de Morès était de cette trempe d'hommes que rien ne saurait vaincre ou faire reculer, une voix intérieure lui murmurait que plus jamais il ne reverrait cet homme délicieux qu'il avait arrêté tant de fois, dans la bonne humeur, la courtoisie et le respect réciproque.

Il n'avait pas tort.

En effet, le talisman, quoique remis par un « saint homme », n'eut pas l'effet escompté.

Quelques semaines plus tard, en juin 1896, le marquis de Morès était assassiné par son escorte de Touareg aux confins de la Tripolitaine, au nord-est de la Libye. Les spéculations allèrent bon train. Ses meurtriers avaient-ils été, oui ou non, diligentés par les Anglais ? Il y a fort à parier que oui. Le prestige du marquis était si grand au sein des tribus que le Foreign Office ne pouvait tolérer plus longtemps telle ingérence dans ce qu'il considérait déjà comme son domaine réservé.

Dès l'annonce de sa mort, Jean-Marie Goron se précipita au domicile de la marquise de Morès et proposa de participer à l'expédition qu'on organisait à Paris pour retrouver et rapatrier la dépouille de son époux. Il n'eut pas le temps de mettre ce projet à exécution, le corps de son meilleur ennemi venait d'être découvert.

Ses partisans décidèrent alors de lui ériger une statue dans Paris, à la Villette. Une souscription lancée à travers la France permit rapidement de rassembler les fonds nécessaires. La statue fut même sculptée par un certain Marquet de Vasselot. L'entreprise s'arrêta là, les autorisations administratives n'ayant jamais été accordées.

Se remémorant le marquis de Morès, Jean-Marie Goron écrivit un jour : « J'éprouvai une sincère douleur de la disparition de ce vaillant qui pouvait se tromper parfois dans l'exaltation de son amour de la patrie, mais qui était un patriote sincère, tel qu'il n'en existe malheureusement pas assez. »

CHAPITRE V

Clément Duval, anarchiste

« La nature n'a fait ni serviteurs, ni maîtres. Je ne veux ni donner, ni recevoir de lois. »
DENIS DIDEROT

« L'idée centrale de l'anarchisme est que la société peut et doit être organisée sans l'autorité contraignante de l'État. On trouve sans doute des tendances anarchistes chez certains penseurs, depuis l'Antiquité. Mais c'est Godwin qui a préconisé le premier, sans équivoque, une société sans État. Le premier auteur qui se qualifia lui-même d'anarchiste fut Proudhon [1]. »

William Godwin, né en 1756 et décédé en 1836, exerça en tant que pasteur avant de devenir athée sous l'influence des philosophes français du XVIIIe siècle. Précurseur de l'anarchisme, il a notamment signé un *Essai sur la justice politique et son influence sur la moralité et le bonheur* en 1793. Il fut par ailleurs un romancier dont l'œuvre, avouons-le, ne fit point date. Pierre-Joseph Proudhon quant à lui, abusivement qualifié d'« anarchiste » alors qu'il se définissait avant tout comme « anarcho-syndicaliste », vit le jour en 1809 et rendit l'âme en 1865. D'extraction ouvrière, il fut tour à tour typographe, imprimeur et journaliste. Tout d'abord violemment anticapitaliste, il modéra ensuite ses

1. In *Dictionnaire de la pensée politique*, Hatier, 1989.

attaques, s'attachant surtout à la réconciliation des diverses classes sociales plutôt qu'à leur affrontement, tenu pour inéluctable par Karl Marx. Certaines de ses idées influencèrent durablement Charles Maurras, le chef de file de l'Action française, le plus important mouvement monarchiste de ce siècle et par ailleurs fondateur d'un Cercle Proudhon, point de ralliement entre monarchistes et anarcho-syndicalistes.

Et le *Dictionnaire de la pensée politique* de conclure : « Les penseurs anarchistes ne forment pas un groupe homogène [1] et, bien souvent, leur seul trait commun semble avoir été la reconnaissance d'un ennemi unique, l'État. Ils divergent avant tout sur l'organisation économique qui devrait prévaloir dans une société sans État. Les points de vue sont très variés, depuis les défenseurs de la propriété privée et de la libre concurrence sur le marché, jusqu'aux avocats de la communauté de biens totale, du travail coopératif et de la répartition en fonction des besoins. »

Voilà pour cette brève et sèche – universitaire, en un mot – définition de l'anarchisme. L'idée n'était pourtant pas née ex nihilo. Ce mouvement anarchiste, apparu à la fin du siècle dernier, plus qu'une doctrine fondée sur une réflexion nourrie et sereine, relevait en fait de la réaction cutanée à une société devenue « folle ». La France fonctionnait encore, mais sur sa lancée. Son tissu social, apparemment sain, était déjà gangrené. La révolution industrielle, certes inévitable, avait abandonné nombre de malheureux sur le chemin. Les guerres, les changements de régime incessants avaient aussi contribué à élargir le fossé entre les Français.

Le peuple, jadis organisé en de multiples corporations, était maintenant livré, sans plus de protection, en pâture aux puissants. À cet égard, la Révolution française porte une lourde responsabilité. Un triste jour de 1791, le 14 juin pour être plus

1. Ce qui serait tout de même un comble.

précis, la nouvelle assemblée votait la loi Le Chapelier. Laquelle « limitait les droits d'association et constituait l'une des bases du capitalisme moderne », si l'on en croit la définition qu'en donne le *Petit Robert*... Ce jour-là, naissait le capitalisme. Désemparé, privé de toute structure de défense, le peuple des artisans et des ouvriers se trouva nu face aux puissances d'argent. La révolte éclata une première fois au début du siècle dernier, sous le règne de Charles X, quand monta cette terrible chanson des quartiers industrieux de Lyon :

C'est nous les canuts,
Nous sommes tout nus.
Pour gouverner, il faut avoir
Manteau et ruban en sautoir.
Nous en tissons pour vous, grands de la terre,
Et nous, pauvres canuts, sans drap on nous enterre.
C'est nous les canuts,
Nous allons tout nus.
Mais notre règne arrivera,
Quand votre règne finira.
Nous tisserons le linceul du vieux monde,
Car on entend déjà la révolte qui gronde.

Les canuts étaient des ouvriers tisserands, spécialisés dans le tissage de la soie. Leur savoir-faire était légendaire ; la maigreur de leurs revenus aussi. Leur situation devint réellement dramatique en 1830, à cause d'une concurrence étrangère effrénée. Les prix chutèrent. En 1831, les canuts gagnaient quatre fois moins que sous l'Empire. S'étant enfin groupés au sein d'une Société des mutuellistes, ils tentèrent d'imposer des prix minima afin de sauver ce qui pouvait l'être encore. Le préfet local, touché par leur détresse, proposa sa médiation auprès des marchands. Lesquels refusèrent toute négociation. Dès lors, acculés à la famine, les canuts n'avaient plus qu'une solution pour se faire entendre : la rue.

Une première manifestation eut lieu, le 21 novembre 1831. On envoya la troupe. Paniquée, une quelconque ganache ordonna que l'on tirât sur la foule. Le sang des canuts coula sur le pavé lyonnais. De la manifestation, on passa à l'émeute ; l'émeute dégénéra en insurrection. Près de six cents canuts furent ainsi tués ou blessés. La ville où avait été édifiée la première église chrétienne d'Europe, en 177 après Jésus-Christ, était rouge du sang des petites gens, des pauvres, des humbles, des modestes.

Une seconde révolte, celle de la Commune, allait prendre, cette fois, une ampleur encore plus grande.

Après la malheureuse issue de la guerre de 1870, Bismarck ordonna que de nouvelles élections se tiennent en France. Il refusait, en effet, de traiter avec le gouvernement de Défense nationale dirigé par Léon Gambetta au motif que ce dernier était issu de la rue et non point des urnes.

Le 8 février 1871, les électeurs envoyèrent donc quelque quatre cents députés royalistes – légitimistes et orléanistes confondus – à l'Assemblée nationale. Et seulement deux cents représentants de sensibilité républicaine. Le 12 février 1871, le gouvernement de Défense nationale se sabordait à l'issue de ces résultats sans appel. Le rétablissement de la monarchie semblait alors inéluctable. Pour les forces révolutionnaires qui agitaient la capitale depuis la fin octobre 1870, la République et la patrie étaient une nouvelle fois en danger. Le ressentiment était d'autant plus fort que le peuple de Paris reprochait à Adolphe Thiers d'avoir abandonné l'Alsace et un tiers de la Lorraine à l'Allemagne. De plus, une indemnité de six milliards de francs-or avait été exigée. Au terme d'interminables discussions, Thiers parvint à réduire cette somme à un seul milliard contre l'abandon de la ville de Metz. Cette tractation lui fut longtemps reprochée par la gauche qui y vit un réflexe typiquement bourgeois. À ces insinuations, il aurait un jour répondu : « Les provinces, on les reprend un jour ou l'autre, tandis que les milliards perdus ne reviennent jamais. » Les centaines de milliers de morts que nous coûta la reconquête de ces territoires ne devaient pas non plus revenir, serions-nous tenté d'ajouter, en guise de codicille, au livre comptable d'Adolphe Thiers.

De son côté, Otto von Bismarck poussa plus loin l'avantage et exigea de défiler dans Paris, à la tête de la soldatesque prussienne. Adolphe Thiers, qui avait été si adroit et roué pour faire baisser le montant de l'indemnité, ne batailla point sur la question, sous-estimant ainsi la ferveur patriotique de la population parisienne. Deuxième impair psychologique : il installa l'Assemblée et son gouvernement à Versailles... Le troisième fut plus grave encore. Le 18 mars, Adolphe Thiers ordonna à l'armée de s'emparer des canons ayant servi durant le siège de la capitale et qui étaient maintenant entreposés à Belleville et à Montmartre. Les gardes nationaux qui s'étaient vaillamment battus contre les Prussiens et dont la solde venait d'être supprimée par le gouvernement y virent aussitôt une intolérable provocation. Et le peuple de Paris de descendre dans la rue. La manifestation ne tarda pas à dégénérer. Adolphe Thiers géra la crise avec une habileté consommée : il ne fit rien, gageant que le mouvement révolutionnaire s'enliserait bientôt avant d'avoir pu sérieusement gagner la province. En effet, si d'autres tentatives similaires virent le jour dans quelques grandes villes, elles furent sans succès. Les communards, « enfermés » dans la capitale, n'avaient guère la possibilité de susciter des émules. Pis, malgré une « armée » forte de trente mille hommes à l'indéniable courage, jamais ils ne purent la transformer en corps discipliné et efficace. Adolphe Thiers avait su analyser la situation avec une efficacité et un cynisme consommés.

Le 21 mai, jugeant que la situation était mûre à souhait, Adolphe Thiers décida enfin de réprimer le soulèvement communard. Les cent trente mille « versaillais », emmenés par le maréchal de Mac-Mahon, pénétrèrent dans la capitale. Les combats, acharnés de part et d'autre, durèrent une semaine exactement.

La situation était des plus incongrues. Une partie de Paris était encore sous occupation prussienne, tandis qu'insurgés et versaillais se battaient sous leurs yeux. La répression fut féroce. Au bout de cette « semaine sanglante », on dénombrait plus de dix-sept mille morts. Il y eut quarante mille arrestations dont treize mille furent suivies de condamnations : deux cent soixante-dix à mort, quatre cent dix aux travaux forcés, trois mille quatre cents à la prison et sept mille cinq cents à la déportation.

Le phénomène communard a ceci d'intéressant qu'il cumule à la fois les courants libertaire et patriote. En effet, ce que le « peuple de gauche » reprochait principalement aux rois de la Restauration était « d'être rentrés en France dans les fourgons de l'étranger », à en croire une formule demeurée fameuse. C'est surtout durant l'insurrection parisienne que se cristallisa, de façon informelle certes mais durable, l'alliance entre nationalistes, socialistes et anarchistes évoquée dans le chapitre précédent à propos du marquis de Morès et de ses épigones. En fait, le patriotisme supposé de la Commune tient plutôt de l'image d'Épinal ; voire de l'imposture.

Et l'historien Jean Bourdier de rappeler : « La Commune est quasi universellement présentée comme un mouvement où le patriotisme a une grande part. Parmi les motifs avancés pour l'insurrection du 18 mars 1871, il y a fréquemment : l'"humiliation de la défaite", et même le "désir de continuer la lutte contre l'occupant". C'est vrai à coup sûr pour une exception comme Louis-Nathaniel Rossel, officier de carrière et patriote de conviction, qui ne rejoint la Commune que dans l'espoir de poursuivre la guerre et va rapidement déchanter. C'est peut-être vrai aussi pour quelques blanquistes, suivant à la lettre les mots d'ordre de leur chef au moment du siège. Mais cela s'arrête là.

Pour le reste, toutes les envolées lyriques sur le “sursaut patriotique” qu'aurait représenté cette insurrection ne sont rendues possibles que par la suppression systématique des faits et même des textes. »

Plus accablante est la lettre signée de la main de Louis-Nathaniel Rossel, alors nommé délégué à la guerre par les communards, adressée au Comité central de la Commune, le 9 mai 1871 : « Chargé par vous à titre provisoire de la Délégation à la guerre, je me sens incapable de porter plus longtemps la responsabilité d'un commandement où tout le monde délibère et où personne n'obéit. Sachant que la force d'un révolutionnaire ne réside que dans la netteté de la situation, j'ai deux lignes à choisir : briser l'obstacle qui entrave mon action ou me retirer. Je ne briserai pas l'obstacle, car l'obstacle, c'est vous et votre faiblesse : je ne veux pas attenter à la souveraineté publique. Je me retire et j'ai l'honneur de vous demander une cellule à Mazas. » Pis, le même Rossel avait reproché, non sans raisons, aux chefs communards de vouloir négocier en secret avec l'occupant allemand. Ce qui ne se fait pas lorsqu'on se targue d'être un nationaliste intransigeant.

Quoi qu'il en soit, Jean-Marie Goron – comportement étrange pour un policier chargé de la défense de l'ordre public – manifesta toujours une grande clémence à l'égard des communards ou présumés tels : « Je me suis demandé maintes fois, je le confesse, ce qui serait advenu de moi, si j'étais resté à Paris. Mon exaltation patriotique était si grande qu'il est probable que ma raison n'aurait pas été la plus forte et que j'aurais pris les armes comme tant d'autres, voulant comme eux la guerre à outrance et n'ayant que de la haine pour ceux qui avaient traité avec l'étranger. C'était fou, sans doute, mais cette folie, combien l'ont eue, et l'ont payée trop cher ! C'est pour cela que je n'ai jamais voulu partager l'animosité tenace de quelques collègues à la préfecture de police, aujourd'hui clairsemés, contre quiconque pouvait être appelé communard. »

Les années passant, les ressentiments des « enfants » de la Commune allaient grandissant. N'ayant plus foi en aucun ordre, qu'il soit royal, républicain ou impérial, une poignée d'entre eux, esprits enfiévrés prêts à basculer dans l'illégalité, se mit à rêver d'une « autre société », plus juste, débarrassée des oripeaux les plus tapageurs de l'oppression des puissants. Enfin, ceux que leur rhétorique désignait comme tels.

L'écrivain catholique Henri Massis, disciple de Charles Péguy, résuma fort bien cet état d'esprit latent dans ses *Jugements*[1] : « Il s'agissait pour nous de dire non à tout. Il s'agissait de contester toutes les évidences et d'opposer à celles qui s'imposaient (y compris les mathématiques) les rébellions de la fantaisie, au besoin de la paresse et de l'ignorance. Le mot de scepticisme n'est pas suffisant pour qualifier ce mélange d'incuriosité frondeuse avec le délire de l'examen. Un “à quoi bon ?” réglait le compte universel des personnes, des choses et des idées. C'était le néant même, senti et vécu. »

Il s'agit évidemment là d'une vision de l'anarchie passablement littéraire. Henri Massis, ses précurseurs et ses continuateurs se limitèrent à analyser les causes et les raisons d'un tel désordre social. Les autres, anarchistes et activistes divers, estimèrent pouvoir régler le problème à leur façon, c'est-à-dire en usant de violence. Mais, à l'époque, le mouvement anarchiste demeurait un mouvement réactionnaire – comble du paradoxe – en ce sens où il consista avant tout en une réaction à un ordre établi, jugé inique, plutôt qu'en une véritable réflexion tendant à proposer un ordre nouveau ou, tout du moins, un ordre de remplacement.

Cette réaction était, à n'en point douter, légitime. Mais elle

1. Ouvrage publié en 1924 où il attaqua ceux qu'il jugeait être facteurs de « dissolution morale » dont, entre autres, Anatole France et Ernest Renan. Son « vichysme » militant devait ensuite le faire sombrer dans l'oubli et le silence à la Libération. L'extrait que nous citons est relatif à ses jeunes années, époque durant laquelle il flirta avec la mouvance anarchiste.

était surtout individualiste, tel qu'en témoigne ce cri de ralliement de la mouvance anarchiste :

Pour vous, ô damnés de la Terre,
Voici la flanche libertaire
D'un vieux probloque prolétaire.
J'évoque ici les grands anars
Fidèles d'un fameux canard
Appelé *Le Père Peinard*[1],
Dure enseigne d'un « très beau mythe »,
Ô drapeau noir rongé des mites,
Déchiré par la dynamite.
Mort aux vaches ! Mort aux vendus !
D'accord, et à chacun son dû,
Mais devant tous, L'INDIVIDU.

Principal chantre de cette veine libertaire, Pierre-Joseph Proudhon signait à son tour ce violent réquisitoire contre tous les gouvernements, qu'ils soient issus des urnes, de la loi salique ou d'ailleurs, dans un ouvrage historique, *Qu'est-ce que la propriété ?* : « Être gouverné, c'est être à chaque opération, à chaque transaction, à chaque mouvement, noté, enregistré, recensé, tarifé, timbré, toisé, coté, cotisé, patenté, licencié, autorisé, apostillé, admonesté, empêché, réformé, redressé, corrigé. C'est, sous prétexte d'utilité publique, et au nom de l'intérêt général, être mis à contribution, exercé, rançonné, exploité, monopolisé, concussionné, pressuré, mystifié, volé ; puis, à la moindre résistance, au premier mot de la plainte, réprimé, amendé, vilipendé, vexé, traqué, houspillé, assommé, désarmé, garrotté, emprisonné, fusillé, mitraillé, jugé, condamné, déporté, sacrifié, vendu, trahi, et pour comble, joué, berné, outragé, déshonoré. Voilà le gouvernement, voilà sa justice, voilà sa morale ! »

1. L'un des principaux journaux anarchistes de la fin du siècle dernier.

Et de noter à propos du triptyque républicain : « Dire qu'il y a parmi nous des démocrates qui prétendent que le gouvernement a du bon ; des spécialistes qui soutiennent au nom de la Liberté, de l'Égalité et de la Fraternité cette ignominie ; des prolétaires qui posent leur candidature à la présidence de la République française. Hypocrisie ! »

Cet anarchisme-là en effet, celui des pionniers, était authentiquement libertaire, populiste, voire franchement réactionnaire comme nous l'avons vu, et n'avait de pire adversaire que le marxisme, symbole de l'omnipotence étatique. L'historien André Salmon régla d'ailleurs la question en ces quelques mots définitifs : « Aussi longtemps, c'est-à-dire un demi-siècle, que le drapeau noir va rallier les partisans luttant à visage découvert, on sera témoin d'un conflit latent entre l'anarchisme revendicateur, par fatalité auxiliaire du marxisme ennemi, et du sentiment libertaire purement individualiste [1]. »

Ces refrains, ces philippiques, un homme brûlait de les mettre enfin en pratique : Clément Duval, premier activiste recensé à s'être ouvertement réclamé du mouvement anarchiste. Son histoire, peu connue, mérite d'être contée.

Parc Monceau, le 11 octobre 1886, cinq heures du matin. Les arbres, battus par de glaciales bourrasques, achevaient de

1. In *La Terreur noire*, Jean-Jacques Pauvert, 1959. Cette opposition de principe, cette incompatibilité politique dépasserait, quelques années plus tard, le simple stade de la rhétorique. Durant la révolution d'octobre 1917, les marins anarchistes de Kronstadt avaient été les premiers des insurgés à attaquer de front le gouvernement social-démocrate d'Alexandre Fedorovitch Kerenski, éphémère successeur du tsar de toutes les Russies. Une bravoure qui n'empêcha pas leur éradication sauvage, quatre ans plus tard, par l'Armée rouge, alors dirigée par Léon Trotski. Les marins de Kronstadt professaient un anarchisme, certes échevelé, mais sincère, que ne pouvait supporter le pouvoir centralisateur instauré par les nouveaux maîtres de la future U.R.S.S.

perdre leurs dernières feuilles. L'employée municipale, caparaçonnée dans son ample manteau de laine, venait de prendre son service. Les allées et les pelouses devaient être impeccables afin que les badauds élégants puissent venir s'y promener en toute quiétude. Alors, elle balayait, ratissait et emplissait d'énormes sacs de feuilles mortes et de papiers de bonbons oubliés par des bambins négligents. Malgré ses mitaines, ses doigts étaient gourds.

Elle reniflait en ronchonnant contre toute la misère du monde quand, soudain, elle aperçut une épaisse fumée s'échapper de la fenêtre d'un des hôtels particuliers qui bordaient le parc. Elle se précipita pour prévenir la concierge.

– Y a l'feu là-haut ! Y a l'feu là-haut !

Mal réveillée et aussi amène qu'un furoncle, celle-ci grogna :

– Ben, j'vais voir. Tranquille. Pas m'presser. Y a pas l'feu, après tout.

– Ben si, justement, y a l'feu...

Effectivement, il y avait le feu. Le contenu de quatre bidons d'essence avait été répandu dans le salon de l'hôtel appartenant à Mme Herbelin, tante d'une célèbre artiste de l'époque, Madeleine Lemaire. Les deux femmes, qui vivaient ensemble, avaient été soulagées d'environ quinze mille francs de bijoux.

Arrivé sur les lieux moins d'une heure plus tard, Jean-Marie Goron demeurait perplexe. La concierge, que l'incident avait définitivement réveillée, était parvenue à éteindre le début d'incendie.

– Bizarre, bizarre, marmonnait le policier en tournant en rond dans le salon sinistré. Bon, le vol a été perpétré en l'absence des deux femmes. Ça, d'accord. Le ou la voleuse a fait main basse sur les bijoux et un peu d'argent liquide.

– Ça, monsieur le commissaire, je suis formelle, intervint la concierge. Mmes Herbelin et Lemaire, elles gardaient que le minimum d'argent nécessaire chez elles. Le reste était à la banque. Les bijoux, ils étaient tous dans ce coffre, là, que le voleur a abandonné. Je le sais, parce que c'est moi qui fais le ménage, ici.

– Oui, oui, j'entends bien, poursuivit Jean-Marie Goron qui pensait à voix haute. Mais pourquoi avoir tenté de mettre le feu ? Un fou, un amant éconduit ? Vos deux dames, elles avaient, comment dirais-je, des fréquentations ?

La concierge rougit imperceptiblement.

– Des... amis, vous voulez dire ?

Il hocha la tête.

– Oui, bien sûr, elles sont belles femmes. Mais les amants que je leur connais sont des hommes de bien. Pas des voyous ou des bons à rien, enfin, pas des hommes qui auraient pu faire un coup pareil.

– Des hommes de bien, par les temps qui courent, ça ne veut plus dire grand-chose, chère madame, répondit-il en souriant. Imaginez qu'ils soient députés...

La concierge s'en alla, bouffie d'orgueil d'avoir prêté main forte à la police, persuadée d'avoir contribué, par sa sagacité, à l'arrestation d'un ennemi public en puissance.

Dès le lendemain, Mmes Herbelin et Lemaire étaient convoquées à la Sûreté pour y dresser l'inventaire des bijoux volés. Sur l'heure, Jean-Marie Goron transmit la liste à *L'Office Azur*, publication confidentielle qui répertoriait de manière fort détaillée tout bijou volé ou perdu.

Dès lors, il ne restait plus qu'à attendre.

Jean-Marie Goron était dans son bureau, à lire la presse du jour, quand tomba enfin la nouvelle : un bijoutier, installé rue Tronchet à Paris, venait de prévenir qu'on avait tenté de lui vendre des bijoux dont la description correspondait en tous points à celle publiée par l'irremplaçable *Office Azur*. Six jours à peine s'étaient écoulés depuis le cambriolage du parc Monceau.

Le revendeur fut aussitôt arrêté. Grâce à lui, la police remonta jusqu'à deux autres intermédiaires. Les menottes aux poignets, ils avouèrent qu'un certain Clément Duval, rencontré dans un club socialiste au nom pittoresque de Panthère des Batignolles [1], leur avait laissé les bijoux afin qu'ils les revendent au meilleur prix.

– La Panthère des Batignolles, on ne me l'avait encore jamais faite, celle-là ! sourit Jean-Marie Goron. Bon, on y va ! M. Taylor, le chef de la Sûreté, nous accompagne. Il faudrait vraiment que le diable s'en mêle pour que nous ne trouvions rien en perquisitionnant au domicile de ce Duval...

Les brigadiers Pelletier et Rossignol acquiescèrent. Le premier était tout en rondeurs, le second aussi mince qu'un trait de crayon. Les deux formaient un couple inséparable.

C'est ainsi que ce 17 octobre 1886 au soir, Taylor, chef de la Sûreté, Goron, son bras droit, et l'inénarrable binôme formé par Pelletier et Rossignol, pénétrèrent dans un petit immeuble de la rue Legendre, paisible artère du XVIIIe arrondissement parisien, domicile présumé du mystérieux Clément Duval, membre de la Panthère des Batignolles.

À leur grande déception, ils durent convenir que l'appartement de ce dernier ne celait rien de grave ou de compromettant. Mais, au moment où les quatre hommes achevaient de descendre l'escalier, ils aperçurent une silhouette quitter prestement la cour intérieure de l'immeuble. Jean-Marie Goron s'exclama :

– C'est lui, c'est Duval !

Ils se précipitèrent aussitôt à sa poursuite. Clément Duval courait aussi vite qu'un cabri. Il eut tôt fait de rejoindre l'avenue de Saint-Ouen. Encore quelques dizaines de mètres, et il pourrait gagner le dédale de ruelles qui le séparaient des rues Championnet et Ordener. Là, il aurait tout loisir de s'évanouir dans la nature.

1. Ce « club » était en fait l'un des principaux points de ralliement des anarchistes d'alors. On se perd en conjectures sur la raison d'un énoncé aussi exotique.

Jean-Marie Goron était à bout de souffle. Puisant dans ses ultimes forces, il parvint peu à peu à réduire la distance qui le séparait encore du fuyard. Les passants s'écartaient sur leur passage. Duval bousculait tout ce qui pouvait demeurer sur le sien. Sa course était maintenant désordonnée. Un passant tenta de s'interposer, Duval le culbuta d'un simple coup de poing. « Belle droite », jugea Goron.

Cette « belle droite » empêcha cependant le voleur de voir l'étal du marchand des quatre-saisons qui empiétait largement sur le trottoir. Il roula dans les pommes, les poires, les salades et les bris de bois, s'assommant à moitié sur le pavé. Quelques secondes plus tard, Taylor arrivait sur les lieux de l'« accident », entouré de Pelletier et Rossignol. Clément Duval reprenait tout juste ses esprits.

– C'est bon, je m'en occupe, assura Rossignol.

Il se dirigea vers le corps inanimé. À peine l'avait-il saisi au col que le voleur faisait surgir un couteau de sa main et le frappait à... huit reprises !

Goron se jeta sur lui, mais l'homme se démenait comme un forcené. Il roula à son tour sur le pavé tandis que Pelletier tentait une manœuvre pour le prendre de côté. Duval, qui s'était relevé, moulinait du couteau, tentant ainsi d'écarter les policiers au plus loin. Pelletier bondit vers l'arme brandie et mordit la main du fuyard au sang.

Le couteau tomba sur le trottoir avec un cliquètement métallique. Le vigoureux coup de pied que décocha Goron dans le ventre de Clément Duval le ramena à des sentiments plus pacifiques. Plié en deux, le cambrioleur du parc Monceau roula sur le sol.

Jean-Marie Goron épongea son front trempé de sueur au revers de son manteau. Rossignol respirait toujours. Il régnait un tel froid sur la capitale que l'agent avait quatre épaisseurs de vêtements sur lui. Il était connu pour être frileux, ce menu défaut venait de lui sauver la vie : ses blessures n'étaient que superficielles. Elles causèrent pourtant un émoi certain dans les services de police parisiens. Qui était cet homme qui n'avait pas hésité à poignarder un brigadier de la sorte ? Les voyous étaient certes violents, mais à ce point...

La réponse ne tarda pas à venir. Sous forme de lettre, envoyée de la prison de Mazas, où Clément Duval avait été immédiatement écroué :

À monsieur le juge d'instruction.

Monsieur,

Sur ma feuille d'écrou à Mazas, je vois écrit : tentative de meurtre ; moi, au contraire, je crois que j'étais en état de légitime défense. Il est vrai que nous n'envisageons pas cela, vous et moi, de la même manière, étant donné que je suis anarchiste, ou plutôt partisan de l'anarchie, car je ne puis être anarchiste dans la société actuelle ; de ce fait, je ne reconnais donc pas la loi, sachant par l'expérience que la loi est une prostituée que l'on manie, comme bon semble, à l'avantage ou au détriment de tel ou tel, de telle ou telle classe. Donc, si j'ai frappé le brigadier Rossignol, c'est qu'il s'est jeté sur moi pour m'arrêter au nom de la loi. Au nom de la liberté, je l'ai frappé. Je suis donc logique avec mes principes : loin de là à une tentative de meurtre. Il est temps aussi que les agents changent de rôle. Plutôt que d'arrêter les volés, qu'ils arrêtent les voleurs.

Recevez, monsieur, l'assurance de mes sentiments révolutionnaires.

Clément Duval
Mazas, 6e division, nº 52[1].

1. Archives personnelles de l'auteur.

Discours étonnant pour un simple monte-en-l'air, un banal voleur de bijoux. Il ne fallait pas être grand clerc pour comprendre que la police avait là affaire à une forme inédite de délinquance. Les ancêtres des Renseignements généraux savaient certes qu'il y avait en France une vague mouvance anarchiste, celle-là même qui avait tenté en vain de faire sauter la statue d'Adolphe Thiers, érigée à Saint-Germain. Mais les incidents n'allaient pas plus loin. Pour la majorité des policiers, l'anarchisme n'était guère qu'une toquade de coupe-jarrets tentant de masquer leurs méfaits sous de plus augustes postures. D'ailleurs, on ne parlait alors que de simples « révolutionnaires », ce qui voulait à la fois tout et rien dire.

Tel n'était pourtant pas l'avis de Jean-Marie Goron dans ses mémoires : « J'avais eu bien souvent d'ardentes discussions avec des camarades de jeunesse qui, dans l'ardeur de leurs esprits enthousiastes, s'étaient jetés au plus fort du mouvement révolutionnaire. Je fus frappé de retrouver dans cette lettre écrite à Mazas par un cambrioleur comme un écho vague des théories folles que j'avais entendu formuler par des fous, sans doute, mais des fous d'une loyauté et d'une honnêteté incontestables. »

Poussé par la curiosité, Jean-Marie Goron s'arrangea donc pour rendre visite à Clément Duval et tenter d'en savoir plus sur les motivations qui l'animaient.

Cette fois-ci, il eut tout le temps de mieux examiner la physionomie de ce « bandit » hors du commun. À peine âgé de trente-six ans, Clément Duval avait le visage prématurément fatigué et les yeux hagards. Sa moustache tombante le faisait paraître plus vieux encore. Il était évident que cet homme avait souffert au-delà du supportable.

Entrant dans sa cellule, Jean-Marie Goron le salua d'un bref hochement de tête, saisit une chaise et s'assit en face de lui. Les deux hommes n'étaient séparés que par une simple table aux pieds brinquebalants.

– Vous êtes venu voir la bête fauve, sourit Clément Duval. Savoir si elle était encore capable de mordre...

– Admettons que je sois venu en simple curieux, pour tenter de comprendre.

– En fait, il y a peu de choses à comprendre. Je vous hais, je hais vos agents, je hais ce qu'ils représentent. Ils n'ont cessé de me persécuter à cause de mes discours prononcés à la Panthère des Batignolles ou aux Déshérités de Clichy[1]. Ils se sont renseignés sur moi, m'ont espionné, se sont débrouillés pour me faire perdre toutes les places que je pouvais encore trouver.

– Il ne s'agit pas de cela, l'interrompit Goron. Je ne m'intéresse pas à vos idées politiques : je constate simplement que vous avez pénétré par effraction dans une maison qui n'était pas la vôtre, que vous vous y êtes rendu coupable d'un vol et qu'en sus, vous avez tenté d'y provoquer un incendie.

Clément Duval continuait de le regarder fixement.

– Jamais je ne baisserai les yeux devant vous. Un anarchiste ne baisse pas les yeux devant un policier. Je suis un anarchiste !

– Et un voleur, aussi...

– Un voleur, ricana Duval, un voleur... Les riches, eux, sont de véritables voleurs. Pas moi. Les riches nous affament, nous ne volons que pour nous procurer le nécessaire. Il ne s'agit pas de vol, mais de survie, monsieur le commissaire de police.

Il n'avait pas haussé le ton un seul instant. Clément Duval ne faisait pas montre de violence. Il ne dressait pas un réquisitoire, pas plus qu'il n'engageait une polémique. Il prenait acte de la situation, sans plus, tout du moins de l'idée qu'il se faisait d'icelle. Ce d'une voix calme et posée d'où l'aisance n'était pas absente, au grand étonnement de Jean-Marie Goron.

1. Autre club anarchiste qui, au même titre que la Panthère des Batignolles, accueillait en son sein doux rêveurs, exaltés et autres énergumènes dont certains n'allaient pas tarder à passer du stade de la simple théorie à celui des actions plus concrètes.

– Je ne me fais pas d'illusions, poursuivit l'anarchiste. Vous me condamnerez. S'il vous faut une tête, prenez la mienne. Ma vie n'a aucune importance. Une seule chose compte, la cause anarchiste. Un jour viendra où nous triompherons. Ce jour-là, vous ne sourirez plus, monsieur le commissaire de police.

Jean-Marie Goron n'avait plus aucune envie de sourire. Clément Duval était tout sauf un voyou. Bien sûr, il n'approuvait pas sa conception de la vie en société, mais comprenait en revanche les raisons qui avaient pu le pousser à de telles extrémités. Mal dissimulée par les augustes façades d'immeubles cossus en pierre de taille, la misère était là, tapie, grouillante, prête à déborder dans la rue, à l'envahir. Les anarchistes considéraient être l'avant-garde de ce mouvement, de cette lame de fond.

Comme s'il avait pu lire dans ses pensées, Clément Duval poursuivit :

– Vous m'accusez de vol. Je n'ai fait que rééquilibrer la répartition des richesses. D'ailleurs, pensiez-vous que j'allais dépenser le fruit de mon larcin, seul, égoïstement ? Non, bien sûr, je l'aurais mis au service de l'humanité. Ce dont le peuple a besoin, ce sont des livres de chimie !

– Pour tout faire sauter ?

– Précisément.

Ils discutèrent quelques instants encore. L'anarchiste, contrairement à ce que l'on aurait pu croire, répondit à certaines questions posées par le policier. Il ne cherchait plus à se protéger ou à nier les faits, se contentant d'admettre et de revendiquer son forfait haut et fort.

Ce fut là leur seule entrevue.

Troublé, en proie à des sentiments contradictoires, Jean-Marie Goron prit congé du prévenu. D'un strict point de vue policier, il ne repartait pas bredouille, ayant appris le nom du complice de Clément Duval, un certain Turquais. C'était lui qui avait eu l'idée de mettre le feu à la demeure de Mme Lemaire. Duval avait pourtant tout fait pour l'en empêcher, estimant qu'une fois la révolution achevée, l'hôtel particulier servirait de logis au peuple des travailleurs.

L'audience qui s'ensuivit, le 12 janvier 1887, fut le premier véritable procès anarchiste. Le premier, en tout cas, au cours duquel l'accusé n'hésita pas à prendre le juge à partie et à longuement développer ses théories. Le mouvement anarchiste prenait son essor. Il allait culminer avec l'assassinat du président Sadi Carnot à Lyon en 1894, par l'anarchiste Caserio[1].

Mais revenons plutôt au procès de cour d'assises du 12 janvier, présidé par le juge Onfroy de Bréville. Ce fut l'occasion pour la justice de dresser un portrait plus approfondi de Clément Duval. On apprit ainsi que son passage sous les drapeaux lui avait valu d'être cassé de son grade de caporal. Motif : il refusait de donner des ordres à ses subordonnés. Sa seule profession connue n'était autre que la fabrication de poignards, destinés, selon ses propres mots, à « trouer la panse des policiers ». À aucun moment, Clément Duval ne montra de peur ou de remords : il déniait seulement au tribunal le simple droit d'incarner la justice. Pour lui, l'affaire était entendue, il n'y avait d'autre justice que celle du peuple, la sienne en l'occurrence. Le juge Onfroy de Bréville n'en croyait pas ses oreilles.

L'audience du lendemain fut plus mouvementée encore. Solidement campé sur ses jambes, un foulard rouge noué autour du cou, la casquette crânement rejetée en arrière, la poitrine bombée, Clément Duval fixait le juge droit dans les yeux.

– J'assurerai moi-même ma défense. J'ai préparé un texte...

– Il est hors de question de le lire, le coupa aussitôt le magistrat.

1. Casimir-Perier, président du Conseil, venait de faire voter les « lois scélérates » qui entendaient fermement réprimer l'agitation syndicale et anarchiste. Ainsi, le simple fait de promouvoir les idées anarchistes était passible de cinq années de prison.

– Je le lirai quand même ! Si j'ai volé, c'était pour la révolution ! Faites ce que vous voudrez, vous devriez tous trembler sur vos tibias à la pensée de la révolution qui vous menace !

Quatre policiers en uniforme se ruèrent sur lui, tentant de le maîtriser. Duval se débattait, hystérique, distribuant coups de pied et de poing tout en poursuivant sa diatribe. Dans la salle d'audience, une quinzaine de voix fusèrent de part et d'autre :

– Vive l'anarchie ! Vive la révolution ! Vive Clément Duval !

Débordés, les policiers ne parvenaient à ramener le calme. On dut appeler la troupe, qui chassa les trublions, toutes baïonnettes brandies. Traîné sur le sol, Clément Duval continuait de hurler malgré la grêle de coups qui s'abattait sur lui :

– Vive l'anarchie ! Vive la révolution sociale ! Je vous ferai sauter ! C'était pour vous faire tous sauter que j'ai volé cet argent ! Pour vous faire sauter, vous : les policiers et les juges !

Une fois la quiétude rétablie en l'enceinte de justice, tomba le verdict de la cour : la peine de mort.

Perplexe, Jean-Marie Goron n'avait pas perdu une miette de la scène. L'échafaud... pour un simple vol de bijoux. Certes, l'agent Rossignol avait été lardé de coups de couteau, mais il avait survécu. La preuve, il était venu déposer au tribunal. Il y avait belle lurette qu'on ne condamnait plus à mort les assassins dont les victimes avaient survécu. Alors, pourquoi celui-là ? Pourquoi Clément Duval ? La société de l'époque avait-elle si peur du mouvement anarchiste ? Il semble que oui, même si le président de la République, Jules Grévy, connu pour ne point être partisan acharné de la peine capitale, gracia finalement le cambrioleur du parc Monceau, lequel fut condamné aux travaux forcés à perpétuité.

Jules Grévy était-il tout simplement le « Père Gratias », tel que le surnommaient les condamnés à mort ? Ou avait-il pris, avec plus de prescience que les autres, la température d'une société qui se délitait chaque jour davantage, où les affrontements à venir s'annonçaient des plus meurtriers[1] ? Jean-Marie Goron se posait aussi la question, ayant un jour écrit ces quelques lignes lourdes de sous-entendus : « J'eus comme le pressentiment du danger. Je compris qu'une force destructrice se révélait et je me demandais quelle serait la meilleure barrière à lui opposer. Cependant, j'avais alors une foi inébranlable en la solidité de la société. »

Jean-Marie Goron avait probablement foi en l'ordre public ; celle qu'il vouait à l'État censé le défendre et l'organiser était déjà nettement plus tiède. À cet égard, une anecdote est révélatrice. Ayant été dépêché du côté de la Butte Montmartre afin d'y arrêter un anarchiste, Jean-Marie Goron fut reçu par un vibrant « Vive l'anarchie ! ». Le gaillard qui avait lancé ce cri de guerre était aussi fort qu'un aurochs. Goron tenta bien de le calmer, rien n'y fit. Hésitant à le faire conduire au poste, il essaya une fois encore de le raisonner. Sans plus de succès.

Subitement, mû par on ne sait quelle intuition, il lui demanda :

– Pour quelle brigade travaillez-vous ?

– Ben, la Xe, celle qui est chargée des affaires politiques, parbleu !

Et Jean-Marie Goron de noter plus tard, dans ses mémoires : « Il s'imaginait sans doute qu'il avait bien joué son rôle, et que peut-être j'allais lui faire donner une gratification ! Sa seule récompense fut le dépôt. J'ai toujours été sans pitié pour les agents provocateurs. »

Il est traditionnellement vrai que ces derniers ont une indéniable tendance à brailler plus fort que les autres. Et souvent,

1. Jules Grévy était également connu pour sa ferme opposition à l'aventure coloniale. Sa clémence, on l'a vu, ne lui porta pas chance : il démissionna après l'affaire des décorations (voir chapitre III).

par leurs excès verbaux, les indicateurs ne font que radicaliser les mouvements qu'ils infiltrent. Cette perversion intrinsèque du « système », Jean-Marie Goron l'avait bien perçue. Elle n'a cessé de perdurer depuis. Pour se maintenir en place, un gouvernement a besoin d'adversaires clairement identifiés. Plus ils feront figure de repoussoir ou de menace pour l'ordre établi, plus la manœuvre se révélera efficace. Il n'est point de bons régimes sans bons méchants et nos démocraties occidentales sont ainsi constituées qu'elles demandent plus à être jugées sur leurs ennemis que sur leurs résultats.

Pis, il n'est un mystère pour personne que ces polices parallèles, dont l'une des principales finalités est de prévenir les gouvernements des bouleversements à venir, ne prévoient généralement pas grand-chose. Que ce soit la vague d'attentats anarchistes que nous évoquons ici, les émeutes du 6 février 1934, la rébellion algérienne, les événements de mai 1968, les manifestations étudiantes de 1986 ou les mouvements de grève de 1995, l'État fut à chaque fois pris de court.

L'on peut éventuellement saluer l'adresse de telle ou telle manipulation. Il est, en revanche, une question que tout citoyen est en droit de se poser : est-ce vraiment là l'utilité première des forces de l'ordre ? Cette question, Jean-Marie Goron ne cessa de se la poser tout au long de sa carrière. Qui oserait prétendre qu'aujourd'hui encore, elle ne soit pas d'une brûlante actualité ?

CHAPITRE VI

La légende en trompe-l'œil de François Claudius Kœningstein, dit Ravachol

« L'anarchie est partout quand la responsabilité n'est nulle part. »

GUSTAVE LE BON

C'est le 14 octobre 1859, un an après son arrivée en France, qu'un certain Kœningstein, ouvrier originaire d'Amsterdam, connut les joies de la paternité. Sa compagne, mère de son enfant, portait le nom de Ravachol. Ils n'étaient pas mariés et n'en avaient cure. Le fruit de leurs étreintes illégitimes était un assez joli petit garçon, né à Saint-Chamond dans la Loire, qu'ils prénommèrent François Claudius. Trois ans plus tard, le 3 février 1862, ils décidèrent finalement d'officialiser leur union afin que le bambin puisse porter le nom de son père. Un maire, pas trop regardant à l'idée qu'on se faisait alors des bonnes mœurs, se chargea d'avaliser le fait accompli.

La famille Kœningstein vivait modestement du salaire du père, lamineur aux forges d'Izieux, aux environs de Saint-Étienne. Et André Salmon de rappeler dans *La Terreur noire*[1] : « À cette époque, l'empire de Napoléon III promettait la prospérité. Nos drapeaux étaient glorieux. Depuis juin 1848 on n'avait vu nulle part reparaître le drapeau rouge condamné par

1. *La Terreur noire*, *op. cit.*

Lamartine. Les ouvriers n'en étaient pas mieux payés. Les gueux partageaient plus volontiers leur misère que les riches leur fortune. »

Déluré, l'esprit volontiers frondeur, le jeune François Claudius Kœningstein était de ces enfants qu'aucune discipline, aucun maître n'auraient pu brider. Ayant tôt quitté l'école, il s'occupait en gardant les vaches des autres dans les alpages avoisinants, occupation qui lui permettait d'assurer le minimum vital à sa subsistance. Celui qu'on connaîtrait plus tard sous le nom de Ravachol entrait dans sa huitième année lorsque son père rendit l'âme. Avait-il tenu les autres, les riches, les propriétaires, pour responsables de la mort de son père ? Nul ne le sut vraiment, toujours est-il que, dès lors, sa vie bascula à jamais.

Pour des théoriciens tels que Mikhaïl Bakounine ou Pierre Kropotkine, l'anarchie avait tout d'abord relevé des simples jeux de l'esprit.

Le premier, né en 1814, était ce que l'on pourrait appeler un révolutionnaire professionnel. De complots en séjours derrière les barreaux, il avait été fortement influencé par les idées de Proudhon. C'est ainsi qu'en 1864, il fonda une société secrète en Italie : l'Alliance des révolutionnaires socialistes, avant de créer, deux ans plus tard, l'Alliance internationale de la démocratie socialiste qui devint l'une des sections de la Première Internationale. Anarchiste échevelé, il ne devait pas tarder à se faire exclure du mouvement par Karl Marx et les tenants du « socialisme autoritaire ». Il mourut en 1876. Le second était un Russe de noble extraction. Né en 1842, mort en 1921, il professa des opinions libérales, pour ensuite se pencher de près sur le sort des paysans russes et commencer à vertement critiquer le centralisme du pouvoir tsariste. Sa première rencontre avec le mouvement anarchiste eut lieu en 1872, année durant laquelle il se rendit en France, dans le Jura. Fondateur du journal *Le Révolté*, il profita de cette tribune pour poser les bases d'un « anarcho-communisme » aux contours doctrinaux bien vagues.

Arrêté à Lyon en 1883, il fut gracié trois ans plus tard et s'exila en Angleterre. Il rejoignit la Russie lors de la révolution d'octobre 1917, mais perdit assez vite ses illusions quant au régime bolchevique et à sa capacité à faire le bonheur du peuple. Sa doctrine était fondée sur l'idée de communautés vivant en quasi-autarcie dont les membres travailleraient librement, sans salaire, pour le simple bien commun. Inutile de préciser que les aléas de la vie ne lui permirent jamais de mettre ses théories en pratique et d'en vérifier l'éventuel bien-fondé.

François Claudius Kœningstein, lui, n'était pas journaliste et encore moins philosophe. L'anarchie, il assura l'avoir toujours eue chevillée au corps ; bref, l'avoir plus contractée dans la rue que dans les livres. Comble, il avoua un jour être devenu anarchiste en lisant *Le Juif errant* d'Eugène Sue !

Un autre fait permet de mieux cerner la psychologie de notre homme : sa profonde horreur de la religion catholique. Et pourtant, François Claudius Kœningstein avait étudié chez les pères et croyait en Dieu et en ses saints, tout comme Karl Marx du temps où il pensait épouser la vocation sacerdotale.

Après le décès de son père, le jeune berger décida de reprendre le nom de sa mère : Ravachol. En 1879, il échappait à la conscription, peut-être à cause d'une supposée nationalité hollandaise. Sept ans plus tard, il s'installait à Saint-Étienne avec sa mère et exerçait la profession d'ouvrier dans un atelier de teinturerie.

L'homme, le jeune homme plutôt, était d'un caractère complexe. D'un côté, il tentait de rallier ses camarades de travail à ses idées libertaires et ne manquait jamais de vitupérer les patrons en général, le leur en particulier. De l'autre, toujours soucieux de sa tenue vestimentaire, il aimait à s'habiller en gandin, d'où cette réputation de dandy anarchiste qui, jamais, ne cessa de lui coller à la peau. D'ailleurs, ce pourfendeur des riches était à sa façon un jouisseur invétéré qui ne détestait pas l'argent et encore moins le luxe qu'il procure. De rapines en larcins, il en vint rapidement au crime pour s'en procurer davantage.

Ainsi, son premier meurtre recensé fut-il commis le 26 mars 1886, à La Varizelle, commune des environs de Saint-Étienne. Les victimes ? Un pauvre brocanteur de quatre-vingt-dix ans et sa bonne à peine moins âgée, assassinés pour quelques pièces et une poignée de bijoux sans grande valeur. Le brocanteur était certes surnommé le « Petit Bondieu », mais l'anticléricalisme, même radical et tonitruant, a tout de même ses limites [1]... Dans une semblable veine, il assassina plus tard un ermite, le frère Brunel, à Chambles, auquel il déroba le fruit de la vente de quelques crucifix et d'autant de scapulaires, soit vingt mille francs. Nous aurons l'occasion d'y revenir.

Désormais, l'on comprend mieux pourquoi la limite entre l'anarchisme politique et ce qui se rapprocherait plutôt du grand banditisme est parfois délicate à tracer. La réflexion vaut d'ailleurs pour nombre de mouvements terroristes contemporains. Qui pouvait dire avec certitude, il y a de ça trente ans, que tel braquage de l'O.A.S. ou du F.L.N. était commis au nom de la « cause » ou relevait en fait de la crapulerie la plus basse ? Vingt ans plus tard, dans quelle catégorie classer ceux commis par le groupe Action directe ou la Fraction armée rouge ? À ce que l'on sache, le butin ramassé lors de ces nombreuses exactions n'a jamais atterri dans l'escarcelle des petites sœurs des pauvres et encore moins dans celle des insurgés, de quelque bord qu'ils puissent être...

Le mouvement anarchiste français, celui qui sema la terreur dans notre pays à la fin du siècle dernier, était en effet assez complexe pour que militants politiques et voyous aient pu confortablement y cohabiter, certains n'hésitant pas à échanger les rôles de temps à autre et à jouer une mi-temps dans chaque camp. La police s'y trompait parfois, tel que le rappelle Jean-

1. Soupçonné de ce double crime, Ravachol eut la sagesse de s'enfuir à temps. Ce n'est que plus tard que ce forfait lui fut rappelé.

Marie Goron : « Je me suis occupé des anarchistes alors que l'on ne leur donnait même pas encore ce nom et qu'ils passaient pour de vulgaires criminels de droit commun. Après, quand la propagande s'affirma comme une manifestation politique, ce furent les brigades des recherches qui se chargèrent des enquêtes et des arrestations. »

Afin de mieux illustrer ce mélange des genres, rappelons qu'en 1889, Goron avait arrêté un certain Marzaki, auteur d'innombrables méfaits, qui vivait dans le faubourg Saint-Honoré. Après une rapide enquête, Goron se rendit compte que Marzaki se nommait en fait Victor Pini, qu'il était citoyen italien et que la justice de son pays réclamait son extradition pour qu'il rende compte d'une tentative d'assassinat. Activiste politique de ce côté-là des Alpes, truand banal de ce côté-ci, à quelle aune fallait-il juger Victor Pini ? La lettre qu'il envoya à Jean-Marie Goron, une fois écroué, a également de quoi laisser rêveur :

> Monsieur Goron,
>
> Je vous prie de vouloir bien me donner mon habillemant complet anglais que vous avez prise chez moi au moment de mon arrestation, car je n'y tient pas me présenter au publique comme un bandi, ainsi que une paire de bottines.
>
> Espérant avoir une réponse favorable, j'attende avec impatience ce que je vous ai demandé. En attendant des temps meilleurs, agréez, monsieur Goron, mes sentiments.
>
> Victor Pini[1].

Bon bougre, Jean-Marie Goron accéda à sa demande. Au fur et à mesure qu'avançait l'enquête, Victor Pini apparaissait sous

1. Tous les documents cités dans ce chapitre proviennent des archives personnelles de l'auteur. Inutile de préciser que l'orthographe approximative de Victor Pini a été ici scrupuleusement respectée.

un jour nouveau. Pas plus véritable voyou qu'anarchiste authentique, le prévenu était avant tout un anarchiste de grand chemin : gigolo en Italie, cambrioleur à Londres et patron d'une des principales imprimeries anarchistes d'Europe à Paris.

Le poignard dans une main, la pince-monseigneur dans l'autre, Victor Pini professait pourtant un anarchisme qui confinait au fanatisme. Membre fondateur de la fameuse Cloche de bois, cette organisation « antipropriétaires », ancêtre des réquisitions de logements dont l'abbé Pierre s'est, un temps, fait le spécialiste, Pini finançait également l'inventeur d'un étrange réverbère qui fut d'ailleurs exposé au Champ-de-Mars tout au long de son procès !

Et Jean-Marie Goron de s'interroger dans *La Police et les Anarchistes*[1] : « Le vol, l'assassinat étaient non seulement pratiqués, mais prêchés par des hommes qui, tout en manifestant ces sentiments odieux, proclamaient leur ardent amour de l'humanité et voulaient se faire les apôtres d'une société nouvelle exclusivement basée sur la fraternité. Parmi tous ces apôtres, il y a certainement beaucoup de fumistes qui ne sont pas fâchés de mettre un masque anarchiste à leurs mauvais instincts. Mais les autres ? Sont-ils réellement de bonne foi ? Sont-ils des fous ? Le traitement doit-il être le même pour tous, les canailles et les fous ? La répression doit-elle être aveugle ? Et faut-il supprimer les fous, au lieu d'essayer de les guérir ? »

À défaut de donner de bonnes réponses, voilà qui avait au moins le mérite de poser de judicieuses questions.

Victor Pini ainsi que Placide Schouppe, son complice, furent finalement condamnés au bagne. Quelques années après, au moment où Ravachol commençait de faire parler de lui, le bruit courut que Pini s'était évadé. Il n'en fut rien, mais la rumeur, puis la légende continuèrent de se répandre. Placide Schouppe, en revanche, parvint à jouer la fille de l'air, avant d'être arrêté

1. Jules Rouff éditeur.

à Bruxelles par un dénommé Lefoullon, dénommé ensuite Lefoullon-Bey une fois promu au rang d'inspecteur général de la police de Constantinople.

Paris, le 1er mai 1890.

Ce 1er mai n'était pas un 1er mai comme les autres. Un an auparavant, le premier congrès socialiste international, fondateur de la IIe Internationale socialiste, s'était réuni dans la capitale. Sur le modèle des syndicats américains, les trade-unions, il y avait été décidé de transformer le 1er mai en journée de revendication nationale de la classe ouvrière[1]. C'est dire si l'ambiance était à la fête. Les rues de Paris résonnaient de mille flonflons. Banderoles, confettis et chapeaux ronds étaient de rigueur. Les ouvriers, le peuple de France, étaient de sortie, pas mécontents d'échapper aux rigueurs de l'usine et de l'atelier. Le défilé avait juste commencé de s'ébranler, aux alentours de huit heures du matin, quand, soudain, une effroyable explosion fit vibrer les Champs-Élysées, juste au coin de la rue de Berri. Il y eut plus de peur que de mal, la cartouche de dynamite n'ayant fait qu'entamer l'embrasure de la fenêtre d'un hôtel. Pourtant, la déflagration ébranla jusqu'aux fondations du gouvernement.

Voilà qui explique l'exceptionnel déploiement de forces organisé pour le 1er mai suivant. Cette année-là, point d'explosif, mais une bagarre à Levallois-Perret qui opposa agents de police et anarchistes. Aussitôt envoyé sur les lieux du « drame », Jean-Marie Goron constata qu'un drapeau rouge avait été enlevé de haute lutte aux émeutiers à l'occasion d'une simple algarade de comptoir. Les anarchistes gisaient, ensanglantés, sur des lits de camp. Les policiers, eux, avaient été immédiatement soignés

1. Pendant longtemps, le patronat français tint le 1er mai pour un jour de grève. Il fallut attendre le 1er mai 1947 pour que ce jour soit officiellement férié.

tandis qu'il fallut attendre l'arrivée des émissaires du palais de justice et de la préfecture de police pour savoir s'il était opportun ou non de panser les manifestants.

Un tel comportement devait durablement choquer Goron : « Je fus surpris, je dois le dire, de cette inégalité de traitement. Des balles de revolver avaient été échangées ; de part et d'autre, on s'était donné des coups de sabre ou des coups de couteau. Après la bataille, le premier devoir du soldat est de soigner son ennemi blessé. J'ai été trop longtemps moi-même un soldat pour pouvoir penser autrement. Cela est même si vrai qu'à la Sûreté, vis-à-vis des pires malfaiteurs, tous mes agents avaient les mêmes habitudes d'humanité et, avant de se panser eux-mêmes, ils pansaient leurs prisonniers [1]. »

La raison de cet esclandre était hautement fantaisiste. Les anarchistes, qui manifestaient tranquillement, avaient préféré se disperser à la vue des forces de l'ordre. Ayant roulé leur drapeau rouge, ils s'étaient repliés vers un bistrot de Clichy où ils s'étaient alors consciencieusement alcoolisés. Soit, rien qui ne puisse mettre l'ordre républicain en péril. C'était tout du moins l'avis du commissaire de Clichy, M. Labussière, et de son adjoint, M. Picot. Lequel avait fait remarquer, au passage, qu'un drapeau rouge roulé n'était plus vraiment un drapeau rouge. Leur homologue de Levallois-Perret, qui ne l'entendait pas de cette oreille, avait alors décidé de reconquérir le fanion en question comme s'il s'était agi d'un trophée de guerre. D'où une violente incursion, à la tête de ses hommes en armes, sur un territoire qui, administrativement, n'était pas le sien. Supérieurs en nombre et nettement moins avinés, les policiers de Levallois-Perret avaient fait irruption dans l'estaminet. Les anarchistes refusèrent de rendre leur drapeau. La maréchaussée le leur reprit par la force la plus brutale qui soit. À Sedan, on s'était battu avec moins d'acharnement pour défendre le drapeau français.

1. In *La Police et les Anarchistes*, *op. cit.*

Lors du procès, Jean-Marie Goron fut entendu comme témoin. Il commença par saluer la bravoure des policiers grâce auxquels force était, malgré tout, restée à la loi. Puis, il stigmatisa avec violence le traitement réservé aux anarchistes blessés, non sans avoir souligné la légèreté du commissaire de Levallois-Perret qui n'avait pas hésité à provoquer une véritable fusillade pour récupérer un chiffon rouge dont certains prétendaient qu'il avait été plus roulé que brandi.

La prestance de l'homme, la qualité de ses états de service, sa probité reconnue même par les pires canailles troublèrent le jury. À tel point que les trois principaux inculpés, Léveillé, Dardare et Decamps furent l'un acquitté, les deux autres condamnés à des peines bénignes. Plus jamais les anarchistes ne devaient bénéficier d'une telle indulgence. Pourtant, nombreux encore sont leurs disciples à penser que Léveillé, Dardare et Decamps avaient été les victimes d'une justice féroce et aveugle. Rares sont ceux qui se rappellent le rôle joué par Jean-Marie Goron dans l'« heureux » dénouement de ce procès.

Un an après, en 1892, un nouvel engin infernal explosait au 136 du boulevard Saint-Germain, au domicile du juge Édouard Benoist qui avait instruit le procès de Levallois-Perret. La machine juridique et policière se déclencha aussitôt. De multiples rafles furent ordonnées, on arrêta de part et d'autre, le ban et l'arrière-ban des informateurs furent rameutés. Tant et si bien que moins d'une semaine plus tard, on apprit le nom du coupable : un certain Ravachol, plus connu sous le nom de Léon Léger, qui habitait à Saint-Denis.

Et voilà que nous retrouvons François Claudius Kœningstein évoqué au début de ce chapitre.

À cette époque, loin de ressembler à une banlieue grisâtre, Saint-Denis avait tout du village. Des routes pavées, ou faites de simple terre battue, bordaient des bicoques construites de guingois. Ça sentait bon la vie, les fleurs et y régnait cette gaieté toute particulière qu'éprouvent ceux qui n'ont rien, ou pas grand-chose, à se retrouver ensemble, accoudés à un zinc, une fois qu'a sonné le carillon de l'usine. Arrivés au domicile du dynamiteur, les policiers trouvèrent porte close.

– Enfoncez, enfoncez cette porte, que diable ! ordonna Jean-Marie Goron.

On enfonça donc. Le premier agent qui pénétra dans la minuscule maison occupée par Léon Léger n'eut que ce mot :

– Merde !

En effet, le nid était vide et l'oiseau envolé. Une rapide enquête de voisinage leur apprit que Ravachol était parti juste une heure avant l'arrivée des forces de l'ordre. Pis, son voisin, un brave brigadier de gendarmerie, leur avoua l'avoir aidé à déménager meubles et ballots, tirant même sa carriole à bras, encombrée d'une lourde caisse censée contenir les effets de Ravachol [1].

À la décharge de l'infortuné brigadier, fallait-il encore savoir que Ravachol bénéficiait de la haute estime de tout le quartier. Poli, aimable et galant avec les dames, il poussait la civilité jusqu'à offrir, de temps à autre, un cigare à son cher brigadier, déménageur improvisé et complice involontaire.

Dès le lendemain, le préfet de police ordonnait qu'on placarde l'avis suivant dans tous les commissariats et les gares de France :

> Faites arrêter le nommé Ravachol, dit Léon Léger, âgé de trente-deux ans, né à Saint-Chamond (Loire), ouvrier teinturier, ayant demeuré à Saint-Denis, quai de la Marne, nº 3.
>
> Voici son signalement :
>
> Taille un peu au-dessus de la moyenne, maigre, visage osseux, nez long, teint jaunâtre, aspect maladif, cheveux noirs

1. Un complément d'enquête allait permettre de savoir que le contenu de cette caisse était en fait la réserve de dynamite de Ravachol ! Et on ira dire ensuite que les policiers ne rendent jamais service aux bons citoyens...

ou châtain foncé, portait la moustache et la barbe, s'est fait raser la barbe il y a une dizaine de jours, léger accent.

Ravachol, dit Léon Léger, déjà impliqué dans une affaire d'assassinat commis dans les environs de Saint-Étienne, est l'auteur de l'explosion qui a eu lieu le 14 mars, à Paris, dans la maison située 136, boulevard Saint-Germain.

L'orchestre fin prêt, le livret écrit, la France allait vibrer à la pièce qu'on allait donner. Bien qu'effrayée, elle s'avouait secrètement émoustillée par les exploits d'un nouveau bandit : François Claudius Kœningstein, dit Léon Léger, dit... Ravachol.

Insaisissable, paraissant s'être évaporé, le dynamiteur narguait toutes les polices du pays, et finit même par mettre les rieurs de son côté. *Le Figaro* même, dont le moins qu'on puisse dire est que l'humour ne fut jamais sa caractéristique première, publia un jour le poulet suivant : « Ravachol, qui connaît Ravachol ? Qui sait comme il est fait ? Est-ce un être ? Est-ce un mythe ? Est-ce un homme ? »

Les Français ont toujours préféré les voleurs aux gendarmes, disions-nous au début de ce livre. Les chansonniers s'emparèrent à leur tour de Ravachol. Rimes et alexandrins fusaient de tous les cabarets de la capitale. Certains épinglèrent même Jean-Marie Goron dans un ironique libelle, signé Raoul Toché, fantaisiste aujourd'hui oublié :

Goron, cet agent plein de zèle,
Arrêta successivement
Un facteur, une demoiselle,
Un membre du gouvernement.
Puis, il fondit comme une trombe,
En croyant qu'tout était fini,
Sur un marmiton portant une bombe,
Qui cont'nait du macaroni.

Le jour où *Le Gaulois* publiait ces piques irrévérencieuses, une nouvelle bombe explosait au 39, rue de Clichy, au domicile de Léon Jules Bulot, substitut du procureur lors du procès de Levallois-Perret qui se tint pour statuer sur la « fameuse » affaire du drapeau rouge.

Les artificiers étaient formels : les deux attentats, rue de Clichy et boulevard Saint-Germain, portaient la même signature, celle de Ravachol, l'homme qui se jouait à la fois de la loi républicaine et de l'ordre bourgeois.

– Monsieur Goron, monsieur Goron, il y a quelqu'un qui voudrait vous voir ! C'est au sujet de Ravachol !

Le brigadier était essoufflé d'avoir escaladé, quatre à quatre, l'escalier menant au bureau du chef de la Sûreté. Aussitôt, Jean-Marie Goron écrasa son cigare dans un cendrier arborant l'aigle napoléonienne et demanda :

– De qui s'agit-il ?

– D'un marchand de vin, répondit le brigadier, il a vu Ravachol entrer dans son bistrot, le restaurant Véry, boulevard de Magenta, et se vanter d'avoir fait sauter la rue de Clichy ! Il a même ajouté qu'il ferait exploser toutes les maisons de bourgeois de Paris !

Quelques minutes plus tard, le marchand de vin se présentait dans son bureau. Ayant décliné nom, prénom et qualité, il avoua, timide :

– Il faut que je vous dise une chose, monsieur : je suis moi aussi anarchiste. Mais, en tant qu'ancien soldat, je suis tenu de vous dire la vérité : Ravachol est un assassin, pas un véritable anarchiste. Ce n'est pas en posant des bombes que nous ferons chuter la société bourgeoise...

– En effet, admit Goron en souriant. Seriez-vous au moins assez aimable pour me prévenir si d'aventure Ravachol se rendait à nouveau dans votre établissement ?

– Bien sûr, monsieur : il en va de la cause anarchiste !

Le monde à l'envers...

Quatre jours plus tard, Ravachol se risquait au restaurant Véry pour y vider un canon. Le patron et son garçon de salle le maîtrisèrent aussitôt et le livrèrent à la police.

Le jour même, le restaurant Véry était transformé en chaleur et lumière... Visiblement, certains activistes ne partageaient pas les vues non violentes du patron de l'estaminet et n'admettaient pas que, nonobstant ses opinions anarchistes, il ait dénoncé Ravachol.

Les précédents attentats n'avaient causé que des dégâts matériels de moindre importance, celui perpétré au restaurant Véry, boulevard de Magenta, laissa, par contre, de nombreuses victimes sur le carreau. Certaines gravement blessées, d'autres agonisantes. L'affaire prenait une tournure autrement plus grave. Il n'était plus question d'un simple drapeau rouge – roulé ou non –, d'une banale altercation entre policiers et anarchistes, mais d'un véritable massacre.

Le procès de celui qui, plus tard, deviendrait l'icône officielle du mouvement anarchiste débuta le 26 avril 1892.

Dès le premier jour, de fortes pressions s'exercèrent sur les jurés[1]. À chacun d'eux, avait été remis le manifeste suivant, signé du Groupe des amis de Ravachol :

Paris, le 24 avril 1892.

Monsieur le juré,

Demain mardi, vous pouvez être désigné parmi les douze

1. Parmi les douze jurés qui furent désignés, neuf tombèrent opinément malades. Il fallut toute l'énergie de la justice pour convaincre les autres de faire leur devoir de citoyen et de ne pas céder aux menaces auxquelles ils étaient quotidiennement confrontés.

qui, en vertu d'une sanglante convention sociale, auront le droit de vie et de mort sur notre camarade Ravachol. Si vous êtes un honnête homme, cette perspective ne peut que vous sembler affreuse, et vous devez accueillir tout ce qui peut vous éclairer. Cette lettre, que vos collègues lisent en même temps que vous, sera donc un document précieux pour votre conscience. Lisez-la sans crainte, dans la paix de votre foyer, dans la sérénité de votre esprit, auquel nous demandons de s'élever, pour une heure, au-dessus de tous les mensonges légaux et sociaux.

Nous ne venons ni vous menacer, ni faire appel à votre pitié, ni vous importuner par l'inutile exposé de nos théories.

Nous venons vous dire ce que nous savons de Ravachol et de son acte. Car nous connaissons l'un et l'autre, mieux que les journaux qui ont essayé de vous tromper, mieux que l'avocat général qui tentera encore de vous tromper à l'audience.

L'affaire de l'ermite, nous n'avons pas à en parler[1]. Mardi, vous n'avez pas autre chose à juger que les explosions. Vous vous trouverez exclusivement en présence de ce fait : un acte social accompli par un anarchiste.

De l'art de mettre un jury en condition. La suite de cette lettre était du même acabit :

Voyons l'acte : Ravachol a essayé de faire sauter la maison du boulevard Saint-Germain et celle de la rue de Clichy. Il n'y a eu ni morts ni blessés[2]. On va vous dire qu'il aurait pu y avoir des victimes ; mais il n'y en a pas eu. Ravachol savait très bien que ses engins ne produiraient aucune catastrophe humaine. Il a voulu frapper de terreur deux magistrats coupables ainsi que vous le verrez tout à l'heure.

1. Il s'agit là de l'ermite Brunel, évoqué au début de ce chapitre.
2. Notons que ce fut tout le contraire. Enfin...

> Ravachol, monsieur, n'est pas la brute que l'on vous a dépeinte. C'est un homme passionné pour le bien. Nous l'avons vu souvent pleurer devant une misère qu'il ne pouvait pas soulager : quand il avait de l'argent, il ne gardait rien pour lui, car il se contentait de fort peu. Nul n'a fait appel en vain à son bon cœur ; et quand il donnait, il ne demandait jamais son nom et ses opinions à celui qu'il secourait. Au cabaret, il ne buvait pas mais dépensait pour ses camarades, parce qu'il prenait plaisir à voir des visages riants autour de lui. Il avait pour tous ses compagnons des attentions que l'on peut qualifier de paternelles. Peu bruyant, doux avec tout le monde, incapable de faire le mal, il entrait seulement en colère à la vue d'une injustice. Alors, il ne se possédait plus, il roulait des projets dans sa tête. Très peu instruit, il ne causait pas, faisait à peine de la propagande. Il n'y a en lui que de la sincérité excessive.

« Excessive », c'est le mot, en effet... Et le Groupe des amis de Ravachol de lancer cette menace à peine voilée :

> Maintenant, monsieur, vous savez toute la vérité sur Ravachol et son acte. Vous savez par conséquent que, s'il y avait une justice, demain vous verriez au banc des accusés, non pas Ravachol, mais les juges criminels qui entendent le condamner.

Cette lettre, on s'en doute, fit grand effet sur les jurés. Effectivement, personne à l'époque ne savait vraiment que penser ou dire du mouvement anarchiste, hormis le fait qu'il représentait un trouble évident pour l'ordre public. Les socialistes, au premier rang, étaient fort embêtés. L'anarchie n'était-elle point le développement ultime des théories révolutionnaires qu'ils avaient développées auparavant ? La bourgeoisie française, quant à elle, avait vu d'un bon œil l'avènement de la République lors de la Révolution française, estimant que son poids économique était tel qu'il lui fallait un équivalent politique. Elle se trouvait désormais tout aussi gênée aux entournures. L'hiatus, en l'occurrence, tenait en peu de mots : l'on est toujours le bourgeois, le noble ou le riche de quelqu'un. La bourgeoisie française, socialisante, voltairienne, ralliée à la République, estimait avoir fait *sa* révolution et n'entendait point que d'autres exclus du système viennent, à leur tour, marcher sur ses propres plates-bandes.

À droite, la confusion et l'embarras étaient également de mise. Charles Maurras, théoricien de l'idée monarchique, ne s'était-il pas risqué à écrire que la monarchie n'était autre que « l'anarchie plus un » ? L'« un » étant le roi, il va de soi. Le père de l'Action française avait compris que les « débordements » anarchistes étaient l'inéluctable conséquence de ce qu'il est aujourd'hui convenu de nommer l'« ordre bourgeois ». Il voulait donc en tirer un profit politique, ce qui, après tout, était plutôt dans l'ordre des choses. Mais, entre le doctrinaire monarchiste, fin lettré, gastronome averti, vert galant, et les militants anarchistes qui, eux, ne recrutaient point à la Sorbonne, mais dans les bas-fonds de la ville, le fossé social et culturel était, lui aussi, de taille.

Et Jean-Marie Goron ? Otage involontaire de ces désordres politiques et de ces joutes intellectuelles, il tentait vaille que vaille de garder la tête froide. Peu lui importait la pertinence des théories anarchistes, quoique son itinéraire personnel l'eût plutôt fait classer parmi les « partisans de l'ordre ». Il se contentait seulement de pourchasser quiconque mettait en péril le bon fonctionnement de la société, fût-elle équitable ou non envers tous ses fils et filles. Ce faisant, il manifestait une sagesse certaine, mettant la sauvegarde de l'État français – qu'il soit royal, impérial ou républicain – au-dessus de fluctuations et de convulsions éphémères sur lesquelles il savait ne pas avoir prise. Après tout, a-t-on jamais rien demandé d'autre à un policier, fût-il de haute volée et fort d'un grade prestigieux ?

Le 26 avril 1892, donc, à onze heures et cinq minutes, fut donné le coup d'envoi du procès de François Claudius Kœningstein, dit Ravachol. Quatre autres complices furent jugés avec lui : Charles Achille Simon, dit « Biscuit », Charles Ferdinand Chaumartin, Joseph Marius Jas-Béala et Rosalie Soubère, dite « Mariette », la maîtresse officielle de Ravachol.

Les prévenus ne ressemblaient guère à l'idée que l'on aurait pu se faire d'eux. Élégamment vêtus, ils manifestaient au prétoire la prestance d'un muscadin qui aurait eu sa loge réservée à l'année à l'Opéra Garnier. Ils se trouvaient là en représentation ; et non point pour se faire juger par des magistrats auxquels ils niaient d'ailleurs toute légitimité.

Mais laissons de côté les actes d'accusation concernant les complices de Ravachol pour mieux se pencher sur son cas personnel. Nous l'avons vu auparavant, il était déjà accusé de trois meurtres : celui du brocanteur, de sa bonne et du frère Brunel, l'ermite de Chambles. Charges auxquelles vinrent s'ajouter celles de contrebande, de fausse monnaie, de vol et de... violation de sépulture[1]. À cet éloquent bilan, fallait-il encore ajouter les dynamitages de la rue de Clichy et du boulevard Saint-Germain, domicile de deux des principaux magistrats du procès de Levallois-Perret[2]. Les actes d'accusation se succédaient et n'appelaient que peu souvent la réplique, tant ils étaient accablants.

Ravachol, le visage fier et le regard hautain, toisait les juges. Nulle trace de repentir ou de regret chez cet homme. Ce qu'il

1. La nuit du 14 au 15 mai 1891, Ravachol, ayant appris le décès et l'inhumation de la baronne de Rochetaillée, était descendu dans son caveau afin de débarrasser son cadavre des bijoux qu'il arborait.

2. Lors de son procès, Ravachol avoua avoir chipé les recettes des explosifs dans les fiches fort détaillées de *L'Internationale*, journal anarchiste en vogue à l'époque. Notons que le fameux réseau Internet perpétue la tradition, puisque l'on peut aujourd'hui y trouver tous les renseignements nécessaires à la confection de machines infernales et même de bombes atomiques...

avait fait, il le revendiquait haut et fort, à tel point que certains observateurs en vinrent à se demander qui, de l'anarchiste ou du magistrat, jugeait l'autre.

Ravachol, au lieu de répondre aux questions qu'on lui posait, sortit un papier soigneusement plié en quatre de la poche de sa veste et donna lecture du motif des deux attentats. Pour commencer, les magistrats ayant jugé l'algarade de Levallois-Perret avaient eu, selon lui, la main trop lourde. Ensuite, comme l'avait d'ailleurs souligné Jean-Marie Goron, les anarchistes arrêtés n'avaient pas eu droit aux premiers soins d'urgence.

Puis, très à l'aise, Ravachol menaça juges et jurés : « J'ai voulu faire comprendre à tous ceux qui ont à appliquer des peines qu'il fallait à l'avenir qu'ils soient plus doux. Quant aux victimes innocentes, je le regrette sincèrement. En ce moment, n'ai-je pas encore la douleur de voir sur le banc des accusés des personnes qui ont toute ma sympathie et qui ne sont là que parce qu'elles m'ont connu ? L'anarchie sera une grande famille où le plus faible sera protégé par tous. Réfléchissez bien ! Eh bien, je n'avais pas à hésiter devant les moyens à employer pour amener le triomphe de ces belles idées. Je voulais terroriser pour rappeler l'attention sur nous, les vrais défenseurs des opprimés. J'ai dit. » Pour mener ses projets à bien, Ravachol avait à sa disposition près de trois cents cartouches de dynamite ainsi qu'un stock conséquent de strychnine. « En réserve », pour reprendre ses propres mots.

Comme l'anarchiste Clément Duval l'avait fait lors de son procès, Ravachol ne chercha pas à nier les faits. Il assumait tout. En bloc. Un tel aplomb ne pouvait que lui attirer la sévérité du procureur général, Quesnay de Beaurepaire, un homme aux traits aristocratiques et au regard perçant. Ce dernier avait tout particulièrement tenu à participer à ce procès. Pas pour crucifier Ravachol, tel que nous allons le voir, mais pour instruire un autre procès, celui de l'anarchie tout court : « Depuis de longues heures, nous assistons à un spectacle pénible, qui me frappe d'un douloureux étonnement. Sur cinq accusés assis sur ces bancs, quatre ont disparu en apparence, et malgré leur effroyable complicité, se replongent dans l'ombre. Le cinquième, Ravachol, a pris toute la place, et, souillé de toutes les infamies de droit commun, prend devant vous des allures de personnage. Il se pose en vengeur politique, on le dit généreux ; l'argent qu'il a donné dans son entourage, sur le produit de ses assassinats et de ses vols, lui est compté comme charité. »

Le ton était donné, le fait était acquis : Ravachol serait jugé comme un criminel de droit commun. Le ministère public lui niait toute qualité de prisonnier politique et récusait d'avance ses arguments. Une méthode qui devait faire jurisprudence, que ce soit en Angleterre ou en France avec les procès des militants de l'I.R.A. ou d'Action directe auxquels le pouvoir s'obstina toujours à reconnaître un quelconque statut de prisonnier politique.

Et, histoire de se faire mieux comprendre, Quesnay de Beaurepaire ajouta : « Ces hommes essaient de balbutier des théories, ils cherchent dans cette salle un complaisant qui consentira à les croire sincères, ils espèrent qu'à la curiosité malsaine du public s'ajouteront quelques frissons de terreur. Comédiens sinistres croyant qu'avec un mot ils dresseront une excuse entre le crime et le châtiment. »

En fait, deux irréductibles logiques s'affrontaient dans le prétoire : celle de Ravachol qui estimait que les premières violences étaient celles perpétrées par l'État républicain et celle de Quesnay de Beaurepaire qui assena : « Qu'est donc devenue la notion du juste et du vrai, qui, en dépit du choc des événements, doit rester immuable ? Le mal est le mal, c'est la loi divine à laquelle les hommes ne sauraient rien changer. De même qu'un masque sur un visage ne change pas une âme, de même un mot ajouté dans un interrogatoire ne change pas un crime. Tel criminel attente à la vie de deux de ses semblables : il est conduit sur l'échafaud. Ravachol attente à la vie de dix, de vingt de ses semblables : plus coupable, il ne peut être voué à une expiation moindre par ce seul fait qu'il a prononcé le mot barbare et dénué de sens d'"anarchiste". »

Allant jusqu'au bout de sa logique, l'avocat du ministère public dressa un sévère réquisitoire dans lequel, non sans malice, il s'évertua à retourner les arguments anarchistes pour que les jurés ne s'y laissent point prendre : « En effet, messieurs, ces quelques scélérats ont pour mot d'ordre puéril de vous appeler "les bourgeois". Ce qu'ils feignent d'oublier, c'est que les bourgeois, à l'heure actuelle de notre histoire, sont l'âme du peuple ! C'est le peuple parvenu, mot superbe, c'est le peuple arrivé par le travail, par l'honneur, par la résignation patiente et par l'amour du devoir. Ce peuple dans les rangs duquel tous les honnêtes peuvent désormais conquérir une place, ce peuple, c'est vous, les bourgeois du jury ; et voilà les hommes qui ont le droit de dire à ces coupe-jarrets soi-disant anarchistes : "Vous qui avez pour profession de voler, de tuer ; vous qui remplacez le labeur quotidien que nous avons tous en partage et qui est la loi primordiale de l'humanité, taisez-vous, les malandrins. Vous n'êtes pas le peuple ! Vous êtes des monstres sociaux, vous êtes les frelons dans la ruche d'abeilles. Et moi, le peuple, qui vous méprise, je vous condamne !" »

On s'en doute, Quesnay de Beaurepaire exigea que tombent les têtes des cinq anarchistes.

Ravachol et les autres accusés ne bronchèrent pas. L'attaque avait été rude. Les jurés, en proie au doute, étaient partagés entre des sentiments contradictoires. La tâche de Me Lagasse, avocat de la défense, s'annonçait délicate.

De par la rondeur de ses traits, il contrastait avec le procureur général.

Me Lagasse était habile et roublard. Il finit parlementaire.

Sûr de lui, l'avocat inspira longuement avant d'expliquer, d'une belle voix de basse : « Imaginez-vous que vous êtes venus au monde malheureux, que vous êtes devenus chef d'une famille de miséreux, et que, tout à coup, on vienne vous promettre d'être l'égal de votre patron qui vous fait travailler, que vous allez avoir votre part égale de soleil et de liberté, n'auriez-vous pas redressé la tête et accueilli avec gratitude de semblables promesses ? Et quand vous auriez vu que ces promesses n'étaient que trompeuses, votre exaspération n'aurait plus connu de bornes ; c'est ce qui est arrivé à Ravachol ! »

C'était osé, mais de bonne guerre. Quesnay de Beaurepaire eut un sourire en coin. Si chaque ouvrier auquel un patron avait refusé une augmentation avait dû se venger à coups de cartouches de dynamite, la France n'aurait plus été qu'un cratère béant...

Ayant longuement savouré l'effet de ce préambule, Me Lagasse poursuivit : « Vous, messieurs les jurés, vous n'avez pas à juger Ravachol pour les faits de droit commun, vous devez arrêter le mouvement qui se prépare, en ne jugeant pas un apôtre d'un combat qu'il croit le bon, comme un criminel et un assassin. »

Bref si les têtes de Ravachol et de ses quatre complices roulaient dans le panier, c'était la guerre civile assurée dans la semaine, cachet de la poste faisant foi. Sentant que les jurés commençaient à fléchir, l'avocat de la défense conclut ainsi sa péroraison : « Vous avez un beau rôle à remplir, messieurs les jurés, celui de médiateurs, celui d'hommes de cœur qui auront su distinguer entre des gens qui condamnent et des juges véritables... »

Au terme des délibérations, les accusés bénéficièrent de circonstances atténuantes et parvinrent à sauver leurs têtes. Me Lagasse avait su bien jouer de la peur qui tenaillait alors le pays. Nombreux étaient ceux qui redoutaient un coup de force anarchiste. Ravachol devenu, pour reprendre l'expression de Jean-Marie Goron, un « Christ de l'anarchie », tous s'attendaient à ce que ses apôtres et ses disciples se lèvent en masse.

Ce procès clos, Ravachol devait maintenant répondre d'autres forfaits, autrement plus graves : la mort du brocanteur, de sa bonne et de l'ermite. C'est donc dans le plus grand secret qu'il fut transféré, d'abord à Saint-Étienne, puis à Montbrison.

Ce second procès s'ouvrit le 21 juin 1892. Jugeait-on un anarchiste ou un truand ? Le premier interrogatoire mené par M. Darrigand, juge de Montbrison, devait apporter un nouvel éclairage sur la personnalité de Ravachol. Ainsi, ce dernier devait-il avouer avoir aussi été arrêté pour émission de fausse monnaie et contrebande. Se justifiant de ce délit, il expliqua : « Oui, je faisais de la contrebande tant que je pouvais ; je n'ai pas à me cacher. C'était mon métier. »

Étrange personnage que ce Ravachol, à la fois rusé et d'une confondante naïveté. Lorsque le juge demanda s'il était exact qu'il était « violent et vindicatif », il assura que, s'il avait été « sournois », personne ne l'aurait jamais arrêté. Quant à sa violence supposée, il jura que ses compagnons n'avaient jamais eu à se plaindre de ses écarts d'humeur. Certes, un jour de colère, il avait bien menacé deux de ses amis d'un revolver. Il se défendit de cette accusation en expliquant que ce n'était pas un revolver, mais un pistolet et que, de toute façon, il ne s'était agi que d'une simple plaisanterie. Ajoutons encore qu'avant de tomber dans l'activisme, qu'il ait été crapuleux ou politique, Ravachol était réputé ouvrier fort ordinaire, nonobstant ses virulentes diatribes antibourgeoises. « Que voulez-vous, expliqua-t-il au juge Darrigand, ce n'est pas de ma faute. On fait ce qu'on peut. J'admets : très ordinaire. Je n'ai pas beaucoup de capacités, mais on n'est pas ce que l'on veut. »

Certes. Nous sommes en tout cas bien éloignés de l'image pieuse de ce Ravachol rêvé par certains qui ne voient en lui qu'un pur esprit tout entier consacré à la défense des humbles et des démunis.

De plus, il avait pour habitude de frapper sa mère. Il nia le fait, reconnaissant pourtant « la redouter ». Qui redoutait qui ?

Un fait demeure : Mme Ravachol soutint l'accusation. Son fils la battait. Il fut également établi que Ravachol couchait avec la femme de son meilleur ami et qu'il avait toujours eu des goûts de luxe et assez peu de scrupules pour ne reculer devant rien afin de les assouvir. Ce dernier détail n'était pas forcément répréhensible, sauf pour un « saint laïque » de l'anarchie. Clément Duval, premier activiste libertaire, avait au moins eu, sur ce point-ci, le mérite de la cohérence. D'ailleurs, ni lui ni Victor Pini ne s'étaient abaissés à massacrer un vieillard, prêtre de surcroît, pour lui dérober vingt mille malheureux francs. C'est ce que fit Ravachol. Voilà qui explique que certains anarchistes contemporains répugnent à le placer en leur panthéon, à le revendiquer en tant que martyr.

Pour se défendre du meurtre du frère Brunel, le vieil ermite, Ravachol assura avoir été poussé par la faim, se plaignant que « la contrebande et la fausse monnaie ne donnaient plus rien ».

C'est au hasard d'une discussion de café qu'il avait entendu parler de lui. Dès cet instant, le sort du prêtre était scellé : « J'ai offert à l'ermite un billet de cinquante francs qu'on m'avait prêté en lui disant de prendre vingt francs pour des messes. Il m'a répondu qu'il n'avait pas d'argent pour me rendre. Je suis allé alors vers l'armoire. L'ermite s'est levé et je lui ai dit de rester au lit. J'ai mis la main sur sa bouche. La mort ne venait pas assez vite, je lui ai enfoncé mon mouchoir entre les dents. Puis, comme il se débattait encore, je suis monté sur le lit et j'ai appuyé mon genou sur sa poitrine. Il est mort bientôt. Je lui avais offert le billet en le priant de le changer afin de voir où il mettait son argent. Je voulais être renseigné pour le dévaliser. »

Une question se pose alors : Ravachol avait-il prévu ou non d'ôter la vie au malheureux ?

Il expliqua tout d'abord : « J'avais peur qu'il donne l'alarme. » Mais devant l'insistance du juge, il finit par avouer avoir dit devant témoins : « Je veux arriver et triompher de tous les obstacles. L'ermite a été l'obstacle. Je l'ai supprimé. »

Cynique, Ravachol le resta tout au long de son procès. Les vingt mille francs dérobés chez le vieillard servirent aussitôt à offrir quelques agapes et une nuit d'hôtel à sa maîtresse. Soit rien de bien révolutionnaire.

Puis, le juge Darrigand lui demanda : « Le cocher qui vous a conduit à l'hôtel, après le meurtre de l'ermite, vous êtes revenu le voir quelques jours après et vous avez pris sa voiture. Que vouliez-vous faire ? – Je voulais voir s'il avait dit quelque chose à la justice. S'il avait parlé, j'avais un poignard, j'avais un revolver ; mon intention était de le supprimer. – Vous entendez, messieurs les jurés ? – J'ai parlé assez fort pour qu'on m'entende. – Alors, vous supprimez les gens qui vous gênent, comme ça, facilement. – Oui, c'est une nécessité pour nous... C'est une nécessité de la vie et de celle de tout le monde. »

Sentant qu'il avait probablement été trop loin dans la provocation, Ravachol tenta de se rattraper : « Tout cela, voyez-vous, c'est la faute à la société. C'est un phénomène qui se produit et qui est le résultat de cette situation des travailleurs qui meurent de faim au milieu de la richesse qu'ils ont produite. Si l'on consacrait à l'amélioration du sort des travailleurs l'argent qu'on emploie pour faire condamner un homme, cela amènerait bien des soulagements. »

Comme s'il avait voulu prévenir les critiques de ses camarades anarchistes, Ravachol, peu de temps avant son arrestation, avait laissé le billet suivant, en évidence dans la poche d'un de ses vêtements :

> Camarades, ne voulant pas servir de jouet à la justice bourgeoise, ne pouvant compromettre plus longtemps les camarades qui, jusqu'à ce jour, m'ont prêté aide et assistance, je me décide à en finir avec la vie ; je ne regrette qu'une chose, de n'avoir pas eu le temps de mettre de l'argent en lieu sûr,

car la propagande en aurait au moins profité. Que les camarades, lorsqu'ils en auront l'occasion, tâchent de faire mieux. Adieu à tous et vive l'anarchie.

Kœningstein.

Détaché, absent, Ravachol ne luttait plus et répondait docilement aux questions du juge Darrigand. Oui, il avait bel et bien profané la dernière demeure de la baronne de Rochetaillée. Oui, il avait tué l'ermite, le brocanteur et sa bonne. Pour de l'argent certes, mais surtout pour la cause anarchiste. Plus personne n'y croyait d'ailleurs, mais il était trop tard pour changer de système de défense. On aurait tort de croire que Ravachol n'était qu'un lâche, assassin piteux n'ayant pour victimes de prédilection que des cadavres et des nonagénaires : il était de ces hommes qui avouent les pires turpitudes au motif qu'ils les ont perpétrées en service commandé, guidés par on ne sait quelle voix intérieure. En ce sens, François Claudius Kœningstein n'était guère éloigné de nos tueurs en série contemporains qui confessent leurs crimes avec gourmandise et n'hésitent pas à se faire interviewer dans leur cellule par des journalistes en mal de sensations troubles.

Dans *La Terreur noire*, André Salmon écrivait encore : « Qui peut se vanter d'avoir parfaitement compris Ravachol, d'avoir touché au profond de son être ? Certainement pas ceux qui l'ont jugé et condamné. » Probable... quoique la simple lecture des réponses qu'il fit à ses divers juges soit assez explicite quant à sa véritable personnalité. Ravachol, à l'évidence, relevait plus de la catégorie des assassins psychopathes que de celle de ces indécrottables rêveurs que tenaille le bien-être de l'humanité. Pierre Kropotkine, anarchiste sincère et pas plus dupe que ça, malgré sa noble extraction, renia, lui aussi, ce « dangereux héros à l'action trop directe[1] ».

1. In *La Terreur noire*, *op. cit.*

C'est d'ailleurs plus du côté des artistes et des intellectuels étrangers au mouvement anarchiste qu'il faut aller chercher les défenseurs de Ravachol. Pour le peintre Vlaminck, l'affaire allait de soi : « En politique sociale, à part quelques grands artistes, Ravachol, Émile Henry, Vaillant, quels chefs-d'œuvre les autres ont-ils faits ? Il y a bien eu Jésus-Christ. Mais cela ne lui a pas réussi [1]. »

Mieux, le grand écrivain catholique Georges Bernanos n'hésita pas à venir à la rescousse posthume de Ravachol, tel que le rappelle opportunément Michel Ragon, le plus érudit des historiens du mouvement libertaire français : « Du cri de Ravachol à ses juges : "Il n'y a pas d'innocents parmi les bourgeois !", Bernanos rapprochait celui de Lazare Carnot qui, en réponse à une supplique destinée à épargner de la guillotine deux femmes nobles, avait répondu : "Il n'y a pas d'innocents parmi les aristocrates !" »

Mais, tout anarchiste qu'il ait été et quelle que soit la pureté supposée de sa doctrine, Ravachol avait tué. Par trois fois. Les jurés demandèrent donc la peine de mort. À l'énoncé du verdict, il ne cilla pas. Droit et fier, il se leva doucement, une feuille à la main, sur laquelle quelques lignes avaient été jetées d'une écriture nerveuse. Il en donna lecture à l'assemblée. Sa voix ne tremblait pas.

> Je souhaite que les jurés qui, en me condamnant à mort, viennent de jeter dans le désespoir ceux qui m'ont conservé leur affection, portent sur leur conscience le souvenir de leur sentence avec autant de légèreté et de courage que moi j'apporterai ma tête sous le couteau du bourreau.
>
> *Signé :* Kœningstein-Ravachol.

1. Cité par Michel Ragon, in *La Voie libertaire*, Plon, 1991.

Puis, il s'écria :

– Vive l'anarchie !

Impavide, le juge Darrigand lui répondit :

– Vous n'avez plus qu'un seul droit : celui de crier vive le vol et vive l'assassinat !

Ravachol ne releva pas. C'en était fini de lui. Il savait que jamais le président Sadi Carnot ne le gracierait, de peur de se faire accuser de faiblesse face au « péril » anarchiste. Il ne lui restait plus qu'à mourir le plus dignement possible. Ce qu'il fit, tous les témoignages concordent sur ce point.

Pourtant, la situation sociale était si explosive – si l'on peut dire en parlant des anarchistes – que l'exécution de Ravachol avait tout de l'entreprise à hauts risques. Ainsi, le fameux Anatole Deibler, bourreau de son état, fut-il aussitôt menacé. Son logeur parisien lui signifia donc qu'il serait opportun qu'il songe à trouver une autre villégiature. Il se rabattit avec armes, bagages et famille vers un appartement de la rue Michel-Bizot, dans le XIIe arrondissement parisien. Las, son nouveau propriétaire, inquiet de tant d'agitation, préféra résilier son bail. Il faut reconnaître à sa décharge que les voisins du nouveau locataire poussaient des cris d'orfraie et menaçaient de le jeter à la porte s'il s'obstinait à rester. Anatole Deibler, fonctionnaire consciencieux, ne l'entendit pas de cette oreille et fit savoir qu'il intenterait un procès à quiconque persisterait à vouloir le chasser.

Il fallut que l'administration pèse de tout son poids pour que l'exécuteur des hautes œuvres de la République, le « coupeur de cous », tel que l'avait surnommé la presse de l'époque, puisse faire valoir son légitime droit au logement.

Montbrison, le 11 juillet 1892. Depuis quelque temps, Anatole Deibler ne savait plus où donner de la tête. Le 5, il s'en était parti guillotiner un moine défroqué, débauché notoire et assassin d'un vieillard. Scrupuleux, comme à son habitude, il inscrivit ensuite dans son petit carnet, n° 39, ces quelques lignes : « Le nommé Kœningstein, François Claudius, dit Ravachol[1]. »

Le réveil eut lieu à trois heures quarante du matin. Pâle tout d'abord, Ravachol recouvrit bien vite son aplomb habituel. Le directeur de la prison lui dit, après lui avoir doucement tapé l'épaule : « Le moment de l'expiation est venu. C'est aujourd'hui. Levez-vous, ayez du courage. » Du courage, Ravachol en avait à revendre. Impassible, il répondit : « Du courage, du courage, j'en aurai. On serait bien malheureux si on n'en avait pas dans pareille circonstance. C'est bon à dire, du courage dans un moment comme ça. Quand on n'en a pas, ce n'est pas ça qui en donne. Moi, j'en aurai[2]. »

Continuant de persifler, Ravachol s'extasia sur les beaux habits qu'on lui fit revêtir. Il demanda ensuite à haranguer la foule avant son exécution. Mais il n'y avait pas de foule. Il se rembrunit aussitôt et passa sa colère sur l'aumônier dont on lui proposa les services. Conduit dans le fourgon qui devait l'amener au supplice, il brailla ces quelques vers, chantés sur l'air des *Aristocrates à la lanterne* :

Si vous voulez être heureux, nom de Dieu,
Foutez le Bon Dieu dans la merde.
Si vous voulez être heureux, nom de Dieu,
Pendez les propriétaires et coupez les curés en deux.

La tête sous le couperet de la guillotine, la légende veut qu'avant de mourir, il ait hurlé : « Vive la République ! »

La vérité historique est légèrement différente. Lorsque son cou fut tranché, Ravachol n'avait vraisemblablement eu le temps de dire que « Vive la ré... ». Le fonctionnaire, signataire du

---

1. Cité par François Foucart, in *Anatole Deibler, profession bourreau*, Plon, 1992.
2. Cité par Jean-Marie Goron, in *La Police et les Anarchistes*, *op. cit.*

rapport relatant ses derniers instants, n'étant point sûr d'avoir entendu parler de « république » ou de « révolution », préféra, pour d'obscures raisons, s'en tenir à la première hypothèse[1]...

Jusqu'au bout, le pouvoir républicain n'avait cessé de trembler. C'est pourquoi il fit exécuter Ravachol dans le plus grand secret, par crainte, vraisemblablement, d'un enlèvement ou d'émeutes qui auraient pu rapidement dégénérer. Seules traces tangibles de sa mort, un passage à niveau surnommé depuis « Ravachol », par lequel le fourgon cellulaire était passé, peu de temps avant son supplice ; et ce testament politique :

> Dévoué compagnon,
>
> Au moment que je vais disparaître parce que des hommes ne sont pas assez éclairés pour comprendre, je vous envoie ma vie écrite que vous publierez. Les gens verront que j'ai travaillé pour le bien de l'humanité. J'ai tué, ce n'était pas pour moi, ce qui fit ma perte d'existence. Je suis sacrifié, mais l'anarchie ne mourra pas ; les compagnons verront l'injustice, ils me vengeront ; un homme de moins ne fait pas disparaître une idée que tous soutiendront.
>
> J'attends fort, vu que je suis fort de conscience.
>
> Vive l'anarchie ! Cependant que je mourrai pour elle en le criant.
>
> À vous et à l'anarchie.
>
> Kœningstein-Ravachol.

1. Le rapport du fonctionnaire en question ayant été codé, à en croire François Foucart dans l'ouvrage consacré à Anatole Deibler, le cri d'agonie de Ravachol fut ainsi retranscrit : « 5716 2907 4584 ». Ce qui laisse évidemment la voie ouverte à toutes les interprétations possibles et imaginables !

Étrange Ravachol... Illuminé, anarchiste convaincu, pâle voyou ?

Laissons Jean-Marie Goron conclure : « Il est certain que Ravachol ne fut pas un criminel ordinaire et la preuve en est qu'il y a quelques mois, un grave journal, *Le Temps*[1], a ouvert ses colonnes à une grande polémique entre deux hommes éminents entre tous, Anatole France et Raymond Poincaré, ce dernier tenant Ravachol pour un assassin, l'autre voyant surtout en lui un révolutionnaire. » Et Poincaré de livrer le fond de sa pensée, chose rare chez un fonctionnaire aussi à cheval sur le droit de réserve : « Moi qui ai vu Ravachol et qui ai causé un peu avec lui, je suis de l'avis des deux. C'était un révolutionnaire, c'est vrai, mais un révolutionnaire criminel[2]. »

Qu'il ait été l'un ou l'autre, ou les deux à la fois, un fait demeure certain : jusqu'à l'ultime fin, François Claudius Kœningstein, dit Ravachol, aura écrit lui-même sa propre légende, épitaphe et codicilles compris.

Il savait aussi, avant de mourir, que sa geste folle avait suscité un retentissement tel que ses vengeurs ne tarderaient pas à réclamer le tribut du sang. Il n'avait pas tort, comme le démontra la suite des événements.

1. L'« ancêtre » du *Monde*.
2. In *La Police et les Anarchistes*, *op. cit.*

CHAPITRE VII

Paris fait la fête, les anarchistes font la bombe, ou l'histoire des vengeurs de Ravachol

« La vengeance procède toujours de la faiblesse de l'âme qui n'est pas capable de supporter les injures. »

La Rochefoucauld

Paris, en cette année 1892, résonnait certes du fracas des bombes anarchistes, mais aussi du vacarme causé par les innombrables fêtes, représentations et manifestations artistiques données en la capitale. Deux ans auparavant, la grande Sarah Bernhardt avait triomphé au théâtre de la Porte-Saint-Martin, dans le *Cléopâtre* de Victorien Sardou et Émile Moreau, alors que de l'autre côté de l'Atlantique, à New York, était inaugurée une invention révolutionnaire : la chaise électrique. Il n'y a là aucun rapport de cause à effet, il va sans dire. Quelques mois plus tard, en 1891, Clément Ader, à bord d'une étonnante machine, parvenait à parcourir une bonne centaine de mètres sans toucher le sol. L'aviation venait de naître au moment même où Ader décollait du plancher des vaches. Les Français avaient envie de rêver. L'actualité leur en donnait souvent l'occasion : les troupes coloniales françaises faisaient flotter nos couleurs au Soudan, au Dahomey, au Maroc. En Chine, plus loin encore, c'était nos missionnaires qui s'en étaient partis porter la bonne parole.

La peinture, elle aussi, connaissait une santé sans précédent.

L'Illustration notait à ce propos, se livrant au passage à cette pittoresque comptabilité : « Deux salons suffisent à peine à satisfaire la curiosité et, d'autre part, la statistique nous fournit des détails qui sont de nature à rassurer tous ceux que préoccupe l'avenir de l'art dans notre pays. Par exemple, en calculant la superficie des paysages soumis chaque année à la haute appréciation du public parisien, on trouve qu'ils représentent en moyenne une étendue de douze hectares, trois ares et cinq centiares par an. En comptant les expositions privées. Sans être aussi importantes, les scènes de guerre et d'histoire arrivent en seconde ligne avec cinq hectares et douze ares. Les natures mortes ne leur sont guère inférieures et le chiffre de quatre hectares et neuf ares prouve que l'art de représenter sur la toile des légumes, des fleurs, des fruits et de la viande de boucherie n'est pas près de tomber en désuétude. Si l'on ajoute deux hectares de portraits et un hectare et demi environ d'aquarelles, de pastels et de tableaux divers, on trouve le total imposant de vingt-cinq hectares, huit ares et cinq centiares de toiles artistiques par année. Ce qui est le maximum de peinture qu'ait jamais produit une nation civilisée. » Pas un centiare de plus ou de moins. Il est exact qu'alors la peinture française rayonnait de tous ses feux. En 1874, Edgar Degas, avec Auguste Renoir et Claude Monet, lançait le mouvement impressionniste. Toulouse-Lautrec, évoqué ci-avant, était l'un des dessinateurs les plus en vue du Tout-Paris. La sculpture n'était pas en reste. Auguste Rodin, l'élève du grand Jean-Baptiste Carpeaux, était au faîte de son art. Multipliant les grandes commandes officielles, il réalisa quelques bustes et statues en pied demeurés fameux : Victor Hugo, Balzac et Clemenceau. Pour certains, l'avenir s'annonçait sous les meilleurs auspices. Jules Verne faisait rêver ses lecteurs à grand renfort de *Ville flottante*, d'*Île à hélice*, de *Sphinx des glaces* et de *Tour du monde en quatre-vingts jours*. Et il n'y avait pas que dans l'atelier des peintres et des sculpteurs, sur les planches des théâtres et dans le bureau des écrivains que l'agitation bruissait. Sur les pelouses, on s'entraînait à ce nouveau jeu, importé de Grande-Bretagne : le rugby. Sur les bords de mer, les femmes s'adonnaient aux plaisirs inédits de la baignade. Fanfreluche, un chroniqueur de l'époque assurait ainsi : « Combien sont ravissants et coquets ces délicieux costumes de bains et que ne donnerait-on pas pour être comme cette intrépide jeune femme prête à se lancer dans l'onde bienfaisante[1] ! » À en juger par l'harnachement de ces baigneuses, fait de froufrous et de dentelles, de rubans et de tulle, collé par l'eau aux formes des naïades, on le comprend aisément... Les Parisiens rêvaient aussi de techniques nouvelles. Les premiers travaux du métropolitain venaient de commencer. Plus au-dessus du niveau de la mer, des explorateurs français s'apprêtaient à rallier le Pôle nord en ballon.

Mais cette effervescence ne concernait qu'une menue partie de la population. Les autres, sans forcément excuser leurs exactions ni approuver l'ensemble de leurs discours, se sentaient confusément proches des anarchistes. Ce d'autant plus que le cadavre de Ravachol était encore chaud.

Il fallait donc s'y attendre, la rue s'empara de la figure de Ravachol, s'accapara sa mort. Pour les uns, son exécution relevait du martyre, alors que pour d'autres il ne s'agissait ni plus ni moins que d'une simple œuvre de salubrité publique. En son temps déjà, c'était un personnage contesté, mais amuseurs et chansonniers ne s'arrêtèrent pas à ce genre de détails.

Et les gosiers des faubourgs de reprendre en chœur cette ritournelle :

Bourgeois grave et fétichiste,
Écoute, gros raffineur,
La complainte en ré mineur,
De Ravachol, l'anarchiste,

1. In *L'Illustration*, 1892.

Illustre dynamiteux,
Furtif et calamiteux.

Une dizaine de couplets plus loin, l'on en arrivait à la morale de l'histoire d'où il ressortait que le patron du restaurant du boulevard de Magenta n'avait finalement pas été si bien inspiré de livrer Ravachol à la police [1] :

De cette important' capture,
I' n' faudrait pas trop s'vanter,
Je vous l'dis sans hésiter :
L'seul malin dans l'aventure,
C'est le garçon marchand d'vin :
C'garçon, l'est vraiment devin.

En effet, le 24 avril 1892, le fameux restaurant Véry, sis au 22 du boulevard de Magenta, avait été réduit en cendres au moment même où le procès de Ravachol mobilisait la une des journaux de la France entière. Ravachol avait vu juste.

Au-delà des facéties des amuseurs, on retiendra qu'à l'époque il ne faisait pas bon professer des opinions anarchistes, tout comme il n'était guère plus confortable de s'en déclarer l'adversaire. À cet égard, une plaisanterie fit un temps le tour des rédactions parisiennes : « Un homme, juré du procès de Montbrison, rentrant chez lui, dit à sa femme : "Si tu m'embrasses, tu embrasseras un héros. – Pourquoi ? Aurais-tu sauvé un enfant de la noyade ? – Mieux, répondit l'homme, j'ai fait condamner Ravachol !" »

En attendant, les dynamiteurs du restaurant Véry couraient toujours.

Jean-Marie Goron adopta donc la méthode qui avait fait merveille avec Ravachol : la rafle systématique, l'arrestation de

1. Voir chapitre précédent.

tous les anarchistes réels ou supposés. Une fois la masse des idéologues fiévreux, des farfelus, des bons à rien patentés, des ouvriers pressés d'en découdre avec le patronat, passée au crible, un homme attira tout de suite l'attention des enquêteurs : un certain Francis.

Il avait le visage carré et dur, le front haut, le nez légèrement camard, la mâchoire volontaire. Volubile, il s'exprimait avec aisance. Un peu trop, peut-être.

Des témoins l'avaient ainsi entendu dire à sa concierge :

– Véry et Lhérot [1] sont des misérables ! Ils ont livré Ravachol. Mais qu'ils prennent garde à eux ! Lhérot ne profitera pas de son argent : avant peu, il sautera.

Décidément peu prudent, on l'avait également entendu tenir ces propos à deux de ses camarades, Lauxe et Lapeyre :

– On va bientôt faire un coup. Je sais bien que je risque ma tête, mais je m'en fiche. Jusqu'à ce que je sois arrêté, les maisons sauteront.

Ces témoignages étaient accablants, mais ce n'était que des témoignages, voire des ragots, auxquels il était risqué d'apporter foi. D'ailleurs, Francis – Jean-Pierre François pour l'état civil – présenta un excellent alibi : le soir où le restaurant Véry avait sauté, il dînait avec quelques amis, rue Quincampoix, dans le quartier des Halles. L'information fut aussitôt vérifiée par les services de Jean-Marie Goron. Jean-Pierre François avait dit vrai : il fut donc relâché.

Trois jours plus tard, deux autres des camarades de François, l'anarchiste Jean Bricou et sa maîtresse, une certaine demoiselle Marie Delange, indiquèrent à la police en quel endroit trouver les restes du stock de dynamite ayant servi à l'attentat du restaurant Véry. Bricou savait de quoi il retournait, les ayant longtemps cachés chez lui, au 29 de la rue Geoffroy-Saint-Hilaire,

1. Le patron et le garçon de salle du restaurant Véry, qui, ayant reconnu Ravachol, s'étaient empressés de le dénoncer à la police.

aux environs du boulevard Saint-Marcel, dans le Ve arrondissement, avant de les enterrer sous un pont du chemin de fer de Pantin. Un service en valant bien un autre, Jean Bricou excipa de cette délation pour se dédouaner, lui et Jean-Pierre François : ils avaient effectivement dîné tous deux en compagnie de Marie Delange le soir de l'attentat. Bricou et sa maîtresse, comme Jean-Pierre François, ne furent pas inquiétés davantage par la police. D'autres suspects se succédèrent et furent à chaque fois relâchés. Les rafles qui avaient permis de capturer Ravachol commençaient à montrer leurs limites et l'enquête tournait en rond.

C'est le hasard – et la sottise de Bricou – qui vint au secours de Jean-Marie Goron. Une fois en liberté, Jean Bricou avait promis de se soumettre à un rigoureux contrôle judiciaire. Il ne tint point parole et profita de sa liberté conditionnelle pour s'enfuir au Havre avec sa maîtresse. Était-ce la légendaire nostalgie qu'engendre le ciel normand ? Toujours est-il que Bricou tenta, une fois arrivé à destination, de se jeter sous une voiture. Par miracle, des policiers en faction l'en empêchèrent de justesse.

L'incident ne pouvait que mettre la puce à l'oreille des enquêteurs. Le juge Atthalin, chargé de l'affaire, prit le premier train pour Le Havre. Il ne fallait pas être fin psychologue pour comprendre que Jean Bricou était l'exact contraire de Ravachol. Celui-ci avait su faire preuve de morgue et de bravoure jusque sur l'échafaud. Bricou, lui, avait plus de convictions livresques que de courage physique : il se mit illico à table. Ce qu'il omettait de révéler, sa maîtresse ne manquait pas de le lui rappeler et, bientôt, il aurait fallu les battre pour qu'ils cessent tous deux de parler.

Voici donc, à en croire Jean Bricou, comment se trama l'attentat du boulevard de Magenta.

L'arrestation de Ravachol n'avait pas manqué de susciter des vocations de justiciers. Ainsi, un dénommé Meunier, menuisier de son état et fortement impressionné par la geste du « Christ de l'anarchie », décida de régler l'affaire à sa manière. Fort de plusieurs dizaines de bâtons de dynamite dérobés à Soisy-sous-Étiolles, il ourdit le dessein de se débarrasser de ceux qui avaient livré Ravachol à la police. Il s'était ouvert de ce projet à Jean-Pierre François, avec lequel il travaillait dans un atelier situé au 33 de la rue des Abbesses, sur le flanc sud de la Butte Montmartre.

François, Bricou et Meunier s'étaient entendus sur la marche à suivre : Meunier étant connu au restaurant Véry, il fut décidé de le grimer et de lui faire endosser les vêtements de Jean-Pierre François. C'est encore Meunier qui fabriqua – de façon artisanale, mais meurtrière – la machine infernale. Les mèches, longues de sept à huit centimètres, se consumaient à peu près en cinq minutes avant de mettre le feu aux poudres, laps de temps qui leur laissait assez de latitude pour mener leur projet à bien. Meunier était censé s'arrêter dans un urinoir public, à proximité du restaurant Véry, et allumer ensuite la bombe. S'il s'en tenait à ce minutage, il pouvait ensuite, le plus tranquillement du monde, se rendre au caboulot des « traîtres », l'explosif dissimulé sous le manteau. Il ne lui restait plus qu'à s'installer au comptoir, déposer son paquet, commander un verre de rhum, le vider d'une virile lampée et s'en aller, le plus tranquillement du monde.

Sur le papier, tout fonctionnait à merveille. Mais, le 24 avril 1892 au matin, Jean Bricou et Marie Delange prirent subitement peur et supplièrent Jean-Pierre François de ne pas se rendre au rendez-vous. N'est pas terroriste qui veut : François se laissa alors convaincre sans qu'il ait été besoin de trop insister. Meunier fit donc sauter, seul, à neuf heures et demie du soir, le restaurant Véry. À cette heure, les trois autres conspirateurs d'opérette, trop contents de s'en être tirés à aussi bon compte et d'avoir laissé un camarade se charger de la basse besogne, s'étaient réfugiés dans un estaminet de la rue Quincampoix, chacun devant assurer l'alibi de l'autre et incriminer, le cas échéant, leur « ami » Meunier. Le plus fort est qu'un mois plus tard, Meunier était incarcéré à la Santé pour voies de fait sur agents de la force publique et port d'arme prohibée. L'enquête piétinait toujours et personne n'avait fait le rapprochement avec l'attentat du boulevard de Magenta !

Guerre des polices, lourdeurs administratives ? Il est vrai que les forces de l'ordre s'attendaient à une sainte croisade anarchiste alors qu'ils n'avaient finalement affaire qu'à la Septième Compagnie au clair de lune. Il demeure néanmoins que la préfecture tenait le principal coupable et l'avait laissé s'échapper. Jean-Marie Goron lui-même fit toujours preuve, dans ses souvenirs, d'une discrétion de violette quant à cet épisode peu reluisant de sa carrière.

Certains informateurs – bien informés comme il se doit – firent même courir le bruit que Meunier s'était réfugié en Angleterre. Ce qui ne fut jamais confirmé. Ni infirmé, d'ailleurs. Meunier avait tué : Ravachol était vengé. Meunier ne tomba jamais entre les mains de la police. Les fils spirituels de Ravachol n'étaient pas tous des amateurs affublés de deux mains gauches et d'autant de pieds bots.

Tel n'était pas le cas de ses trois complices qui, piteusement, avaient battu en retraite au moment même où ils auraient pu honorer la mémoire de leur héros.

Jean-Pierre François, qui s'était enfui à Londres, fut rapidement extradé. Jean Bricou et sa maîtresse furent appréhendés dans la foulée alors qu'ils tentaient de prendre la fuite au Havre, comme nous l'avons vu auparavant. Les trois comparses furent jugés dans les plus brefs délais pour « complicité d'assassinat, complicité de tentative d'assassinat, complicité de destruction partielle ou totale, par l'effet de substances explosibles, de la maison portant le numéro 22 du boulevard de Magenta ».

Les débats menés par le conseiller Feuilloley, futur procureur de la République, semblèrent bien ternes, comparés aux flamboyants procès de Ravachol et de Duval.

Le parcours de Jean Bricou était d'une simplicité évangélique. Devenu anarchiste en 1886, lors d'une grève des menuisiers de

Paris, il avait fait la connaissance de Meunier. Dès lors, les condamnations s'étaient succédé, bénignes pour la plupart : provocations sur la voie publique, vols divers et menaces sur les ouvriers de son atelier qui refusaient de se mettre en grève.

Marie Delange offrait un profil similaire. Surnommée « La Rouge », elle était une enfant de l'Assistance publique. Bricou l'avait rencontrée dans le restaurant où il avait l'habitude de se sustenter lorsque ses maigres moyens le lui permettaient. Exaltée et forte en gueule, La Rouge faisait plus de bruit que de mal.

Jean-Pierre François, dit Francis, défendait, lui aussi, les mêmes opinions anarchistes avec une semblable éloquence de préau d'école. Son casier judiciaire, malheureusement pour lui, était au moins aussi loquace : terreur de ses innombrables propriétaires, il menaçait de les faire sauter s'ils s'obstinaient à vouloir lui faire payer son loyer. Condamné à de multiples reprises pour vol, port d'armes, rixes en tout genre, il accumulait les peines de prison depuis 1872, année où il avait épousé la cause libertaire et s'était, au passage, abonné au parloir des prisons.

Devant tant d'exactions relevant du strict droit commun, l'avocat de la défense allait avoir quelques difficultés à plaider la thèse politique. Évidemment, les trois prévenus se rembrunirent lorsque le juge Feuilloley fit circuler les photos de l'attentat du boulevard de Magenta. La vision des corps mutilés, des membres épars, du sang et des décombres ne prêtait effectivement pas à la clémence. Le meilleur – ou le pire – demeurait à venir.

Marie Delange, hystérique, s'acharna à charger Jean-Pierre François afin de mieux blanchir Jean Bricou, son amant. Elle était formelle : les deux autres – François et Meunier – avaient tout manigancé. À ce stade des débats, l'affaire tournait autour des vêtements prêtés à Meunier pour qu'il puisse se rendre au restaurant Véry sans s'y faire reconnaître.

Lorsque Jean-Pierre François fut appelé à la barre, l'on dégringola encore d'un cran dans le sordide : « Tout ça, c'est des mensonges inventés par Bricou et par sa maîtresse, assura-t-il. Ils veulent se venger de moi. La femme Delange ne cherche qu'à désorganiser les ménages. Pour rien au monde je ne l'aurais envoyée chez moi chercher des effets. Elle est furieuse après ma femme qui n'a pas voulu lui servir d'intermédiaire pour aller rigoler à la campagne avec des hommes. Voilà pourquoi elle a inventé tout ce qu'elle raconte. »

À ces mots, Jean Bricou se leva de son banc. À quoi rimaient ces histoires d'« aller rigoler avec des hommes » ? Le procès avait commencé sous les auspices d'un véritable débat de société. Mais, de la haute politique, il glissait maintenant vers la comédie de boulevard. On attendait Bakounine, on eut Labiche.

Un fait, en revanche, demeurait avéré : Jean-Pierre François avait fait transiter les explosifs par le domicile de Jean Bricou et de Marie Delange. Ces derniers, paniqués par la tournure que prenaient les événements, avaient tout mis en œuvre pour s'en débarrasser sans y parvenir. La veille de l'attentat, le 23 avril, Meunier vint donc prendre livraison de la dynamite. La suite est connue. Jean Bricou, Marie Delange et Jean-Pierre François se retranchèrent dans un restaurant de la rue Quincampoix, espérant ainsi n'être pas inquiétés par la justice. Pendant ce temps, une terrible déflagration ébranlait le boulevard de Magenta.

Au terme de ce procès ubuesque, Jean-Pierre François et Marie Delange furent acquittés, tandis que Jean Bricou était condamné à vingt ans de travaux forcés pour complicité d'assassinat avec toutefois les circonstances atténuantes. Sa réaction face au verdict – ça ne saurait s'inventer – fut la suivante :

– C'est malheureux, tout de même !

La police n'en avait pourtant pas fini avec les multiples héritiers de François Claudius Kœningstein, dit Ravachol.

Il convient là d'ouvrir une petite parenthèse historique. En effet, pour mieux comprendre le phénomène libertaire, il faut savoir qu'il dépassait le simple stade de la bombe et de la mèche courte. L'anarchie d'alors n'était pas une mode, mais une véritable lame de fond, comme Jean-Marie Goron l'avait pressenti.

La révolution industrielle venait de lancer la France dans le XXᵉ siècle. Toute la France ? Une partie, seulement.

D'un côté, une population industrieuse et dynamique dont les frères Adolphe et Eugène Schneider qui promurent le savoir-faire français de par le monde, vendirent des locomotives aux Anglais et rêvèrent, avant tout le monde, d'un gigantesque pont traversant la Manche [1]. Il y eut aussi Émile et Isaac Pereire dont l'influence rayonnait dans l'Europe entière. À ces fondateurs des chantiers navals de Penhoët, près de Saint-Nazaire, nous devons surtout d'avoir financé et donné corps aux projets urbains du baron Haussmann. C'est également à cette époque qu'André et Édouard Michelin pressentirent le futur essor de l'industrie automobile, que les ouvrages architecturaux d'un fou génial, Gustave Eiffel, par ailleurs inventeur inspiré du porte-jarretelles et de la tour qui porte encore son nom, révolutionnèrent l'art des ponts et viaducs – Gustave Eiffel, célébré par l'Exposition universelle de 1889, au cours de laquelle Paris était devenu l'un des pôles du « monde moderne ».

Mais, à côté de cette effervescence, de cette prospérité subite quoique méritée, nombreux étaient ceux à rester sur le bord du chemin. Les problèmes de « fracture sociale », autrefois mis en exergue par un candidat à l'Élysée, ne datent pas d'hier. Si notre pays connaît maintenant une nouvelle mutation, due aux fantastiques progrès technologiques, n'oublions pas qu'il y a un siècle, elle en affrontait une autre, tout aussi rude, qui vit le passage d'une France rurale à une France industrielle.

Tôt, les forces politiques institutionnelles s'étaient penchées

1. L'incident franco-britannique de Fachoda mit malheureusement un terme à ce projet visionnaire.

sur l'épineux problème. Les socialistes entendaient résoudre le problème par la mise en commun des ressources. Projet de société qui fit, peu à peu, basculer nombre d'entre eux dans un marxisme de stricte observance.

L'Église catholique, de son côté, ne restait pas inerte et ce serait mentir que de faire croire qu'elle fut toujours du côté des puissants. Bien au contraire, suite aux travaux de deux royalistes de renom, Albert de Mun et La Tour du Pin, le Vatican se penchait sérieusement sur la question. Réfutant à la fois les théories libérales et socialistes, le pape Léon XIII tint même pour « barbare » la loi de l'offre et de la demande tout comme il récusait au passage le concept de « lutte des classes ». Cette position, officiellement annoncée lors des réunions de Fribourg, de 1884 à 1891, fit même l'objet d'une encyclique, *Rerum novarum*, qui prônait la réconciliation entre patrons et ouvriers, conseillant aux premiers de se montrer larges et généreux avec le personnel ; aux seconds d'honorer le travail, devoir d'État par excellence si l'on en croit la doctrine catholique traditionnelle. Une fois les bases de ce catholicisme social jetées, la suite des événements commença d'échapper à l'autorité pontificale. À force de trop vouloir se frotter aux forces ouvrières et syndicales, les militants chrétiens en oublièrent de convertir les masses laborieuses au message évangélique tandis qu'eux passaient avec armes et bagages dans le camp socialiste.

Si l'Église catholique ne parvint jamais à unifier le monde ouvrier sous sa sainte bannière, elle n'avait pas entièrement échoué dans son entreprise. Nombreuses étaient les personnes qui avaient soif d'absolu, de justice. Les descendants de saint Pierre assuraient que le Paradis n'était pas de ce monde mais qu'il fallait malgré tout y tendre. De cette phrase, les anarchistes n'avaient retenu que les mots qui les arrangeaient. De l'idéal spirituel, ils glissèrent sciemment vers l'idéal temporel. Pas de ce monde, le Paradis ? C'est ce que l'on allait voir... Après tout, ce n'était peut-être pas pour rien que Ravachol avait été surnommé le « Christ de l'anarchie ». La comparaison était moins fortuite qu'il n'y paraissait au premier abord.

Rétrospectivement, Georges Bernanos se risqua même à excuser les menées anarchistes dans l'une de ses œuvres majeures, *La Grande Peur des bien-pensants* : « J'ai vu, au fond d'un ténébreux entresol de la rue Pastourelle, au Marais, un de ces ouvriers parisiens [...] qui gardent encore l'accent du cru, fleurant l'échalote et le vin noir, mais l'héritier légitime des anciens insurgés du faubourg, hanches fines, poitrine creuse, bras livides, à peine musclés, de fille ou d'adolescent, face d'apprenti quinquagénaire, avec ce regard dur, cette étrange grimace de résignation têtue, insondable... Il serait vain de prétendre exiger de tels hommes une révérence éternelle envers un certain nombre de citoyens déguisés en juges ou en militaires, dont le seul mérite est de perpétuer dangereusement, par ces bizarreries de costumes, le souvenir des sacerdoces abolis. »

1893, tandis que l'agitation des esprits battait son plein, qu'une moitié de France tremblait de peur devant l'autre, force est d'avouer que le pouvoir politique montrait tout, hormis l'exemple. Depuis 1878, le scandale du canal de Panama n'en finissait plus d'empoisonner le climat et de fournir des arguments aux anarchistes.

Cette année-là, le fameux Ferdinand de Lesseps, bâtisseur de génie encore tout auréolé du succès du canal de Suez, parvenait à convaincre le gouvernement français de la nécessité qu'il y avait à réitérer l'exploit en Amérique centrale. L'idée, séduisante, messianique presque, allait permettre de réunir les deux océans, de « rapetisser » le globe. Enthousiaste, Ferdinand de Lesseps se lança à corps perdu dans l'entreprise. Las, cette dernière se révéla plus délicate que prévu. Le climat équatorial était hostile, les éboulements fréquents, les épidémies meurtrières. Les ouvriers affectés à ce gigantesque chantier furent décimés les uns après les autres. Le budget, initialement fixé à six cents millions de francs, ne tarda pas à exploser. Mais, sûr de son fait, Ferdinand de Lesseps préféra mentir plutôt que de renoncer à ses projets pharaoniques.

Les banques refusant de lui accorder plus de crédit, il se retourna alors vers les petits actionnaires et leur fit miroiter des profits mirobolants. Pour parachever l'entreprise, il s'attacha les services de deux financiers à la moralité plus que douteuse : Cornélius Herz et le baron de Reinach. Ceux-ci ne reculèrent devant rien, n'hésitant pas à corrompre de nombreux journalistes afin qu'ils vantent dans leurs colonnes les mérites de l'entreprise auprès de leurs lecteurs. La manœuvre fit merveille et l'argent entra à flots. Mais, dans le même temps, les frais de ce chantier colossal ne cessaient d'enfler, à tel point qu'en 1887, la compagnie du canal de Panama accusait une perte de mille quatre cents millions de francs. Pis, sur soixante-dix millions de mètres cubes à déblayer, trente-sept seulement l'avaient été. Un an plus tard et plus que jamais pris à la gorge, Ferdinand de Lesseps n'avait plus qu'un seul moyen de sauver son projet : demander au Parlement qu'il autorise un emprunt national. L'Assemblée nationale lui donna satisfaction le 9 juin 1888, mais ne put empêcher, le 4 février de l'année suivante, la liquidation de la compagnie.

Le plus grave dans l'histoire – le scandale éclata finalement trois ans plus tard – fut que l'emprunt n'avait pu être obtenu qu'en achetant les services de nombreux parlementaires, des « chéquards », tel qu'on disait alors. Georges Clemenceau, qui fit partie de cette très contestable fratrie, devait mettre dix ans à se remettre politiquement en selle.

Le scandale du Panama avait provoqué la ruine de quatre-vingt-cinq mille petits actionnaires. La spoliation avait été couverte par les représentants du peuple, le vol avalisé par le gouvernement. Il ne fallut pas ensuite s'étonner que l'homme de la rue ait quelques difficultés à faire la différence entre des anarchistes poseurs de bombes et des députés ayant profité de leur écharpe tricolore pour s'enrichir au profit du peuple des électeurs. Des deux finalement, lesquels étaient les plus condamnables ?

Un certain Auguste Vaillant, né à Mézières en 1861, choisit de trancher l'épineuse question à lui seul. Le 9 décembre 1893, après s'être introduit, Dieu sait comment, dans l'hémicycle, il jeta une bombe en pleine sieste parlementaire. Pour impressionnante qu'ait été l'explosion, elle ne causa pas de morts, au grand dam de nombreux antidémocrates, qu'ils soient issus des rangs de la gauche ou de la droite.

Auguste Vaillant était d'une autre trempe que les Bricou, les François ou les Delange. Une fois entré dans l'enceinte du palais Bourbon, il n'était pas sans savoir qu'il lui serait ensuite impossible d'en ressortir sans encombres. C'est donc froidement qu'il commit son acte, en toute connaissance de cause. Bien sûr, une fois les derniers effluves de fumée et de poussière dissipés, il tenta malgré tout de s'échapper, n'hésitant pas à dénoncer aux huissiers de service un officier de police blond, d'alerte prestance, comme étant l'auteur de l'attentat. Ce subterfuge ne suffit pas à le sauver et il se retrouva bientôt interrogé, au même titre que d'autres suspects présents sur les lieux du drame. Comme il avait été sérieusement blessé à la cuisse, on décida finalement de le transporter séance tenante à l'Hôtel-Dieu.

Curieux anarchiste que cet Auguste Vaillant...

Dès le lendemain, alors qu'il devisait avec l'un des policiers affectés à sa garde, il expliqua tranquillement :

– Celui qui a fait ça est un sacré gaillard. Dommage que sa bombe n'ait pas tué plus de voleurs. Si j'avais été à sa place, j'aurais renforcé la charge.

Le policier crut ne pas avoir bien entendu. Mais, déjà, Auguste Vaillant poursuivait :

– Oui, un ou deux kilos de dynamite en plus et ce temple du mensonge se serait effondré, ensevelissant tout avec lui, moi au passage. Le jeu en valait la chandelle... La prochaine fois, je serai moins pingre sur la poudre...

Ce coup-ci, le policier était bien sûr d'avoir tout entendu, d'avoir tout compris. Le coupable était devant lui, nonchalant, malgré sa cuisse blessée. Il manqua de sortir son revolver et de le brandir sur l'assassin. Mais, à quoi bon ? Il est rare que ceux qui se vantent ainsi de leurs forfaits se débattent lors de leur arrestation. Cet homme avait sciemment agi en se livrant à cette confession incongrue. Du reste, il conclut ainsi :

– Cher ami, soyez assez aimable d'avertir la justice que je me tiens à son entière disposition. En attendant, je voudrais dormir un peu. Ma jambe me fait mal.

Auguste Vaillant – l'enquête ne tarda pas à le démontrer – était un terroriste scrupuleux. Il avait préparé son engin avec le plus grand soin, en véritable petit chimiste. Un tube de verre contenant une substance explosive, un peu de poudre pour l'amorce, le tout enfermé dans une cantine de fer-blanc emplie d'énormes clous. Ensuite, il avait fait le siège du palais Bourbon afin d'obtenir une carte d'accès. Le temps lui était compté, les députés s'apprêtant à partir en vacances.

Le carnage avait été évité de peu : au moment où Auguste Vaillant lançait sa machine infernale, un bras anonyme l'avait heurté. Au lieu de tomber en plein milieu, où elle aurait provoqué un véritable massacre, la bombe était tombée à la périphérie de l'hémicycle.

Dernier point confirmé par les enquêteurs, la bombe avait été confectionnée de telle sorte que les intentions d'Auguste Vaillant paraissaient désormais évidentes : il n'avait pas seulement voulu blesser : son but était de tuer. En nombre. Auguste Vaillant était un *véritable* anarchiste.

Ses traits fins, qui n'étaient pas sans une certaine noblesse, le plaçaient à l'évidence à mille lieues des voyous habituels ; bien au-dessus de ces autres crapules qui mettaient leurs méfaits au compte d'un anarchisme tout fait de mots et de poses avantageuses. Auguste Vaillant, lui, n'était ni lâche ni pusillanime. Son parcours était celui d'un marginal, souvent condamné pour mendicité ou vagabondage. Il avait parfois pris le train en négligeant de se payer un billet ; il avait aussi commis de menus larcins, mais il faisait surtout figure de poète, de coureur de grands chemins qui, en 1890, était parti tenter l'aventure en... Argentine. Tel parcours ne pouvait que le rendre sympathique aux yeux de Jean-Marie Goron. Lui-même, en son temps, on l'a vu, avait cédé aux mêmes pulsions irrésistibles. Un fait demeurait néanmoins inexplicable : qu'est-ce qui avait bien pu pousser un tel homme à épouser la cause anarchiste ?

Certes, Auguste Vaillant avait officié à Choisy-le-Roi en tant que secrétaire de la « Bibliothèque philosophique pour l'étude des sciences naturelles et leur vulgarisation », énoncé passablement pompeux qui dissimulait en fait une banale officine de propagande anarchiste. Mais cela ne suffisait pas à comprendre l'homme.

Pour y voir plus clair, mieux vaut encore se reporter à son premier interrogatoire[1] :

« Vous êtes un enfant naturel reconnu ?

– Oui, monsieur.

– Vous arriviez d'Amérique quand vous avez commis l'attentat ?

– Depuis peu, c'est vrai.

– Vous avez été plusieurs fois condamné ?

– Oui, monsieur, c'est la société qui l'a voulu ainsi.

– Vous professez qu'il n'y a ni crime, ni criminel, que tout n'est que la conséquence de l'influence du milieu ; que, d'ailleurs, c'est la faute de l'organisation sociale. Vous êtes parti pour l'Amérique après les poursuites contre les anarchistes russes et pour vous débarrasser de votre femme ?

1. Toutes les citations concernant les procès d'Auguste Vaillant et d'Émile Henry proviennent des archives personnelles de l'auteur.

– Oui, monsieur. »

La suite de l'entretien permit à Auguste Vaillant de mieux développer ses théories. Comme nous allons le voir, son anarchisme était des plus particuliers, mâtiné de libération sexuelle avant l'heure et d'un désir, typiquement « petit bourgeois », de posséder une résidence secondaire à la mer.

Le juge poussa plus loin son interrogatoire :

« Vous déclarez ensuite que, dans ce pays, vous vous en tenez à la philosophie de votre théorie. Vous avez là une concession qui doit, dans dix ans, vous donner une situation aisée. Vous aviez deux désirs. L'un d'avoir une villa en Algérie au bord de la mer et l'autre de faire connaître vos idées qui devaient étonner le monde.

– Parce qu'elles venaient d'un cerveau ouvrier.

– Ensuite, vous ajoutez : “Qui sait si, fatigué et le cœur plein de haine, je n'irai pas engager la lutte suprême entre moi et la société ?”

– Je n'ai pas de haine.

– Vous avez pris ensuite la femme de l'un de vos parents ?

– Je ne l'ai pas prise ; elle était libre de me suivre.

– Puis, vous allez à Choisy et vous préparez votre attentat seul.

– J'y étais depuis cinq mois, et seul. »

Auguste Vaillant répondait sans passion aux questions du juge. Calme, déterminé, il regretta n'avoir touché que quelques parlementaires alors que son but était de les tuer tous ensemble.

Pourquoi ?

Parce qu'il détestait « les bourgeois qui ne produisent pas ». Son seul regret : avoir blessé de simples spectateurs, innocents puisqu'ils n'étaient pas députés.

Jean-Marie Goron, qui assistait au procès, nota à propos de l'accusé : « Petit, mince, la figure fine, les yeux intelligents, cet anarchiste, avec sa barbe coupée en pointe, à l'allure d'illuminé, aurait aussi bien fait un moine qu'un dynamiteur. Il lui aurait suffi de vivre dans un autre milieu, d'écouter d'autres conseils. Et cela est si vrai que le texte qu'il lut au tribunal avait les allures d'un prêche. »

Ce fameux texte, en voici les principaux extraits :

« Messieurs, dans quelques minutes, vous allez me frapper, mais, en recevant votre verdict, j'aurai au moins la satisfaction d'avoir blessé la société actuelle, cette société maudite où l'on peut voir un seul homme dépenser inutilement de quoi nourrir des milliers de familles, société infâme qui permet à quelques individus d'accaparer toutes les richesses sociales pendant que l'on voit des cent mille malheureux qui n'ont pas seulement le pain que l'on ne refuse pas aux chiens, et que l'on voit des familles entières se suicider, faute d'avoir leur nécessaire.

« Ah ! messieurs, si les dirigeants pouvaient descendre parmi les malheureux ! Mais non, ils veulent rester sourds à leurs appels. Il semble qu'une fatalité les pousse, à l'instar de la royauté du dix-huitième siècle, à rouler dans le précipice qui les engloutira, car malheur à ceux qui restent sourds aux cris des meurt-de-faim, malheur à ceux qui, se croyant d'essence supérieure, se reconnaissent le droit de laisser croupir et d'exploiter ceux qui sont en dessous d'eux, car il arrive un moment où le peuple ne raisonne plus ; il se soulève comme un ouragan et s'écoule comme un torrent. Alors, on voit des têtes sanglantes au bout des piques. »

Ce moment qu'Auguste Vaillant appelait de ses vœux était-il venu ? Il est probable que non. L'histoire enseigne que les révolutions ne viennent que rarement du peuple, mais des classes moyennes et de cette bourgeoisie qu'il vouait précisément aux gémonies. Comme s'il avait pressenti ce reproche, cette critique, il précisait : « On me reproche les blessures de ceux qui ont été atteints par mes projectiles : permettez-moi de faire remarquer en passant que, si les bourgeois n'avaient pas massacré ou fait massacrer pendant la Révolution française, il est probable qu'ils seraient encore sous le joug de la noblesse. »

Après une longue carrière dans la police, Jean-Marie Goron
se lance en littérature.

Jean-Marie Goron, croqué par la presse anglaise.

Après l'Angleterre, l'Allemagne. Le «Sherlock Holmes» français, tel que l'a dépeint la presse britannique, s'en va signer ses ouvrages de l'autre côté du Rhin.

Ses Mémoires furent publiés outre-Manche dans le journal *The World*.

o.), does by no means sketch an immaculate institution. Th
anslation is from a French work, written in collaboration b
rtain members of the Association de la Presse Judiciaire, o
ssociation of Journalists attached to the Paris Law Courts
popular work, it was intended to convey to the ordinar
legal person an accurate idea of the organisation and pro
edure of the Paris Law Courts, the history and customs of th
aris bar, together with some conception of the picturesque, shif
g crowd who take part in the comedy, drama, or tragedy continuall

M. GORON, HEAD OF THE DETECTIVE POLICE

Verlag von F. Krüger in Paris und Leipzig.

Sehr geehrter Herr Kollege!

Hierdurch teile ich Ihnen mit, dass von

Pariser Liebe

Memoiren von **M. Goron**

eine neue Lieferungsausgabe in effektvollem roten Umschlage

erschienen ist.

Vollständig in
22 Lieferungen
à 30 Pf. ord.

Bezugsbedingungen

Lieferung 1 — 10 Pfg. bar
„ 2 u. ff. — 20 Pfg. bar
und 11/10 Freiex.
Lieferung 1 **à cond.**,
die folgenden nur bar.

M. Goron
Chef der Pariser Sicherheitspolizei a. D.

Pariser Liebe erzielte einen derartigen Erfolg, dass schon nach einem halben Jahre eine neue Auflage notwendig wurde. Ich bitte Sie, sich für diese neue Ausgabe thätig zu verwenden und Ihren Bedarf auf anhängendem Zettel bestellen zu wollen.

Paris und **Leipzig** **F. Krüger**

Bestell-Zettel

Von Herrn **F. Krüger** in **Paris** und **Leipzig** erbitte:
à cond. Post — Eilgut — Frachtgut
Goron, Pariser Liebe
Liefg. 1 (30 Pfg.) 20 Pfg.
Ort u. Datum: Firma:

Für Österreich-Ungarn liefert Herr Moritz Perles zu meinen Original-bedingungen aus.

Von Herrn **F. Krüger** in **Paris** und **Leipzig** erbitte:
bar Post — Eilgut — Frachtgut
Goron, Pariser Liebe
Liefg. 1 (30 Pfg.) 10 Pfg.
do. 2 u. ff. (30 Pfg.) 20 Pfg.
u. 11/10 Frei-Ex.
Ort u. Datum: Firma:

Henri Pranzini exhibe ses muscles à une jeune touriste américaine...

Pranzini porte le coup fatal à sa maîtresse.

Vu pour autorisation
[signature]

Conciergerie 11/4 89

Monsieur Goron,

Chef de la Sûreté

E. V.

Pardonnez-moi de vous importuner de nouveau pour vous demander plusieurs objets qui me font bien défaut

Comme j'ai obtenu pour ces mêmes objets l'autorisation de Mr Espierre, juge d'Instruction il y a 2 mois, je ne l'ai pas sollicitée à nouveau :

1 paire de Chaussures en cuir ciré

Quelques paires de Chaussettes

qu'on trouvera soit dans ma malle soit dans les effets provenant de la rue Monge.

En vous remerciant, je vous présente, Monsieur le Chef de la Sûreté, l'assurance de mon profond respect

E. Allmayer

Une lettre d'Eugène Allmaye adressée à Jean-Marie Goron afin qu'il améliore so ordinaire pénitentiaire

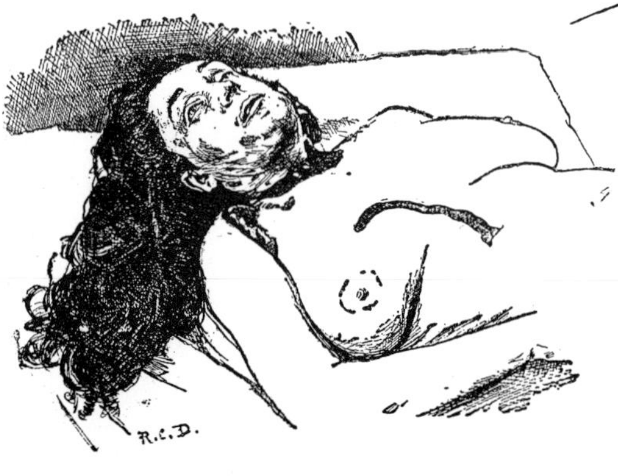

Le corps de Mme de Montille après le passage de l'assassin.

La Conciergerie 28 Octobre 1889.

Monsieur Goron, Chef de la Police
à Paris.

Je vous pris de vouloir bien me donner mon habillement complet anglais que vous avez prise chez moi au moument de mon arrestation, car je n'y tien pas me presenter au publique comme un bandi, ainsi que une paire de bottines ayant completement usé tout mes effets dans ma prevention.

Esperant d'avoir une reponse favorable, j'attende avec impatience ce que vous ai demandé.

En attendant de temps meilleurs agréez monsieur Goron mes sentiments.

Pini Victor

N° 5 bis

Nota. Mon jugement aura lieux ~~le~~ ces-jours-ci

Une lettre de Victor Pini à Jean-Marie Goron, postée de la Conciergerie. Comme Eugène Allmayer, il souhaitait comparaître devant la justice en arborant ses plus beaux vêtements.

St Etienne le 19 7bre 81 Impasse Berreaud

Mon cher Vincent

N'ayant reçu aucune nouvelle
de holande je vous prierai donc
de bien voulloir leur rafraichir la memoi
car je sui san travail dans lespoir que
vous ne moublirè pas

je vous sere cordialement la main
et bien le bonjour de la par de votre
frère
Francois Koningstein

L'un des rares textes signés de la main
de François-Claudius Koningstein, dit Ravachol.

Les policiers de la IIIe République
somment les anarchistes de ne plus brandir
le drapeau tricolore.

Ravachol étrangle un prêtre
pour lui dérober vingt mille francs.

Taylor et Goron. Le maître et l'élève.

La rencontre entre Goron et Wilson, gendre du président Grévy.
Wilson tend un cigare à Goron. Celui-ci l'accepte de mauvaise grâce. En ce temps-là, on ne badinait pas avec la Légion d'honneur...

Le Numéro : 30 Centimes. 14 Novembre 1886. 3e Année, N° 46.

LE COURRIER FRANÇAIS

ILLUSTRÉ PARAISSANT TOUS LES SAMEDIS

Littérature • Beaux-Arts • Théâtres • Médecine • Finance

ABONNEMENTS PARIS & DÉPARTEMENTS	BUREAUX & ADMINISTRATION	PUBLICITÉ
SIX MOIS .... 9 fr.	14, rue Séguier, Paris	ANNONCES .... 3 FR. LA LIGNE
UN AN .... 15 fr.	Directeur-Gérant : J. ROQUES	RECLAMES .... 6 FR. —
ÉTRANGER (Union Postale) .... 22 fr.	Secrétaire de la Rédaction : JEAN DERVILLE	FAITS DIVERS .... 10 FR. —
Envoyer le montant en un Mandat ou Bon Postal.		

(Ce Numéro contient un Supplément : *Toute la Gamme*, dessin de A. WILLETTE.)

Le député Wilson caricaturé par *Le Courrier français*. Une affaire qui fit couler beaucoup d'encre à l'époque.

D'ailleurs, confiant dans le rôle des minorités agissantes, il devait bien être conscient de ne pouvoir compter sur une large assise populaire, tant les idées anarchistes demeuraient, malgré tout, isolées en France :

« Parmi les exploités, messieurs, il existe deux sortes d'individus : les uns, ne se rendant pas compte de ce qu'ils sont et de ce qu'ils pourraient être, prennent la vie comme elle vient, croient qu'ils sont nés pour être esclaves et se contentent du peu qu'on leur donne en échange de leur travail ; mais il en est d'autres, au contraire, qui pensent, qui étudient et, jetant un regard autour d'eux, s'aperçoivent des iniquités sociales. Est-ce de leur faute à ceux-là, s'ils voient clair et souffrent de voir souffrir les autres ? Alors, ils se jettent dans la lutte et se font les porteurs des revendications populaires. »

L'envolée était belle et il n'est pas question de mettre en cause la droiture et l'éloquence d'Auguste Vaillant. Mais était-il toujours aussi crédible lorsqu'il prétendait, à lui seul, incarner les aspirations populaires ?

Éludant la question, il conclut ainsi son intervention : « Maintenant, messieurs, quelle que soit la peine dont vous me frappiez, peu m'importe, car, regardant cette assemblée avec les yeux de la raison, je ne puis m'empêcher de sourire de vous voir, atomes perdus dans la matière, raisonnant parce que vous possédez un prolongement de la moelle épinière, vouloir vous reconnaître le droit de juger l'un de vos semblables. Ah ! messieurs, combien peu de chose est votre assemblée et votre verdict dans l'histoire de l'humanité. Et l'histoire humaine, à son tour, est également bien peu de chose dans le tourbillon qui l'emporte à travers l'immensité et qui est appelé à disparaître ou tout au moins à se transformer pour recommencer la même histoire et les mêmes faits, véritable jeu perpétuel des forces cosmiques se renouvelant et se transformant à l'infini. »

En quelques années d'exercice, la justice française en avait entendu. Mais il était rare qu'un prévenu en appelle au « jeu perpétuel des forces cosmiques » pour justifier ses actes. L'assistance en était médusée.

Une fois clos cet exercice d'astronomie appliquée, la suite du procès ne présenta que peu d'intérêt. Auguste Vaillant avait déjà tout dit. Peu lui importèrent les témoignages et les considérations de chimie relatives au fonctionnement de l'engin qu'il avait lancé dans l'enceinte du « pouvoir des nantis ».

Plus intéressants, en revanche, furent les témoins à décharge qui achevèrent de dresser le portrait de cet activiste pas vraiment comme les autres.

Pour M. Benon, ancien conseiller municipal de Paris, Vaillant était le meilleur des hommes : « Au mois de juin dernier, un collègue habitant l'Amérique me recommanda Vaillant. Je le secourus et le recommandai à plusieurs personnes. Je n'ai jamais songé qu'il pût accomplir l'acte qu'on lui reproche. »

Pour M. Lefèvre, cordonnier à Saint-Ouen, l'affaire était entendue d'avance : « J'ai travaillé cinq ans avec Vaillant. Il avait un excellent caractère. Il a toujours été bon et secourable. Il m'a aidé moi-même. D'une sobriété exemplaire, il ne buvait que de l'eau. »

Pour M. Mougin, représentant de commerce, c'était un parangon d'altruisme : « Auguste Vaillant était extrêmement bon, aimant sa femme, qui lui a fait beaucoup de misères. Il est revenu à Paris pour sa fille qu'il cherchait à enlever aux parents de sa femme. Il a cherché du travail partout. Il est très actif et généreux. »

Et la litanie des bontés de s'égrener inlassablement.

Tout cela était bel et bon. Il était entendu que l'accusé n'était pas forcément le mauvais bougre que certains avaient dépeint à grands traits hâtifs. Mais il avait voulu tuer, en masse, avec préméditation. Et ça, nul jury au monde ne pouvait le passer en pertes et profits. D'autant plus qu'à y mieux réfléchir, Auguste Vaillant était peut-être moins angélique qu'il n'y paraissait.

C'est en tout cas ce que le procureur général Bertrand s'acharna à prouver : « Quel est le criminel ? Est-il victime d'une obsession ? C'est un homme assoiffé d'orgueil, c'est un criminel de droit commun. Il a été quatre fois condamné au début de sa vie. Cet enfant naturel, c'est vrai, a rencontré certaines difficultés que d'autres n'ont pas connues. Il est placé chez différents patrons, mais il ne reste nulle part ; il vagabonde et mendie. Qu'il ne vienne pas dire que ce casier judiciaire a pu lui nuire : il a toujours trouvé du travail. Plus tard, Vaillant exerce les industries les plus diverses. En aucun lieu, il ne peut se fixer. Il s'occupe de politique, songeant au bonheur du peuple avant de s'occuper de lui-même. Il entre au journal anarchiste *La Révolte*, rédigé par Paul Reclus [1], et adopte les idées de sa rédaction. Là, plus de famille, plus de devoirs, le déchaînement de tous les appétits, de toutes les passions. Là, dans ce milieu d'anarchistes, l'obscur travail quotidien est inconnu. Il suffit d'un fait, d'un acte, pour arriver à la célébrité. Vaillant ne se fixe chez aucun patron, il avait démoralisé sa femme par le spectacle de sa débauche, sous prétexte d'union libre. Alors, elle se livre à l'inconduite. Il veut la quitter ; il craint d'être compromis dans des poursuites conduites contre des anarchistes, et il part pour l'Amérique. »

La façon dont Auguste Vaillant mit en œuvre ses idées anarchistes lors de ce séjour exotique est peu commune. Installé à Buenos Aires, en Argentine, il devint propriétaire terrien et jura haut et fort que son seul but était de faire fortune. Ses affaires n'ayant pas marché aussi bien qu'il l'aurait souhaité, c'est à cette époque qu'il émit le souhait de se retirer dans une coquette résidence en Algérie, comportement singulièrement peu libertaire...

1. Paul Reclus (1847-1914) était également un médecin de renom. Ses recherches sur l'utilisation de la cocaïne pour soigner les affections tuberculeuses et syphilitiques des testicules font encore autorité. Il était le frère d'Élisée Reclus (1830-1905), l'un des principaux théoriciens français du mouvement anarchiste. Ce qui ne l'empêcha pas de devenir un géographe reconnu de toute la communauté scientifique internationale.

Et le procureur général Bertrand de conclure : « Il faut retenir la meute de ces gens qui s'occupent moins de l'amélioration des humbles que de la satisfaction de leur orgueil. C'est parmi les hommes comme Vaillant qu'on cherche à développer ces théories néfastes. Pour les arrêter, il ne faut plus de faiblesse. Pour invoquer la pitié, il faut d'abord l'admettre pour les autres. Je demande la condamnation capitale contre Vaillant. Tout le monde ici fait son devoir. J'ai fait le mien ; faites le vôtre. »

Auguste Vaillant présentait toujours le même masque impassible. Rien ne semblait plus l'émouvoir. Me Labori, avocat de la défense, se démena du mieux qu'il put. Il savait pourtant que rien ne pourrait sauver la tête de son client.

Enfin, tomba le verdict : la mort. Auguste Vaillant se leva. La salle entière retenait son souffle. Dignement, il dit :

– C'est la peine de mort ? Je vous remercie. Vive l'anarchie !

Il rendit l'âme tout aussi dignement, non sans avoir rédigé son testament, le 29 janvier 1894. On y apprit, entre autres, qu'il désirait que sa dépouille soit remise à la science et qu'il n'avait éprouvé aucune haine à jeter sa bombe dans l'enceinte parlementaire.

Un homme, un seul, parmi les députés visés par l'attentat, avait demandé la clémence pour le terroriste : l'abbé Lemire, qui envoya cette lettre à Me Labori :

> Monsieur et cher maître,
>
> Député, il est de mon devoir de ne point me séparer de mes collègues quand il est question de l'inviolabilité de la représentation nationale.
>
> Mais, victime principale de l'attentat, je tiens à faire savoir par vous à l'homme qui m'a frappé que je n'ai au cœur pour lui que des sentiments de pardon.
>
> Et je voudrais, par vous, encore, supplier la justice de ne

pas se montrer inexorable et de laisser à l'égaré le temps de comprendre et de se repentir.

Mais ce brave prêtre qui, en l'occasion, honora si bien l'Église catholique, apostolique et romaine, ne fut point entendu. Sadi Carnot, le président de la République, refusa la grâce, refusa aussi de recevoir une délégation de députés socialistes venus implorer sa clémence. *Le Figaro*, qui avait pourtant eu, sous la plume du journaliste Francis Magnard, des mots peu amènes à l'égard de l'accusé, en vint également à demander la grâce présidentielle. Parmi les autres partisans de la clémence, il faut noter la duchesse d'Uzès, égérie et principale financière du mouvement boulangiste, tant il était vrai que, pour cette antiparlementariste effrénée, il n'y avait pas de crime à avoir voulu éradiquer une assemblée de députés.

En vain. Auguste Vaillant eut la tête tranchée le 5 février 1894, à l'aube. Il mourut avec le même panache que Ravachol, non sans avoir lancé, alors que la lame tombait sur sa nuque, un vibrant « Vive l'anarchie ! ».

Sa dernière demeure, au cimetière d'Ivry, fut fleurie quotidiennement de longues années durant et devint même lieu de pèlerinage. Un matin, le gardien du cimetière trouva ces quelques vers, jetés d'une main hâtive sur un papier entouré d'un ruban rouge :

Puisqu'ils ont fait boire à la terre
À l'heure du soleil naissant,
Rosée auguste et salutaire,
Les saintes gouttes de ton sang,
Sous les feuilles de cette palme,
Que t'offre le Droit outragé,
Tu peux dormir d'un sommeil calme,
Ô martyr ! Tu seras vengé.

Le 12 février 1894, à neuf heures du soir, une bombe explosait dans l'un des plus grands cafés de Paris, l'hôtel Terminus, gare

Saint-Lazare. Les vengeurs d'Auguste Vaillant n'avaient pas perdu leur temps.

L'auteur de l'attentat se nommait Émile Henry. Il était de petite taille, avait le visage rose et poupin et arborait une épaisse moustache. Jean-Marie Goron et ses hommes l'arrêtèrent quelques jours plus tard, au terme d'une empoignade acharnée. Il expliqua aussitôt avoir voulu venger Ravachol et Auguste Vaillant. Cet attentat était en fait son second : il en avait déjà perpétré un, rue des Bons-Enfants, au siège d'une de ces grosses entreprises que les anarchistes tenaient alors pour l'un des principaux hauts lieux de l'oppression capitaliste.

Le parcours d'Émile Henry était somme toute assez classique : enfant de communard exilé en Espagne, il était revenu en France à la faveur de l'amnistie de 1882. Il y avait chez lui, comme chez les autres d'ailleurs, beaucoup d'exaltation et peu de scrupules. À cette différence près qu'Émile Henry était un authentique intellectuel, instruit et cultivé, qui manqua de peu d'être admis à l'École polytechnique.

Meunier, en faisant sauter le restaurant Véry, avait voulu punir deux « délateurs ». Auguste Vaillant, en s'en prenant à l'ensemble des parlementaires, avait touché les responsables de cette politique qu'il exécrait. Émile Henry, lui, avait frappé aveuglément, tuant, mutilant de parfaits innocents dont le seul tort avait été de se trouver là, au moment et à l'endroit qu'il ne fallait pas. Et ce, dans un bar principalement fréquenté par des prolétaires, soit dit en passant.

Le juge lui fit évidemment remarquer la chose. Et Émile Henry de répondre en souriant : « Dans la vie, il n'y a pas d'innocents [1] ! »

1. Il n'y a pas que des gens adroits non plus, serait-on tenté de rappeler : le 15 mars de cette même année, afin de protester contre le procès d'Émile Henry, un autre anarchiste, Pauwels, un Belge, s'éparpillait aux quatre coins

Qui était donc cet Émile Henry ? Voilà comment Jean-Marie Goron le dépeignit durant le procès : « Il est orgueilleux et cruel. Après l'affaire du Terminus, il déclare se nommer Breton, "arriver de Marseille ou de Pékin, comme vous voudrez". Vous voyez le froid ironiste qu'il est. Il ajoute qu'il regrette de n'avoir pas tué plus de monde ni pu faire usage de son poignard : "J'ai tué trop peu de monde ! D'autres viendront après moi, qui réussiront mieux." En présence des victimes, il se targuait de son indifférence devant cet homme, devenu impotent et qui pleurait la mort de son ami[1]. »

Tout au long de son procès, Émile Henry ne se départit pas de cet effroyable cynisme. Il savait que son sort était scellé. Pour brillante que soit la plaidoirie de son défenseur, Me Hornbostel, il ne sauva pas sa tête. La justification qu'il donna de ses actes était en fait une accusation en bonne et due forme.

Émile Henry persistait, accusait : « Je n'ai pas à développer ici la théorie de l'anarchie. Je ne veux en retenir que le côté révolutionnaire, le côté destructeur et négatif pour lequel je comparais devant vous. En ce moment de lutte aiguë entre la bourgeoisie et ses ennemis, je suis presque tenté de dire avec le Souvarine de *Germinal* : "Tous les raisonnements sur l'avenir sont criminels, parce qu'ils empêchent la destruction pure et simple et entravent la marche de la révolution. J'ai apporté dans la lutte une haine profonde, chaque jour avivée par le spectacle révoltant de cette société, où tout est bas, tout est louche, tout est laid, où tout est une entrave à l'épanchement des passions humaines." »

Suivit un interminable laïus durant lequel il donna libre cours à sa détestation globale du genre humain. Puis, il conclut sur ces quelques phrases : « Dans cette guerre que nous, les anar-

de Paris, en sautant avec sa propre bombe, alors qu'il tentait de la lancer à l'intérieur de l'église de la Madeleine.

1. In *La Police et les Anarchistes*, *op. cit.*

chistes, avons déclarée à la bourgeoisie, nous ne demandons aucune pitié. Nous donnons la mort, nous saurons la subir. Aussi, c'est avec indifférence que j'attends votre verdict. »

Celui-ci fut conforme aux prévisions de tous les observateurs : la peine de mort. Comme l'on pouvait s'y attendre, Émile Henry ne faiblit point lorsque le bourreau, Anatole Deibler, vint le chercher.

C'est là qu'intervint un épisode peu connu des exégètes de la cause anarchiste : Émile Henry était déjà mort lorsque le fil de la guillotine lui trancha le cou.

Le rapport d'autopsie du docteur Benoît est sans ambiguïté : « Lorsque, une heure environ après l'exécution, j'ai procédé à l'examen d'Henry, j'ai constaté que le corps était déjà presque entièrement rigide. Or, j'ai vu déjà quelques décapités et la rigidité cadavérique est ordinairement plus lente à se manifester. L'oreillette droite du cœur ne battait plus, alors que nous avons observé sur d'autres suppliciés des battements, deux heures encore après l'exécution. Le cœur était vide de sang, réduit, racorni, dur comme du bois. Les poumons étaient également exsangues, retirés de la cavité, les muscles étaient injectés. Ces différentes constatations établissent assez nettement qu'Henry, lorsqu'il a été décapité, se trouvait dans un état de syncope absolue. Il s'est produit une contraction générale au moment suprême, et c'est vraisemblablement sur un cadavre que le couperet s'est abattu. »

Émile Henry était-il donc mort de peur ? Avait-il connu une fin semblable à celle de Victor Dzerjinski, patron de la Tcheka, ancêtre du K.G.B., dont la rumeur veut qu'il soit mort d'un arrêt du cœur alors que Joseph Staline l'avait vigoureusement apostrophé lors d'une réunion officielle ?

Le médecin légiste n'alla pas aussi loin, se contentant de remarquer : « Cela ne veut pas dire qu'Henry ait été tué par la peur, non, il y a une autre constatation, qui démontre que, jusqu'au dernier moment, Henry a été courageux. Les suppliciés terrassés par la peur sont pris, au dernier moment, d'une diarrhée intense et absolument caractéristique. Or, en procédant à l'examen du rectum d'Émile Henry, j'ai retrouvé les produits de sa digestion en petites quantités et absolument durs. Henry n'a donc pas eu "la frousse", comme l'on dit, mais il semble avoir succombé à une crise extrêmement violente. L'effort de volonté déployé par le condamné au dernier moment a déterminé une sorte de choc nerveux : une contraction générale convulsive telle que la vie s'est arrêtée net. Henry était petit, frêle, efféminé, plutôt anémique. La peau est très blanche, le corps très soigné, contrairement à ce que nous constatons pour les autres suppliciés que nous avons à examiner. »

Quels étaient donc les génies obscurs qui avaient provoqué, avant terme, la mort de l'anarchiste ? Était-il si malade, si anémié, tel que le laisse deviner le rapport d'autopsie, pour qu'il n'ait pas éprouvé le désir de vivre davantage ? Émile Henry emporta ce dernier secret dans sa tombe, sise à Brévannes, dans la banlieue parisienne.

En guise d'oraison funèbre, Jean-Marie Goron nota : « L'homme qui a accompli ces actes n'était pas un fou. Il les a longuement préparés et froidement exécutés. Maintenant, comment ce jeune bourgeois est-il devenu anarchiste ? Nous sommes, ici, en présence non de Ravachol et autres, mais en présence d'un bourgeois. Son père était propriétaire ; c'est une singulière note pour un anarchiste. Il était entrepreneur de carrière, puis ingénieur, et le malheur l'a atteint avec la maladie[1]. Comment l'accusé a-t-il été élevé ? Dans notre temps, on s'est apitoyé beaucoup sur certains anarchistes, oubliant les orphelins qu'avaient pu faire les attentats. On s'est apitoyé aussi sur le sort d'Émile Henry, il a eu une bourse, il est devenu bachelier et a été admissible à l'École polytechnique. C'était un petit bourgeois... »

1. Thèse qui semblerait confirmer celle du médecin légiste : Émile Henry était gravement malade lorsqu'il fut condamné à la peine capitale.

Curieux hommes, décidément, que ces anarchistes... Certains avaient les opinions intellectuelles et la faconde nécessaires pour développer leurs théories ; d'autres, le courage physique d'assumer des convictions qu'ils n'avaient pas forcément.

Une fois de plus, deux irréductibles logiques s'affrontaient. D'un côté, une effervescence politique qui ne trouvait son accomplissement que dans l'action violente. De l'autre, un régime terrifié d'avoir engendré de si terribles créatures, qui, faute de pouvoir donner une réponse crédible au problème que d'autres résolvaient à grands coups d'explosifs, se retranchait dans une répression de plus en plus féroce. De ce constat, il ne fallait pas être devin pour deviner que la partie était loin d'être jouée.

À chaque nouvelle exécution se levait un nouveau vengeur. À chaque fois, la barre était placée un peu plus haut. Celui qui entendait laver la mort d'Émile Henry dans le sang se nommait Santo Jeronimo Caserio, né en Italie, à Milan, en 1874. Sa cible était plus qu'emblématique, s'agissant du président de la République en personne : Sadi Carnot.

Lyon, le 24 juin 1894. Le président français se rendait à l'Exposition internationale et coloniale dans l'ancienne capitale des Gaules. Tranquillement assis à l'arrière de la limousine décapotable, il avait tout loisir d'observer la foule. L'ambiance était au beau fixe. Cet ingénieur, indéboulonnable ministre avant de devenir président, était de ces hommes dont personne n'a jamais vraiment besoin mais qui finissent toujours par se montrer utiles. En l'occurrence, le président Sadi Carnot présentait de sérieuses excuses, ayant eu à la fois à gérer d'aussi délicates situations que le mouvement boulangiste et le ralliement final du Saint-Siège à la République française qui estima à l'occasion qu'on pouvait être à la fois démocrate et bon chrétien.

Mais cela n'était rien. Ce que certains lui reprochaient était son attitude vis-à-vis de Ravachol, d'Auguste Vaillant et d'Émile Henry auxquels il avait refusé la grâce présidentielle.

Ce 24 juin 1894 donc, alors qu'il s'apprêtait à inaugurer l'exposition de Lyon, un forcené jaillissait dans sa voiture et le poignardait à mort. Une fois son forfait perpétré, l'assassin eut à peine le temps de s'éloigner de quelques mètres. Déjà, une vingtaine de policiers se jetaient sur lui, lui plaquaient le crâne sur le trottoir tout en pointant sur sa nuque le canon de leurs armes.

Édouard Drumont, antisémite invétéré et directeur du journal *La Libre Parole*[1], écrivit à l'occasion ces quelques lignes à propos de l'attentat : « Cet assassinat est un choc en retour de la justice immanente. Il y a cent ans, des milliers d'innocents étaient assassinés à Lyon en vertu d'un décret du Comité de salut public, signé Carnot, le grand-père de Sadi Carnot. Cent ans après, le petit-fils qui, personnellement, est intègre et sans reproche dans sa vie privée, est frappé par un assassin. Le terroriste a enfanté l'anarchiste et l'anarchiste tue celui qui l'a engendré. »

Les anarchistes avaient des soutiens inattendus. La boucle était définitivement bouclée. Et, au-delà de la simple boutade, ce texte d'Édouard Drumont n'était pas si sot qu'il aurait pu y paraître au premier abord. La bourgeoisie révolutionnaire de 1789 affrontait maintenant d'autres révolutionnaires, tout aussi féroces, tout aussi déterminés.

Le procès de Caserio fit couler tant d'encre que nous n'y reviendrons pas plus longtemps. Tout au plus nous contenterons-nous de citer ces quelques extraits, passés en pertes et profits par l'histoire, de la confession de l'assassin[2] : « Au

---

1. Ce journal ouvertement antisémite avait été à l'origine du scandale de Panama. C'est en effet Édouard Drumont qui avait révélé au public la liste des députés ayant échangé leur silence contre de l'argent.

2. In *L'Assassinat du président Carnot*, du docteur Lacassagne.

moment où les derniers cavaliers de l'escorte passaient en face de moi, j'ai ouvert mon veston. Le poignard était ainsi brandi : la poignée en haut, du côté droit, à l'intérieur, sur la poitrine. Je l'ai saisi de la main gauche et, d'un seul mouvement, bousculant les deux jeunes gens placés devant moi, reprenant le manche de la main droite et faisant de la gauche glisser le fourreau qui est tombé à terre sur la chaussée, je me suis dirigé vivement, mais sans bondir, tout droit au président, en suivant une ligne un peu oblique, en sens contraire du mouvement de la voiture. J'ai appuyé de la main gauche sur le rebord de la voiture, et j'ai, d'un seul coup porté légèrement de haut en bas, la paume de la main en arrière, les doigts en dessous, plongé mon poignard jusqu'à la garde dans la poitrine du président. J'ai laissé le poignard dans la plaie, et il restait au manche un morceau de papier journal. En portant le coup, j'ai crié, fort ou non, je ne puis le dire : "Vive la révolution !" »

Santo Jeronimo Caserio fut jugé le 2 août 1894. Le verdict, là aussi, fut sans surprise. Une nouvelle tête roula dans le panier d'Anatole Deibler, le 16 août 1894. Seule différence avec Auguste Vaillant, Caserio refusa que sa dépouille mortelle fût léguée à la science.

Ainsi finit le cycle infernal qui, d'anarchistes en anarchistes, vit verser le sang des uns pour laver celui des autres. Personne ne chercha à venger Santo Jeronimo Caserio. Peut-être que policiers, politiques et militants anarchistes étaient las de tant de violence.

Peut-être que, déjà, se profilait l'ombre de la Grande Guerre, faisant comprendre à chacune et à chacun que d'autres sacrifices s'annonçaient, qu'il fallait être parcimonieux des vies françaises. Un certain Paris faisait alors la fête tandis que l'autre posait des bombes. Quelques années plus tard, tous allaient communier dans la même guerre.

CHAPITRE VIII

Vrais anarchistes et faux monnayeurs

> « Qui vole ma bourse vole une chose sans valeur. »
>
> WILLIAM SHAKESPEARE

Dûment sorti des rotatives de la Banque de France ou imprimé dans on ne sait quelle arrière-boutique des faubourgs parisiens ou de province, l'argent demeure le nerf de la guerre. Les anarchistes, qui n'en avaient guère, finirent par juger plus simple de l'imprimer eux-mêmes. Il fallait y penser et c'était d'autant plus malin qu'on risque toujours de se faire moins mal à travailler la planche à billets qu'à faire irruption dans une banque, pistolet au poing.

Cette affaire fut, pour Jean-Marie Goron, l'une des plus délicates à résoudre. L'histoire de fausse monnaie qui suit est, à cet égard, assez emblématique. Qui était le véritable criminel, de l'État qui fait tourner la planche à billets à plein rendement ou du bougre qui imprime quelques coupures dans le secret de sa cave ? Policier de grand renom, mais aussi simple citoyen, Goron comprenait mal que les hommes politiques, qui s'étaient frauduleusement enrichis dans l'affaire du canal de Panama et autres scandales politico-financiers moins connus, viennent maintenant chercher noise à d'autres aigrefins de plus basse extraction. Certains avaient émis, ou laissé émettre de fausses actions ;

d'autres accouchaient de faux billets. Les premiers siégeaient toujours à l'Assemblée ou dans les ministères ; les seconds avaient leur chambre, réservée à l'année, à Mazas ou à la Roquette.

À ce sujet, une anecdote résume fort bien l'état d'esprit de Jean-Marie Goron à l'égard de la mouvance libertaire. Un matin, alors qu'il épluchait la presse du jour dans son bureau, on lui amena un homme qui avait fracassé la vitrine d'un magasin cossu de l'avenue de l'Opéra. Le trublion n'était visiblement pas un voyou de bas étage. Il paraissait instruit, l'était, même, et s'exprimait avec aisance.

– Pourquoi avez-vous commis ce geste ? demanda Goron.

– Parce que j'avais faim, monsieur, répondit-il.

– Qu'à cela ne tienne : il vous faut manger, dit le policier, moqueur.

Puis, ayant discrètement tiré une sonnette, Jean-Marie Goron ordonna qu'on lui fasse monter un rôti de porc et un plat de pommes de terre sautées. Ce qui fut fait dans les minutes qui suivirent. Tout d'abord interloqué à la vue de la gigantesque assiette qu'un gardien de la paix déposa devant lui, le jeune anarchiste ne sut que faire. Puis, toute honte bue, il dévora à pleines dents la viande juteuse, cuite à point, se jeta sur les pommes de terre et les engloutit avec le même entrain.

Ensuite, la panse rassasiée, un rien gêné de s'être gavé de la sorte, il demanda à Jean-Marie Goron :

– Vous avez donc un cœur ?

– Serait-ce interdit à un policier ?

– Non, mais vous devez haïr tout ce que je suis, tout ce que je représente ?

– Là n'est pas la question, mon jeune ami...

– Où est-elle, alors ?

Goron sourit une nouvelle fois, à la fois ironique et paternel, et expliqua :

– Elle tient en peu de mots : vous aviez faim, alors, je vous ai donné à manger...

À cet instant, l'un des policiers qui était présent dans la pièce chuchota à l'oreille de son chef :

– S'il avait eu vraiment faim, un bout de pain aurait suffi !

Goron haussa immédiatement le ton, comme il savait si bien le faire, et répliqua d'une voix glaciale :

– Quand un homme a faim, on ne marchande pas.

Son subordonné se le tint pour dit.

Au terme de cette série de grands procès anarchistes évoqués dans les pages précédentes, la vague libertaire était peu à peu retombée. Les adeptes du « Ni Dieu ni maître » ne s'étaient pas soudain transformés en anges, mais avaient fini par comprendre que les dynamitages aveugles et systématiques leur aliénaient la sympathie de la population ouvrière, voire de la population tout court. Ils préférèrent se rabattre sur des activités moins violentes mais plus susceptibles de leur attirer la bienveillance de leurs concitoyens. « La propriété, c'est le vol » était une formule qui avait fait florès. Les anarchistes se mirent donc à voler, à voler l'État, s'entend, en battant de la monnaie de singe ; stratégie nouvelle qui, en France, permet souvent de mettre les rieurs de son côté.

L'affaire de fausse monnaie évoquée au début de ce chapitre eut lieu à Bar-sur-Seine, dans la région champenoise. Un dénommé Lebas avait été arrêté en possession de plusieurs rouleaux de pièces de cinq et deux francs. L'homme s'appelait en fait Placide Catineau et avait été vu, à Troyes, en compagnie de deux autres malfrats. Ceux-ci étaient ensuite tombés entre les mains de la police au terme d'une résistance acharnée. Ils s'étaient défendus à coups de revolver et de poignard. Eux aussi avaient les poches lestées de rouleaux de fausses pièces et de faux billets. Leurs papiers d'identité arboraient les noms de Massoubre et de Briens. Pour finir, on trouva dans leurs affaires personnelles une série de lettres signées « Mauduit » qui avaient été postées de Paris. L'enquête s'orientant sur la capitale, c'est donc Jean-Marie Goron qui fut chargé d'arrêter ce satané Mauduit.

La tâche n'était pas aisée. Le principal suspect s'était tout bonnement évaporé. Certains avaient vu Mauduit à tel hôtel, d'autres juraient l'avoir repéré dans un autre meublé. En fait, le fugitif prenait manifestement un malin plaisir à brouiller les pistes, ne restant jamais longtemps au même endroit, passant de chambre de bonne en cabane de jardin.

Paradoxalement, cette enquête-là mobilisa plus encore les forces de police que les précédentes. Jeter une bombe dans un estaminet où l'ouvrier allait étancher sa soif au son de l'accordéon, ça n'était pas bien. Bombarder les députés à coup de saladier empli de poudre et de clous, ça ne valait pas mieux. Mais marcher sur les plates-bandes de la Banque de France et faire exploser l'inflation à sa place, la mesure était comble. La République, une, indivisible, laïque et universelle, se trouvait, de fait, en danger de mort, parce que non point menacée dans son âme, mais dans sa monnaie.

L'homme qui entra en claudiquant dans le bureau de Jean-Marie Goron portait la fourberie sur le visage. Profil de fouine et menton fuyant, diction hachée, hésitante : il incarnait la parfaite silhouette du traître de comédie. Il expliqua d'une voix flûtée :

– Monsieur, je sais qui vous cherchez. C'est Mauduit !

– C'est Mauduit, en effet, répliqua Goron.

– La dernière fois que je l'ai vu, assura l'homme, c'était rue de Bagnolet, au 61. Là-bas, vous trouverez des gens qui devraient pouvoir vous en dire plus...

Le chef de la Sûreté était au bord de l'écœurement. Aussi froid qu'on peut l'être, il demanda :

– Pourquoi faites-vous ça ?

– Parce qu'il croit que je suis son meilleur ami.

Jean-Marie Goron ne répondit point. De tout temps, la police a toujours eu ceci d'étrange : c'est en poussant les hommes à se résoudre à de vils comportements qu'on entend amener le reste de la société à de plus nobles sentiments. La contradiction, de taille, n'est pas près d'être résolue, mais nul doute que cette brève entrevue ne fit pas grimper la piètre estime en laquelle Goron tenait le bas peuple des informateurs.

Ces quelques états d'âme passés, Jean-Marie Goron organisa un système de surveillance en bonne et due forme. Si Mauduit logeait bel et bien au 61, rue de Bagnolet, il s'y montrerait tôt ou tard. Les agents de Jean-Marie Goron troquèrent donc leurs redingotes sombres, leurs bottines lustrées et leurs chemises amidonnées, pour une tenue moins voyante en ce quartier traditionnellement populaire.

C'est donc en casquette, un foulard négligemment noué autour du cou, qu'ils firent la planque aux environs de l'adresse indiquée par ce délateur dont, heureusement, l'histoire n'a pas retenu le nom.

La méthode, classique, ne tarda pas à démontrer son efficacité. Moins d'une semaine plus tard, Mauduit fut formellement identifié. Ce visage d'aigle, orné d'une barbe noire coupée en pointe : ça ne pouvait être que lui. Ses mains, aussi, l'avaient trahi. Elles étaient fines et longues. Des mains d'artiste.

Fort de ce portrait dressé par ses subordonnés, Jean-Marie Goron décida de s'occuper personnellement de la suite des événements. Mauduit avait été si maudit par la vie qu'il ne devait pas y tenir plus que de raison. Il ne s'agissait surtout pas qu'il se brûle la cervelle au moment de l'arrestation.

Dès le lendemain matin à la première heure, Goron se rendit à son domicile, flanqué de quelques hommes sûrs dont les nerfs étaient réputés solides.

Mauduit habitait dans un petit atelier fait de planches montées de bric et de broc. La porte était ouverte, les policiers la poussèrent. Aussitôt, ils entendirent quelques bruits de pas furtifs.

Un homme descendait l'escalier de bois en colimaçon qui menait des étages supérieurs à l'atelier d'imprimerie. L'homme était en tout point conforme à la description qu'en avait faite le dénonciateur. L'allure maladive, peau blanche, œil torve : Mauduit avait déjà la mine du coupable idéal.

Mieux, il portait sur son visage les stigmates d'une existence difficile. On le devinait artisan doué, voire brillant, qu'une santé fragile avait réduit à un chômage chronique. Las de ne plus sculpter le bois, il s'était sûrement essayé à un autre style de gravure. Ses talents étaient tels qu'il aurait pu en remontrer à plus d'un graveur « officiel ». Mauduit avait probablement eu de l'or au bout des doigts. Mais la vie n'en avait pas décidé ainsi.

– J'ai bien affaire à monsieur Bersier [1] ? demanda Jean-Marie Goron.

L'artiste passa une main fatiguée dans ses cheveux gras et répondit :

– C'est moi.

– Jean-Marie Goron, chef de la Sûreté. Je vous arrête, monsieur Mauduit.

– Eh, merde !

– Comme vous dites, répondit Goron.

Puis, ayant pris tout le temps de savourer son plaisir, le policier ironisa :

– Il fait bien chaud chez vous...

– Quelques chutes de bois que j'ai mises à brûler. Rien qui ait de l'importance, répondit Mauduit.

– Je crois, au contraire, que ces « débris » ont de l'importance.

– Et moi, je vous dis que non !

– Et moi, je vous dis que oui ! affirma Jean-Marie Goron.

Le policier se dirigea alors vers l'immense chaudière qui trônait au milieu de l'atelier. Il tendit la main vers la poignée qui

1. Nom sous lequel Mauduit avait établi son officine.

en commandait l'ouverture. Elle était quasi incandescente. Il s'y brûla les doigts, mais parvint à l'ouvrir. À l'intérieur, il découvrit des moules de plâtre dans lesquels étaient gravées, en creux, les pièces de monnaie. Les doigts couverts de cloques, Jean-Marie Goron brandit sa trouvaille au bout d'une pince et s'exclama :

– Je n'ai pas besoin d'en savoir plus : nous les tenons !

– Attention, chef ! hurla l'un de ses policiers.

Mauduit avait sorti un revolver de la poche de sa blouse. Les policiers, ne sachant comment réagir, s'immobilisèrent. La situation était tendue à l'extrême. Le moindre faux geste pouvait tout faire déraper.

– Chef ! Il veut vous tuer !

Mauduit répondit d'une voix calme :

– N'ayez crainte. Je veux juste en finir avec cette vie.

Le canon du revolver n'était plus qu'à deux ou trois millimètres de son crâne. Jean-Marie Goron se jeta sur le faux monnayeur. D'un coup de genou ajusté en plein plexus, il lui coupa le souffle, tandis que de la main il lui crochait le poignet. D'une terrible torsion, il manqua de lui briser l'avant-bras. Son geste avait été si violent que l'arme chuta sur le sol.

– Vous êtes fou ! Savez-vous ce que cela peut vous coûter de tirer sur un agent de la force publique ! s'écria Goron.

Mauduit pâlit :

– Je vous jure que je ne voulais pas vous tuer. Je souhaitais simplement me tuer et clore ainsi ma médiocre existence.

Puis l'ancien sculpteur sur bois se laissa doucement glisser sur le sol. Avait-il vraiment voulu tirer sur Goron ? Ce dernier ne le sut jamais. Pourtant, au bénéfice du doute, il inscrit dans son rapport que Mauduit avait tenté de mettre fin à ses jours et ne l'avait jamais menacé de son arme.

C'était probablement une belle entorse à la vérité. Il est pourtant des circonstances où le mensonge, fût-il manifeste, est toujours préférable. Et Jean-Marie Goron de noter plus tard dans ses mémoires, préférant oublier certaines grossièretés que Mauduit avait proférées à son encontre : « J'ai toujours eu soin d'oublier les menaces ou les injures des inculpés, trouvant qu'il était inhumain d'aggraver le cas de pauvres diables qui, presque toujours, avaient en perspective un nombre respectable d'années de prison ou même de bagne. Mauduit se tira de cette affaire avec cinq ans de réclusion. Si je l'avais accusé d'avoir voulu me tuer, il est probable qu'il eût été condamné aux travaux forcés à perpétuité. »

Le procès de ses trois autres complices eut lieu à Troyes. Il fut sensiblement différent de ceux qui avaient précédemment défrayé la chronique judiciaire. Les juges avaient autrefois laissé le loisir aux inculpés anarchistes de développer leurs théories politiques à la barre. Une telle indulgence n'était maintenant plus de mise. Ils devaient répondre aux questions et s'en tenir là. Seul Placide Catineau, l'un des trois inculpés, parvint à donner lecture des quelques feuillets qu'il avait préparés, de sa petite écriture précautionneuse. Mais ce texte ne causa guère d'émois. Dans le même registre, Duval, Ravachol et Vaillant avaient mieux su tenir leur rang. D'ailleurs, le public, qui, par nature, finit par se lasser de tout, ne vibrait plus guère aux brûlots libertaires. C'est donc dans une indifférence polie que Placide Catineau lut sa harangue.

Massoubre et Briens, les deux autres malfrats, qui eux avaient compris que le vent commençait de tourner, jugèrent plus prudent de s'en tenir à quelques plaisanteries destinées à mettre les jurés de leur côté. D'accord, ils avaient émis de la fausse monnaie. Mais guère plus que l'État. Et Briens, le plus spirituel de la bande de s'exclamer, outré :

– Nous sommes des victimes de la société, sacré nom d'un chien ! D'un côté, il y a ceux qui boulottent comme des ogres ; et de l'autre, de pauvres bougres comme nous qui n'avons rien à nous mettre sous la dent. Mais on n'est pas des méchants. On n'a voulu tuer personne, on n'a pas mis de bombes. On a juste fait un peu de faux talbins, histoire de remettre les injustices à niveau. On n'est pas des criminels...

Massoubre s'en tint à cette ligne de défense pour le moins rudimentaire :

– La fausse monnaie est un droit !

Une si belle argumentation eut le don de laisser juges et jurés de marbre. Catineau, Massoubre et Briens, qui avaient malgré tout eu quelque mal à se faire passer pour des bienfaiteurs de l'humanité, furent condamnés aux travaux forcés à perpétuité.

En attendant de partir pour Cayenne, les trois comparses de Mauduit furent transférés à la prison de Troyes. Mais, tel que nous allons le voir, les « artistes » ne manquaient pas de ressources.

La prison de Troyes était une véritable forteresse. Juchée sur un promontoire, elle dominait, du haut de ses tours crénelées, une vaste plaine boisée. Les chemins de ronde y étaient nombreux et bien malin celui qui aurait pu y pénétrer sans se faire repérer par les innombrables gardiens. Bref, s'il était relativement aisé d'entrer dans la prison de Troyes, en sortir sans y avoir été invité était une autre affaire.

Massoubre était serrurier de profession. Un excellent serrurier, qui plus est. Le premier travail auquel il s'attela, dès son arrivée en prison, fut donc de confectionner de fausses clefs. Comment s'était-il procuré les originaux ? Mystère. Toujours est-il qu'un soir, les trois hommes décidèrent de prendre la poudre d'escampette. Ils avaient examiné de près toutes les possibilités. Escalader les murailles pour s'en aller en descendant le long d'une corde à nœuds ? Presque impossible et trop risqué. Ne demeurait plus qu'à s'évader en passant par la grande porte. D'où la fabrication de ces clefs de fortune. Pour plus de sûreté, ils s'étaient même adjoint les services d'un quatrième comparse, un certain Soudant, condamné à huit ans de réclusion pour vols avec récidive et une bonne dizaine de tentatives d'évasion. A priori, tous les talents étaient rassemblés pour que leur entreprise n'échoue pas.

Comme souvent dans ces cas-là, il en alla autrement.

Sur le coup des dix heures et demie du soir, les quatre hommes sortirent de leurs cellules, grâce aux fausses clefs artistiquement confectionnées par Massoubre. Sur la pointe des pieds, ils traversèrent le premier couloir menant au chemin de ronde. Pour passer la porte qui les séparait d'un avenir meilleur, il fallait franchir un poste de garde.

Ils pénétrèrent ensemble dans la pièce et se jetèrent sur le surveillant. Comme par un fait exprès, ce dernier était nettement plus vigoureux qu'il n'y paraissait au premier abord. S'étant levé, il projeta Soudant contre le mur tout en fracassant les côtes de Briens à coups de pied. Catineau se jeta alors sur lui et parvint à lui enfoncer une boule de chiffon dans la bouche. Pour faire bonne mesure, il le frappa plusieurs fois au visage jusqu'à ce qu'il perde connaissance.

La voie était libre. Mais, alors qu'ils s'apprêtaient à gagner le chemin de ronde, le gardien se leva à nouveau. Ayant craché son bâillon, il se mit à hurler :

– Alerte ! Alerte !

Pris de peur, Catineau, Soudant et Briens s'enfuirent en courant. Non pas en dehors de la prison, mais en direction de leurs cellules. Seul Massoubre, le plus courageux de la bande, tenta de tirer profit de la situation. Escaladant les créneaux, il se lança dans le vide. Quelques mètres plus bas, il parvenait à attraper les fils télégraphiques qui avaient eu la bonne idée de courir le long des remparts. Il tenta un rétablissement, mais ne réussit qu'à se coincer une jambe. Dix minutes plus tard, à force de contorsions désespérées, il se retrouva tout emberlificoté.

Le courageux gardien n'eut plus qu'à venir le cueillir. Histoire de se venger, probablement, il vida le barillet de son revolver en direction du fuyard, tout en prenant bien garde de ne pas le toucher. À chaque coup tiré, Massoubre lançait un tonitruant « Vive l'anarchie ! ».

Cette bravade ne le sauva pas, ni lui ni ses trois compagnons, qui furent envoyés à Cayenne quelques jours plus tard. Ils n'en revinrent jamais. La fièvre jaune était décidément plus forte que le drapeau noir.

Puis les années passèrent et l'on n'entendit plus guère parler des anarchistes. S'étant rendu compte de l'inanité de cette stratégie « terroriste », nombre d'entre eux décidèrent de s'investir dans le syndicalisme, activité autrement plus paisible. Leur influence se fit longtemps sentir dans le monde ouvrier, à tel point que ce furent eux qui, ironie suprême, abandonnèrent la C.G.T., bien plus tard, au début des années vingt, dans les bras des communistes, leurs ennemis héréditaires. Et puis, il y eut la Grande Guerre, la terrible guerre qui acheva de décimer la mouvance libertaire.

Aujourd'hui encore, la mémoire anarchiste perdure. On l'invoque plus souvent au coin du feu, lors des veillées d'anciens, qu'à l'occasion des grands défilés syndicaux qui avaient rendu célèbre le slogan qui claquait si bien au vent des illusions perdues : « Ni Dieu ni maître »... En fait, le mouvement anarchiste, en tant que force politique de poids, disparut du paysage politique français dans une sorte d'indifférence polie. Mais cela est une autre histoire.

CHAPITRE IX

Jeannolle de Valneuse, chef de la bande des Habits noirs

> « Il avait soixante et trois manières à son besoin de toujours trouver de l'argent, dont la plus honorable et la plus commune était par façon de larcin furtivement fait. »
>
> François Rabelais

Hormis l'effervescence anarchiste, Jean-Marie Goron eut aussi à se frotter à un autre type de délinquance qui, alors, était florissante : celle des gandins, des « gommeux », comme on disait alors, de ces gigolos de grand chemin, de ces demi-mondains qui n'avaient pas leur pareil pour suborner les dames du « grand monde ».

Jeannolle de Valneuse était un homme de belle stature. Les cheveux, longs sur le dessus du crâne, coupés court sur les tempes et la nuque, encadraient un front haut et large. Le nez était puissant, la bouche charnue et sensuelle. Malgré un menton imperceptiblement fuyant, il se dégageait de sa personne un charme trouble qui ne devait pas laisser les femmes indifférentes. Mais, ce 20 novembre 1885, ses belles manières n'avaient pas suffi à impressionner le juge de la cour de Rouen qui le condamna à dix-huit mois de prison. La peine était légère pour l'époque, mais ses antécédents judiciaires n'étaient pas encore trop lourds : juste une année de prison dont le conseil de guerre de Besançon l'avait gratifié pour quelques menus chapardages. Cette nouvelle peine de prison ne le calma pas. Aussitôt sorti, Jeannolle de Valneuse retournait à ses vieux démons.

Au mois de mai 1887, il se fit engager dans une banque à Paris. Là, profitant de l'inattention de son patron et de la confiance qu'il inspirait à son entourage, il dérobait des titres au porteur pour se les faire payer à la caisse. Ce qui tombait bien, il était caissier. Prudent, Jeannolle de Valneuse eut néanmoins la sagesse de disparaître le jour où ses malversations allaient être découvertes. La palette de ses talents ne se limitait évidemment pas à de telles broutilles : cambrioleur émérite, il était aussi le roi de la pince-monseigneur. Les principes ne l'embarrassaient pas plus que de raison. Il n'en avait pas moins le goût de l'élégance et du travail bien fait. Ainsi travaillait-il les serrures avec une pince nickelée, un véritable bijou fabriqué sur mesure, qui lui avait coûté une petite fortune, et n'opérait qu'en gants, blancs de préférence, eux aussi taillés sur mesure, il va sans dire. Les gardiens de la paix qui l'arrêtèrent un petit matin de décembre 1887, alors qu'il quittait un hôtel particulier de la rue Montaigne par un vasistas, ne furent guère sensibles à tant de raffinement.

Jeannolle de Valneuse fut aussitôt déféré devant le juge Doppfer, connu pour être aussi raide que la justice :

– Monsieur le juge, commença-t-il avec l'affectation de langage dont il était coutumier, il est évident que je suis la victime d'un abominable malentendu. Vous serez le premier à en convenir, j'en suis sûr. Mais laissez-moi plutôt vous conter mon infortune. Lorsque vos agents m'ont mis les menottes aux poignets, j'avais effectivement à l'épaule une sorte de besace, contenant quelques bijoux de peu de valeur...

Le juge Doppfer s'étrangla :

– Une sorte de besace ? De peu de valeur ? Il y en a pour

plus de trois millions ! Vous vous moquez du monde, Jeannolle !

– Trois millions ? Paul a décidément des moyens que je ne lui aurais jamais soupçonnés...

– Paul ?

– Oui, Paul ! Celui qui m'a laissé la garde de ce sac. Il avait une course urgente à faire. Bien sûr, je devais le lui remettre, mais vos sicaires m'en ont empêché.

– Eh bien, vous au moins, vous ne manquez pas d'audace, soupira le juge en souriant.

– Vous trouvez, vous aussi...

– Ce sera donc un plaisir de vous jeter en prison.

– Ah, s'exclama Jeannolle de Valneuse, que le monde est cruel avec les artistes.

– C'est ça, on leur dira. En attendant, au dépôt ! Nous nous verrons dans mon bureau demain, à la première heure.

Outré qu'on ne lui marque pas plus de considération, le bandit daigna suivre les policiers qui l'emmenèrent directement dans sa cellule. Laquelle était meublée avec un goût discutable, se permit-il de faire remarquer aux deux agents qui l'accompagnaient.

Le lendemain, Jeannolle de Valneuse paraissait tout aussi à l'aise. Son verbe était habile, son esprit étincelant ; ne lui manquait plus que l'habit vert.

Après quelques minutes d'interrogatoire, il demanda la permission de se rendre aux toilettes. Ce qui lui fut accordé par le juge Doppfer. Escorté de près par trois policiers, le cambrioleur fut donc conduit aux commodités.

Dix minutes après, il n'était toujours pas sorti. Cinq autres minutes plus tard, il ne l'était pas non plus. De plus en plus inquiet, l'un des trois policiers tambourina à la porte sans obtenir la moindre réponse.

– Je crains le pire, gémit l'un de ses collègues.

Et, d'un seul coup d'épaule, il enfonça la porte. Comme l'on pouvait s'y attendre, les toilettes étaient vides. Au-dessus de la lunette, un vasistas, ouvert, semblait les narguer.

Deux jours plus tard, le juge Doppfer recevait cette lettre :

Monsieur,

Je viens de passer la nuit bien tranquillement dans un des premiers hôtels de Paris. Je quitte cette ville qui pourrait m'être funeste et je remets cette lettre à un ami qui ne la jettera à la poste que quand je serai en sûreté. Quand vous recevrez ces lignes, je n'aurai plus rien à craindre de vos plus fins limiers. Je ne vous en remercie pas moins par anticipation des égards que vous n'auriez certainement pas manqué de me témoigner.

Cependant, avant de quitter la France, pour longtemps peut-être, permettez-moi de vous renseigner exactement, comme si j'avais l'honneur d'être dans votre cabinet, escorté des infortunés pandores qui m'ont jeté à la fenêtre. Je vous dirais d'abord à ce sujet que, sorti par la fenêtre des toilettes, j'ai suivi la corniche extérieure sur un parcours de cinquante mètres environ. De là, je suis descendu dans l'appartement du chef des gardes, dont la femme se trouvait dans une pièce à côté de celle où je me trouvais moi-même, et avec laquelle j'ai fait une partie de cache-cache. J'ai réussi à ouvrir la porte du palier et à gagner l'escalier le plus tranquillement du monde, après m'être trompé de côté et avoir demandé la sortie à un garde. De là, je me suis jeté dans un fiacre à cinq francs la course, ne vous en déplaise, quoique n'ayant que quarante centimes sur moi, et quinze minutes après mon équipée, j'étais en sûreté.

Je suis bien fâché de vous avoir enlevé le plaisir de vous occuper de mes affaires privées, mais que voulez-vous : chacun pour soi et Dieu pour moi.

J'espère ne plus avoir le plaisir de signer vos grimoires qui sentent le moisi. Avec l'espoir de ne jamais vous revoir dans l'exercice de vos fonctions.

Je vous prie d'agréer mes salutations plus qu'empressées.

Jeannolle de Valneuse de Jolli, comte de Marsan,
dit de Rœderer, vicomte de Joncherie,
chef de la bande des Habits noirs.

Jeannolle de Valneuse disparut alors sans plus donner de nouvelles. Comme tout le monde à l'époque, Jean-Marie Goron avait suivi l'affaire de près. Non sans sourire, d'ailleurs. Les exploits du cambrioleur avaient fait couler plus de larmes de rire que de sang. Quant à la caste des juges, il ne la tenait que dans une estime raisonnable.

Puis, six mois plus tard, en juin 1888, Jeannolle de Valneuse réapparut. Celui qui eut la primeur des retrouvailles n'était autre que le directeur du *Figaro*, lequel reçut un matin un carton à chapeau contenant, outre diverses breloques, la missive suivante : « Prière de remettre ces objets, sans valeur, à leurs propriétaires respectifs : duchesse de M., vicomte de L., etc. »

Une vérification fut aussitôt ordonnée. Les objets avaient bel et bien été dérobés aux personnes mentionnées dans la lettre anonyme découverte à l'intérieur du carton. Les victimes de ces multiples larcins auraient probablement préféré retrouver les valeurs et autres bijoux qui leur avaient été volés, mais n'étaient finalement pas mécontentes de récupérer, qui la pipe du grand-père, qui l'étui à cigares de l'oncle, qui une babiole sans valeur autre que sentimentale. Ce n'était pas tous les jours que les cambrioleurs faisaient preuve d'attentions aussi délicates.

L'affaire rebondit quelques semaines plus tard quand le directeur du *Figaro* reçut un nouveau courrier contenant un testament volé à l'une des comtesses les plus en vue de la capitale et qui venait juste de se faire délester de cinquante mille francs de bijoux. Au document était joint cet étrange message :

Monsieur,

Il y a environ un mois, vous avez eu l'obligeance de faire remettre à leurs propriétaires des objets contenus dans ce fameux carton à chapeau que vous reçûtes des mains d'un digne Auvergnat. Aujourd'hui, j'ai encore recours à vous pour vous prier de remettre, avec mes sincères salutations, à madame la comtesse de P..., le testament ci-joint dont j'ai voulu me déclarer exécuteur. Les légataires dépossédés ne devant pas connaître le montant de la succession, il est inutile de s'appesantir sur les détails.

La bande des Habits noirs existera toujours ; le milieu que fréquentent ses membres est interdit aux gros souliers ferrés des policiers ineptes et grossiers, et tant qu'ils seront recrutés, comme ils le sont, dans une secte aussi mal élevée que sans courage, ils devront se borner à arrêter ceux qui, plus bêtes qu'eux, leur auront paru plus lâches.

Si ces choses vous intéressent, je me ferai un plaisir de vous informer de mes autres aventures.

Il n'y a pas de journalisme qui tienne sans aide policière. De leur côté, les policiers seraient bien démunis si les journalistes ne leur donnaient un coup de main de temps à autre. C'est ainsi que la lettre adressée au directeur du *Figaro* finit par atterrir sur le bureau de Jean-Marie Goron...

– Cette fois-ci, il en fait trop !

– Qui, patron ? demanda l'un de ses adjoints.

– Jeannolle de Valneuse, pardi ! Il s'agit de la même écriture que celle de la lettre envoyée au juge Doppfer il y a six mois. Je viens de le vérifier à l'instant. Il faut toujours qu'ils en rajoutent. La beauté du geste est décidément le pire ennemi des esthètes...

– Qu'avez-vous dit, patron ?

– Rien. Je parlais à mon bonnet, maugréa Jean-Marie Goron.

En fait, il fallut attendre le mois d'août 1889, soit un an de plus, pour que Jeannolle de Valneuse de Jolli, comte de Marsan, dit de Rœderer, vicomte de Joncherie, et accessoirement chef de la bande des Habits noirs, se fasse pincer par la police. Bêtement, comme il se doit, en admettant toutefois qu'on puisse se faire arrêter intelligemment. Durant de longs mois, Jean-Marie Goron ne l'avait pas perdu de vue. De temps à autre, il entendait parler d'un aristocrate irrésistible et charmeur auquel les dames ne résistaient pas. Ils s'aimaient, le temps d'un week-end à Deauville ou à Honfleur. Ensuite, tandis que le lit était encore tiède des étreintes de la nuit passée, bijoux et titres au porteur avaient une fâcheuse tendance à s'évaporer.

Les victimes de ce vicomte d'opérette ne parvinrent jamais à lui tenir vraiment rancœur de ses indélicatesses. Ses manières exquises, peut-être ; sa fougue amoureuse, probablement... D'ailleurs, rares étaient les dames à venir porter plainte. Ce que l'on comprend sans peine, étant donné leurs positions sociales respectives ; et celles de leurs époux, surtout.

Revenons plutôt à notre brigand et à ce jour d'août 1889, à Caen. Alors qu'il forçait un petit secrétaire d'acajou de sa fameuse pince nickelée en essayant de ne point souiller ses gants blancs, madame la comtesse fit irruption dans le salon. Elle cria au secours. Il s'enfuit sans demander son reste.

Les forces de police arrivèrent aussitôt sur les lieux du méfait. S'ensuivit une folle poursuite durant laquelle l'artiste de la cambriole, tel un cabri, sautait de toit en toit au mépris du danger. Jeannolle de Valneuse en avait un peu trop fait avec ses lettres envoyées au *Figaro*, il fit de même en voulant sauter de la gouttière d'un hôtel à celle d'un restaurant. Douze mètres plus bas, il échouait sur le pavé. Quiconque à sa place se serait rompu les vertèbres. Pas lui.

Les policiers le cueillirent, un rien étourdi certes, mais sans la moindre contusion. Il fut immédiatement écroué à la prison de Caen. Le lendemain, il comparaissait devant le juge d'instruction. Il s'écria alors :

– Monsieur le juge, je suis l'innocente victime d'une effroyable erreur judiciaire.

– Bien sûr, répondit le magistrat qui avait du mal à garder son sérieux. Et cette pince nickelée, ce couteau, ce revolver que vous avez abandonnés dans votre fuite ? J'imagine qu'ils ont été déposés sur les toits de Caen par d'ignobles malfaisants, dans le simple désir de vous nuire...

– Vous m'ôtez les mots de la bouche, monsieur le juge. J'ajoute que je n'ai jamais voulu porter le moindre préjudice à cette dame. Je suis simplement entré chez elle pour lui demander si elle n'avait pas une chambre à me louer. Elle a eu peur, elle a crié. Étant d'une nature sensible, j'ai eu peur à mon tour et me suis enfui. Qu'auriez-vous fait à ma place, monsieur le juge ?

– Remettons les choses dans leur contexte, sourit le juge. Je pose des questions, vous donnez des réponses. D'accord ?

– D'accord.

– Votre nom ?

– Comte Rodolphe de Marsan !

– Ça tombe bien, j'ai ici un plein carton de plaintes déposées contre vous. Enfin, à ce seul nom, tout du moins. Voyons voir... Chantage, vols avec effraction, escroqueries en tout genre, etc.

– Merde !

– Eh oui, merde, comme vous dites...

– Excusez-moi, d'habitude, je dis « fichtre ». Mais, là, je dis « merde », tant est cruel le sort qui s'acharne sur l'honnête homme que je suis.

Inutile de préciser que ce détenu pas comme les autres fut

soumis à une précautionneuse surveillance. Ses gardiens avaient remarqué qu'il montrait un talent à nul autre pareil en gymnastique. Sa cavalcade sur les toits de Caen l'avait assez bien démontré. Pour l'interroger, les magistrats devaient donc se rendre dans sa cellule et il avait été décidé que l'acrobate serait privé de sa promenade quotidienne. On n'est jamais trop prudent, surtout avec Jeannolle de Valneuse de Jolli, comte de Marsan, dit de Rœderer, vicomte de Joncherie.

– Alors, m'sieur Jeannolle, on a bien dormi, cette nuit ? Vous avez remarqué que j'avais pensé à vous donner une autre couverture. C'est vrai que les soirées sont fraîches, par ici.

– J'allais vous en remercier. Vous êtes une véritable mère pour moi, monsieur Martin.

Martin était un brave homme que ni le métier de gardien ni l'environnement carcéral n'avaient jamais pu endurcir. Ça, Jeannolle de Valneuse l'avait compris au premier regard. Bien persuadé de pouvoir le circonvenir, il rivalisait avec lui de sourires et d'amabilités.

Une fois sa soupe matinale déposée sur le petit guichet par lequel les gardiens correspondaient avec leur prisonnier, ce dernier demanda :

– Dites donc, monsieur Martin, ça vous dirait de vous faire un maximum d'argent en un minimum de temps ?

– Ben, c'est-à-dire qu'on n'est pas riches, nous autres. Ça dépend, ça serait pour quoi faire ?

– Oh, rien de compromettant... Juste oublier de fermer la porte de cette cellule et regarder ailleurs quand je la quitterai...

– Rien que ça ?

– Rien de plus. Je ne vous demande pas de commettre une faute, juste un petit oubli.

Troublé, le gardien finit par répondre :

– Je ne sais pas bien, il faut me laisser le temps de réfléchir. C'est la première fois qu'on...

– Disons, demain ?

– Oui, monsieur, je crois que je vous répondrai demain, balbutia le gardien Martin en faisant claquer le métal du guichet.

– Gagné ! s'exclama Jeannolle de Valneuse à voix basse. Et en plus, il n'a pas son pareil pour faire la soupe. Ah ! le brave homme.

Le gardien Martin avait beau être brave, il n'en était pas sot ou malhonnête pour autant. Aussi, son premier geste fut-il d'aller immédiatement rendre compte de l'entrevue au directeur de la prison. Lequel en référa dans la foulée au juge d'instruction chargé de l'affaire.

Le lendemain, le gardien Martin, apportant la soupe matinale du détenu, chuchota au travers du guichet :

– C'est d'accord pour ce que vous m'avez proposé tantôt. Que dois-je faire ?

– À la bonne heure ! J'en étais sûr et j'avais déjà préparé cette lettre que je te charge de poster à Anselme Thiébaud, brocanteur à Paris. Il te remettra trois mille francs pour ta peine. Nous verrons ensuite la meilleure façon de me faire sortir d'ici.

– Bien, monsieur Jeannolle.

Le cœur gonflé d'orgueil, Jeannolle de Valneuse vida son bol de soupe en trois gorgées. Ni rien ni personne ne pouvaient lui résister. Une fois de plus, il parviendrait à tous les mystifier. Cette pensée l'emplit d'une joie sauvage.

Une semaine passa. Le gardien Martin l'avait chaudement remercié des trois mille francs que lui avait fait parvenir le brocanteur par retour de courrier. Il était fin prêt et avait échafaudé un plan d'action. Si Jeannolle de Valneuse était d'accord, l'évasion aurait lieu dès ce soir.

– Et comment donc ! Plutôt deux fois qu'une, lança-t-il gaiement.

La nuit venue, c'est avec délectation qu'il entendit le cliquetis de la serrure. Dans un bruit de métal bien huilé, le pêne coulissa de la gâche. Un claquement sec, le grincement des gonds, et la porte s'ouvrit.

– C'est moi, monsieur Jeannolle. Ne faites pas de bruit, vous rendez-vous compte des risques que je prends ?

– Tu as ma parole que Jeannolle de Valneuse te les rétribuera au centuple.

Une fois de plus, il se jouait des forces de l'ordre, une fois encore, il s'évadait à leur nez et à leur barbe. Jeannolle de Valneuse, l'insaisissable... Il imaginait déjà les gros titres des journaux du lendemain.

Ils passèrent le couloir en retenant tous deux leur souffle. Ne restaient plus que deux portes à passer avant de gagner la cour. Là, le gardien Martin le lui avait juré, des surveillants n'assuraient qu'une garde de principe. Une dernière pièce à traverser et il serait libre comme l'air. Il sentait déjà la petite brise nocturne lui chatouiller le visage. Jeannolle de Valneuse était le plus fort...

Le gardien Martin avait dit vrai. Lorsque les deux hommes parvinrent dans la cour, il n'y avait âme qui vive. Ils se dirigèrent prestement vers une poterne, située à l'un des angles de la prison.

– Nous y voilà, monsieur Jeannolle. Vous n'aurez qu'à passer cette porte. Traversez la pièce et vous serez dehors. Je vous laisse, des fois que quelqu'un s'aperçoive de mon absence...

– Tu fais bien, mon bon Martin. Je ne voudrais pas entacher ta réputation ! Dans une semaine, je t'enverrai dix mille francs pour ta peine.

– Vous êtes bien bon, monsieur Jeannolle.

Puis le voleur poussa délicatement la porte, savourant chaque instant, laissant s'égrener les secondes. C'était un véritable bonheur de s'évader dans de telles conditions. Retenant son souffle, il pénétra dans la pièce et en referma la porte en prenant garde de ne pas faire de bruit.

Soudain, lumières et applaudissements fusèrent de toutes parts. Le directeur de la prison était là, flanqué du juge d'instruction et entouré de tous les gardiens de la prison. Jeannolle de Valneuse sentit un instant le sol se dérober sous ses pieds. Il eut un geste pour regagner la cour. Trop tard, la porte lui était déjà interdite par deux surveillants aux carrures de lutteurs de foire. Résigné, il bomba le torse et déclara à l'assistance d'un ton badin :

– Seuls ceux qui ne jouent point ne perdent jamais. Bravo, messieurs. J'ai si peu l'habitude de tomber sur plus fort que moi. D'ailleurs, à qui se fier ! Sacré Martin, tu as de la chance que je sois bonne pâte, autrement, je porterais plainte contre toi. N'as-tu pas honte d'avoir abusé de la sorte de la crédulité d'un honnête homme ? Tu peux être fier de toi, Martin : ce n'est pas tous les jours qu'on roule Jeannolle de Valneuse dans la farine. Si la justice sort gagnante de l'affaire, l'honneur des hommes s'en retrouve bien écorné.

– Dites donc, ce n'est pas fini, votre petit numéro, Jeannolle ? coupa le juge d'un ton excédé.

– Parlons-en de numéros ! tartuffes ! pharisiens ! répondit Jeannolle de Valneuse, indigné. Vous m'avez menti, trahi, vous avez abusé de ma candeur. Quand je pense que, par votre faute, ce pauvre Anselme Thiébaud est probablement sous les verrous, à l'heure qu'il est. Délesté de trois mille francs, en sus... Tout ça pour avoir voulu rendre service à un ami dans le besoin. Voulez-vous que je vous dise, monsieur le juge, vous avez un Code pénal à la place du cœur ! C'est vous qui devriez être à ma place et moi à la vôtre !

– Alors là, c'est la meilleure ! s'écria le juge qui commençait à trouver la situation pour le moins saumâtre. Renvoyez-moi cet olibrius dans sa cellule et doublez la surveillance !

– Ne soyez pas si dur, monsieur, l'interrompit le directeur de la prison. Après tout, c'est vrai que nous n'avons pu résister au plaisir de nous amuser à ses dépens[1].

---

1. Qui prétendait, après telle aventure, que les directeurs de prison n'ont pas le sens de l'humour ?

Le juge réfléchit quelques secondes :

– Après tout, oui. C'est peut-être vous qui avez raison. Veuillez donc à reconduire ce cher Jeannolle de Valneuse dans ses appartements et veillez à ce qu'il ne manque de rien !

– Ça, on peut dire que vous nous avez bien fait rire, sourit Jean-Marie Goron.

Dès la nouvelle de la « vraie-fausse » évasion de Jeannolle de Valneuse, il avait bondi dans le premier train pour Caen avec, en poche, une copie des lettres envoyées par ce cambrioleur pas comme les autres au directeur du *Figaro*.

– Vous êtes bien le seul à rire, monsieur le commissaire, je ne suis qu'un honnête homme en butte aux tracasseries judiciaires et à l'incompréhension de mes concitoyens.

Voilà que ça lui reprenait. Jean-Marie Goron coupa court :

– Écoutez, mon gaillard, j'en sais assez sur votre compte pour vous envoyer quelques années aux travaux forcés. Vous venez avec moi à Paris. Nous aurons ainsi tout loisir de retracer les grandes lignes de votre carrière.

Trois jours plus tard, malgré ses dénégations et l'infernal culot dont il ne cessa de faire preuve, Jeannolle de Valneuse ne put davantage nier l'évidence lorsque lui fut présentée la fiche anthropométrique minutieusement dressée par les services autrefois créés par Alphonse Bertillon [1].

Le prince de l'évasion allait-il s'arrêter là pour autant ? Bien sûr que non. Une semaine plus tard, serré de près par trois

1. Né en 1853 et mort en 1914, Alphonse Bertillon était le frère d'Adolphe Bertillon, maire socialiste du Ve arrondissement parisien. Créateur de l'anthropométrie judiciaire, surnommée « bertillonnage » par les services de police, il permit ainsi d'identifier scientifiquement voleurs et criminels. Les divers procédés qu'il mit au point sont utilisés, aujourd'hui encore, par toutes les polices du monde.

agents, il se rendait au bureau de Jean-Marie Goron, sis place Dauphine, pour son interrogatoire quotidien.

Une chape de plomb fondu était tombée sur la capitale. Pas un souffle d'air, rien qui puisse rafraîchir une population écrasée de chaleur. Au deuxième étage, là où Jean-Marie Goron officiait, on s'était résolu à ouvrir grand les fenêtres. Jeannolle de Valneuse, trempé de sueur, s'épongeait en permanence le visage à l'aide de son mouchoir. Les trois policiers affectés à sa garde ne le quittaient pas d'un œil ; mais qu'aurait-il pu tenter, par une telle canicule, alors qu'il peinait déjà à mettre un pied devant l'autre ?

Soudain, alors que l'attention des trois hommes se relâchait peu à peu, Jeannolle de Valneuse, d'une fantastique détente, sauta à pieds joints, sans même prendre son élan, par la fenêtre. Deux étages plus bas, il roulait sur le pavé de la place Dauphine. Éberlués, les trois policiers le regardaient se rétablir, tel un fauve.

Mais, jouant de malchance, ce roi de l'évasion avait atterri à quelques mètres d'un agent en faction qui, aussitôt, le prit en chasse. Jeannolle de Valneuse courait en zigzaguant afin d'éviter les badauds qui tentaient de lui bloquer le passage. Il entendit un premier coup de sifflet dans son dos. Puis un deuxième, et encore un autre. Trois rues plus loin, c'était le grand chœur de la chaussette à clous. Cette nouvelle évasion ne se présentait décidément pas sous les meilleurs augures. Aux abords de la rue de Buci, il fut enfin rattrapé.

Lorsqu'un quart d'heure plus tard, on le traîna dans le bureau de Jean-Marie Goron, Jeannolle de Valneuse avait le visage en sang.

Le policier blêmit. Se levant de sa chaise, il demanda à ce qu'on fasse sortir le fuyard sous bonne escorte et qu'on le laisse seul avec les deux gardiens de la paix qui étaient déjà moins fiers de leur trophée. Alors, il menaça :

– Les sévices dont vous vous êtes rendus coupables sont inadmissibles. Je ne sais ce qui me retient de vous faire subir le même traitement...

– Mais, enfin, bredouilla l'un des deux policiers, il avait tenté de s'échapper...

Jean-Marie Goron le foudroya du regard :

– Et alors ? C'était son droit le plus naturel de s'échapper. C'était aussi votre devoir de le rattraper, mais pas de le frapper. Vous êtes des policiers, messieurs, pas des voyous ! Porter l'uniforme est un honneur, sachez alors en être dignes. Vous irez présenter vos plus plates excuses à M. Jeannolle de Valneuse et veillerez à ce qu'on lui administre les soins nécessaires. Ce sera tout. À la prochaine incartade, c'est moi qui vous soigne. Compris ?

– Compris, monsieur le commissaire.

– Alors, rompez ! Ce premier avertissement sera le dernier.

Jean-Marie Goron se souvint alors du capitaine Deleuze, dans son uniforme du 39e de ligne...

Jeannolle de Valneuse, indécrottable fugueur et rétif à toute forme d'autorité, ne se contenta pas de ces quelques infructueuses tentatives. C'est ainsi qu'à l'occasion de la reconstitution de l'un de ses méfaits innombrables, le porte-monnaie du juge d'instruction disparut. Il contenait quatre-vingt-cinq francs. Le jour qui suivit, le juge le retrouvait miraculeusement dans l'un des tiroirs de son bureau. Vide, il va sans dire. Qu'était devenu l'argent ? Quelles consciences peu regardantes, quels silences complices avait-il achetés ? Nul ne l'apprit jamais.

Pis, la veille de sa comparution en cour d'assises, en novembre, Jeannolle de Valneuse tenta une nouvelle fois de s'évader. Selon la coutume en vigueur à l'époque, il avait été écroué dans les geôles de la Conciergerie[1]. Deux nuits plus tard, on le surprenait à quitter le bâtiment à l'aide d'un trousseau de clefs de

1. Autrefois palais de la famille capétienne, la Conciergerie est ensuite devenue l'une des principales prisons parisiennes. Elle est aujourd'hui rattachée au palais de justice.

bois, copie parfaite de l'original que les gardiens portaient traditionnellement accroché à leur ceinture. Peut-être était-ce là l'usage que Jeannolle de Valneuse avait fait des quatre-vingt-cinq francs dérobés au juge...

Le lendemain, commençait le procès au terme duquel il fut condamné à vingt ans de travaux forcés.

La cour d'assises faisait salle comble. Le Tout-Paris se pressait aux audiences. Jeannolle de Valneuse avait de l'esprit, la chose était connue. On attendit un feu de bons mots, de traits d'esprit et de cinglantes répliques ; bref, un feu d'artifice. On n'eut en fait qu'un pétard mouillé. Le prévenu paraissait absent, guère préoccupé de son sort. Il se défendit avec mollesse et sans brio. Jean-Marie Goron lui-même s'en retrouva déçu. Jeannolle de Valneuse avait perdu de sa fougue, de son entrain. Il ne chercha pas à railler les juges, pas plus qu'il ne nia les faits avec la mauvaise foi d'airain qui lui était coutumière. Non, il se contenta de ne rien dire, ou alors, d'en dire le moins possible. On le pressa de questions sur cette fameuse « bande des Habits noirs » qu'il avait évoquée à plusieurs reprises dans ses lettres : il persista dans son mutisme et jamais un seul de ses complices – en admettant toutefois qu'il y en ait eu – ne fut découvert.

Lorsque fut prononcé le verdict, on crut un instant que Jeannolle de Valneuse avait recouvré sa verve : « Je tiens à remercier messieurs les jurés de ne pas m'avoir accordé de circonstances atténuantes. On m'aurait envoyé en réclusion, c'était ce que je ne voulais pas. Je désirais aller au bagne. Je vous suis donc, messieurs, infiniment reconnaissant. »

Aussitôt, la rumeur se répandit dans toute la capitale : « Cette fois-ci, c'est d'un bagne que Jeannolle de Valneuse va s'évader ! » Hypothèse bientôt confirmée par ses propres propos. En effet, le cambrioleur, qui avait trois jours pour se pourvoir en cassation, lança au juge d'instruction : « Me pourvoir en cassation contre votre arrêt ? Allons donc, je saurai bien le casser moi-même ! » C'était donc ça : il allait s'évader de Cayenne !

Il n'en fit rien. Le climat, la discipline, la férule des gardiens avaient finalement brisé Jeannolle de Valneuse de Jolli, comte de Marsan, dit de Rœderer, vicomte de Joncherie, et chef de la bande des Habits noirs. Celui qui se prenait à la fois pour Cartouche et Rocambole mourut à Cayenne sans avoir jamais revu la terre de France.

Si revanche il y eut, elle ne fut que posthume. En effet, l'on murmure que l'écrivain Maurice Leblanc se serait inspiré, entre autres monte-en-l'air de l'époque, dont Marius Jacob, de l'inénarrable Jeannolle de Valneuse pour l'un de ses plus fameux héros de papier, un certain... Arsène Lupin ! La célèbre bande des Habits noirs, quant à elle, entra dans un long sommeil dont elle ne sortit point. Il est d'ailleurs hautement vraisemblable qu'elle n'ait existé que dans l'inépuisable imagination de cet escroc hors du commun.

CHAPITRE X

Pranzini, homme à femmes, homme à mystères

« Sentir, aimer, souffrir, se désavouer sera toujours le texte de la vie des femmes. »
HONORÉ DE BALZAC

De tout temps, la France a été friande de crimes passionnels. Rien de plus délicieux, de plus voluptueux, qu'un adorable meurtre mêlant alcôve et bas-fonds, étreintes illégitimes et crapulerie de bas étage. Si, de plus, l'assassin présumé est homme à femmes, que l'homicide se conjugue avec la gaudriole, le bonheur est alors total et les journalistes ont de quoi manger à leur faim. Il y a les pour, il y a les contre ; il y a toujours du papier ou du temps d'écoute à vendre. L'affaire est d'autant plus rentable qu'elle peut durer longtemps : les historiens se cherchent encore querelle sur la culpabilité ou l'innocence de Gilles de Rais, le premier de nos « tueurs en série »... On le voit, la musique n'est pas neuve et seul change l'orchestre.

À la fin du siècle dernier, une autre histoire de mœurs, sombre et tortueuse à souhait, fit vibrer la France à l'unisson : l'affaire Pranzini. Tous les ingrédients évoqués ci-avant étaient rassemblés pour qu'opère l'alchimie subtile qui fait le bonheur des gazettes. Un triple meurtre, une femme galante à la cuisse légère et au cœur tendre, deux assassins potentiels, l'un séducteur mondain et suborneur de beautés égarées ayant autant de jugeote que de vertu ; l'autre, militant socialiste présumé, aussi énigmatique qu'insaisissable. Ne manquait plus qu'une enquête aux multiples rebondissements, une enquête prompte à déchaîner les passions et les instincts du public.

Il y eut les partisans de telle ou telle hypothèse. Chacun eut, à un moment ou à un autre, son avis sur la question, s'improvisa juriste ou détective au coin du zinc ou le soir à la veillée, entre deux parties de dominos. Un fait, au moins, réunissait les suffrages d'une population avide de sensations fortes : bien malin était celui qui aurait pu voir clair dans cet inextricable imbroglio.

Tout avait commencé le 17 mars 1887, à sept heures du matin, au domicile de Mme Régine de Montille, au 17 de la rue Montaigne, l'une des artères les plus huppées de la capitale. La mère Antoine, cuisinière de Mme de Montille – dame à l'élégance légendaire et aux revenus assez confortables pour occuper un bel appartement au second étage de l'immeuble – fit irruption dans la loge de la concierge, Mme Lacarrière.

La mère Antoine était visiblement inquiète. Elle murmura à la concierge :

– C'est tout de même étrange, voilà trois fois que je frappe à la porte de Madame et personne ne répond !

– Annette se sera rendormie, voilà tout, répondit la concierge en hochant la tête.

Annette Grémeret n'était autre que la femme de chambre de Mme de Montille.

– Qu'Annette dorme encore, je comprends, insista la mère Antoine. Mais à cette heure, la petite Marie, la fille d'Annette, aurait dû me répondre.

La mère Antoine ne parvenant pas à retrouver son calme, la concierge consentit à la suivre dans le grand escalier qui menait au domicile de Mme de Montille. Elles tambourinèrent de concert sur la porte, mais sans plus de succès. Seuls les deux chiens de la maisonnée persistaient à hurler à la mort.

Cette fois-ci, elles en étaient toutes deux sûres : il s'était passé quelque chose de grave. Tandis que la mère Antoine descendait garder la loge, la concierge se précipita au commissariat de la rue Berryer. L'on dépêcha sur les lieux un médecin, un serrurier, un inspecteur et son secrétaire. Le spectacle que découvrirent les quatre hommes dépassait l'entendement.

Annette Grémeret gisait dans le vestibule. Dépoitraillée, la domestique baignait dans une mare de sang, la gorge tranchée de part en part. Seuls quelques lambeaux de chair retenaient encore la tête au buste. De la blessure béante, le sang s'était échappé à gros bouillons, transformant le tapis du vestibule en un cloaque poisseux. Annette Grémeret avait, de plus, été blessée à l'épaule et au dos. Dans ses yeux morts et écarquillés, persistait un sentiment d'intense terreur, comme imprimé à jamais sur sa rétine. Nul doute qu'au long de son supplice, la femme de chambre de Régine de Montille avait eu tout le temps de se voir mourir.

Précédant concierge et cuisinière, les quatre hommes poursuivirent leurs investigations. Dans la première chambre donnant sur le couloir, ils tombèrent sur le cadavre de la petite Marie Grémeret. Le cœur leur monta au bord des lèvres. La fillette n'avait pas dix ans. Recroquevillé sur son lit, son corps était en partie dissimulé par les couvertures. À quelques pas de là, ils trouvèrent la tête de la petite fille, poissée de sang, posée en équilibre instable sur l'oreiller. Son bras droit était entaillé de profondes plaies. Le gauche, dont elle s'était manifestement servie pour se protéger des assauts de son agresseur, était lui aussi atrocement mutilé.

Devant cette vision d'épouvante, la concierge perdit connaissance, tandis que la mère Antoine, elle aussi, sentait le sol se dérober sous ses pieds. Elle se reprit bien vite. Il fallait absolument savoir ce qu'il était advenu de Mme de Montille.

La mère Antoine retint un haut-le-cœur lorsqu'elle découvrit enfin le corps de la maîtresse de maison. Elle avait été égorgée d'une oreille à l'autre. L'assassin s'était acharné sur sa victime, l'avait frappée à de multiples reprises, au ventre, à la poitrine. Plus impressionnant encore : le bras droit de la malheureuse avait été, à force de coups, en partie détaché de l'épaule.

Régine de Montille était belle femme, bien que légèrement grasse. Sa poitrine était lourde, son ventre doux et rond. Ses yeux, quoique morts, étincelaient encore de frayeur. Elle aussi s'était vue mourir, comme Annette Grémeret et sa fille, Marie.

Il n'y avait pas de traces visibles d'effraction. Le meurtrier était donc connu d'au moins une des trois habitantes de l'appartement. Le fait était d'autant plus vraisemblable que, cette nuit, la concierge n'avait pas entendu les deux chiens, pourtant si prompts d'habitude à aboyer dès qu'un inconnu était reçu chez Mme de Montille.

Trois femmes, atrocement mutilées. De nombreux bijoux volés, qui semblaient, à première vue, avoir été le mobile du crime. Un assassin, manifestement connu de la maisonnée, mais venu de nulle part et reparti une fois son forfait accompli. Un policier : Jean-Marie Goron. L'enquête pouvait commencer.

Ce même 17 mars 1887, Jean-Marie Goron se rendait sur les lieux du triple crime. Il constata les faits, s'assura que ses hommes avaient procédé à toutes les vérifications nécessaires. Rien n'ayant été négligé, il s'en retourna chez lui. S'étant installé dans son fauteuil, il se rendit compte que son pantalon, ses guêtres et ses bottines étaient maculés de sang.

Le lendemain, la presse annonçait que « trois femmes avaient été assaillies ». Le mot était faible, étant donné l'étendue du carnage. Il ne fallut pas chercher bien loin la raison de cette litote. Les policiers, à cette époque, n'étaient tout simplement pas équipés de téléphones ! L'agent chargé de transmettre la triste nouvelle à la presse avait dû le faire d'une autre administration dont la maîtrise de l'appareil n'était que relative.

Fort de cette mésaventure, Jean-Marie Goron ne cessa d'exiger que les forces de police bénéficient de ces techniques modernes. La traditionnelle lenteur des pouvoirs publics aidant, il devait prendre sa retraite, en 1896, avant que la première ligne ne soit posée. Notons qu'à l'époque, les bandits possédaient déjà les moyens de communication adaptés aux temps nouveaux ; tout comme aujourd'hui, les truands roulaient dans des berlines du dernier modèle tandis que les gardiens de la paix devaient se contenter de modèles nettement plus modestes, aux motorisations à peine améliorées.

Mais revenons à notre affaire. Il n'était pas nécessaire d'avoir fait les écoles pour comprendre que les trois victimes avaient été frappées de la même main. À en croire les premières expertises, ce triple assassinat avait été perpétré d'un « coup de cornet » ; soit, selon l'argot du monde de la boucherie, une blessure profondément infligée de l'avant et ensuite élargie des deux côtés. C'était ainsi qu'il était coutume d'égorger les bœufs et les moutons. L'arme employée était donc, à n'en point douter, un couteau de boucher.

Ce premier indice était maigre mais Jean-Marie Goron s'en contenta. Le second s'imposait de lui-même : le vol était bel et bien le mobile du crime. Sur le tapis du salon, les premiers policiers dépêchés sur place avaient retrouvé un portefeuille déchiré – et vide – encore gluant de sang. Le coffre-fort du salon avait également été forcé, mais sans qu'on parvienne à l'ouvrir. Ne restaient de l'opération que quelques empreintes de doigts sanguinolentes sur le métal peint de vert sombre.

Plus étonnantes étaient les traces de pieds, nus, retrouvées dans toute la maisonnée. Elles étaient en tel nombre que l'assassin avait dû arpenter l'appartement plusieurs heures durant. Pourquoi avait-il ressenti le besoin de se déchausser pour parachever son crime ? Vraisemblablement pour ne pas salir ses chaussures. En poussant leurs investigations jusque dans la salle de bains, les policiers se rendirent compte que le meurtrier s'y était longuement lavé, ainsi qu'en témoignaient plusieurs serviettes écarlates et un seau d'eau rouge de sang.

Mais il y avait plus intéressant encore. Lors de sa première visite, Jean-Marie Goron avait découvert une manchette de chemise, coincée sous le bras de Mme de Montille. L'autre n'était pas loin : sous le corps d'Annette Grémeret. Au sol, sur les tapis couvrant la chambre de la maîtresse de maison, il remarqua de multiples traînées de cire fondue qui allaient d'un meuble à l'autre. Un homme avait donc inspecté la pièce de fond en comble à l'aide d'une bougie. Suivant la piste pas à pas, le commissaire parvint à un épais double rideau. Il en souleva l'un des pans et tomba en arrêt devant une ceinture de cuir jaune. À l'intérieur était inscrit, à l'encre de Chine et en calligraphie anglaise : Gaston Geissler. Le même nom était également inscrit à la main sur les deux manchettes de chemise.

Les policiers n'étaient pas encore arrivés au bout de leurs surprises. La lettre suivante, tachée de sang, que Jean-Marie Goron citera dans ses mémoires, fut dénichée dans un petit secrétaire :

Ma chère Gine,

J'arrive à la minute de Nancy ; si tu vas au théâtre, je viendrai te saluer demain. Dans tous les cas, si Paul n'est pas disposé à t'emmener, je serai chez toi à onze heures du matin. Le portrait est presque fini, grâce au temps qui m'a permis d'achever les retouches de ta robe.

J'ai payé les cinq cents francs que tu m'as prêtés. Il m'agaçait, cet animal de marchand, et merci encore de ton empressement.

Gustave m'a dit que Marie est à son dernier moment ; j'ai été la voir. Pauvre enfant, dans quel état pitoyable ! Tu tâcheras de ne rien dire à qui que ce soit de l'affaire que j'ai eue à Nancy ; du reste, tu ne connais pas la vérité. Dans tout cela, je suis absolument innocent. Je t'embrasse là où mes lèvres brûlantes font ton unique bonheur.

Gaston.

La première réflexion de Jean-Marie Goron avait été immédiate :

– Cela fait tout de même un peu trop d'indices pour un seul homme. On voudrait nous orienter sur une autre piste que je n'en serais pas étonné plus que ça.

Puis, s'étant aussitôt repris, il ajouta :

– Remarquez... On surestime souvent les assassins. Celui-ci est peut-être tout simplement sot !

Un fait, en revanche, ne laissait pas place au doute : l'assassin était l'amant de Mme de Montille. Deux corps, dont le sien, vraisemblablement, avaient laissé de profondes empreintes dans le lit. Elles étaient assez rapprochées pour que la nature de leurs rapports soit sans équivoque. De plus, Mme de Montille était connue pour faire commerce de ses charmes.

Le point de départ était maigre. D'autant que, malgré d'innombrables interrogatoires, ni la concierge ni son mari, pas plus que les voisins, ne purent donner une exacte description de l'homme qui était monté chez Mme de Montille, le 16 mars, à onze heures du soir. Pourquoi onze heures ? Parce que la cuisinière de Régine de Montille avait été vue en vie une heure auparavant et que tous les habitants de l'immeuble étaient formels, sur ce point tout du moins : ils n'avaient entendu qu'une seule personne monter l'escalier entre dix et onze heures du soir. Qui était le mystérieux visiteur ? C'est là que divergeaient les avis. Certains le voyaient grand et mince comme un ceps, d'autres petit et de forte corpulence. Tous s'accordèrent pourtant à lui trouver « mauvais genre ». Un « mauvais genre » d'ailleurs commun à la plupart des visiteurs que Régine de Montille recevait depuis quelque temps.

Pour ne rien arranger – l'âge, peut-être – la galante donnait désormais dans l'émoi adolescent, faiblesse hautement incompatible avec sa profession. Ainsi se languissait-elle de n'être plus aimée d'un homme auquel elle avait tant de fois avoué sa flamme. Une lettre manuscrite, découverte le même jour par l'équipe de Jean-Marie Goron, était assez explicite quant aux tourments sentimentaux qui animaient la défunte : « Que vais-je devenir le jour de son mariage ? Quelle nuit vais-je passer de le sentir dans les bras d'une autre ? Si je suis seule, que ferai-je ? Je me suis toujours moquée de l'amour des autres ; suis-je assez punie ? Je ne me croyais pas capable d'aimer à mon tour. »

Régine de Montille avait peut-être quelque difficulté à se faire aimer, mais les affaires continuaient malgré tout de tourner rond. Un de ses amants les plus fidèles, un rentier qui n'était plus de prime jeunesse, lui versait mille francs par mois tandis qu'un autre cotisait à hauteur de quatre cents francs. À cela, il fallait encore ajouter les clients occasionnels, assez nombreux pour que leurs cartes de visite emplissent un plein saladier, posé en évidence sur la table basse du salon.

L'assassin, en revanche, ne participait pas de ces amours tarifées, Jean-Marie Goron en avait acquis l'intime certitude. L'homme, surtout s'il est âgé, ne rend pas visite à sa favorite sans quelque ostentation. Il aime, il paie pour ça : il ne déteste pas que cela se sache. Or l'assassin nocturne avait pénétré en catimini au domicile de la belle. Il ne pouvait s'agir que d'un de ces « amis de cœur », qui consomment sans rien offrir d'autre que leurs vingt ans.

Mais, avant toute chose, il fallait en savoir plus sur la personnalité de Mme de Montille. Ce à quoi Jean-Marie Goron et son équipe s'attelèrent dès le lendemain.

Régine de Montille ne s'appelait évidemment pas ainsi, mais

Marie Regnault. Un changement d'identité qui lui avait malgré tout permis de conserver son chiffre – fût-il inversé – intact sur son linge. Née en 1847, Marie Regnault était fille d'un huissier de Chalon-sur-Saône qui avait fini dans la misère. Ce qui, dans la profession, relève du tour de force. À dix-sept ans, elle devenait la maîtresse attitrée d'un des plus importants commerçants de Chalon-sur-Saône, tandis que sa jeune sœur, Louise, elle aussi d'une nature généreuse, devenait celle du fils du procureur local. Attirée par les feux de la ville et ayant épuisé tous les riches amants potentiels de la région, Marie Regnault était ensuite partie chercher fortune à Paris. Elle était belle, elle le savait et comptait bien vivre du capital que la nature lui avait accordé. C'est ainsi qu'elle en vint à exercer ce qu'il est convenu de nommer « le plus vieux métier du monde ».

Dès lors, ne demeuraient plus, pour les enquêteurs, que deux pistes à suivre : retrouver Gaston Geissler, auteur de la lettre écrite d'une plume brûlante, et contacter – discrètement, si possible – tous les hommes dont on avait découvert les cartes de visite dans le salon de Régine de Montille.

Soixante personnes furent ainsi interrogées la première journée. Toutes avaient d'infaillibles alibis. Seule l'une d'elles n'était pas à son domicile, boulevard Malesherbes, un bel appartement que lui sous-louait une marchande de tableaux. Celle-ci, pas démontée le moins du monde par la visite des policiers et visiblement sûre de son fait, dressa un portrait élogieux de son locataire : un certain Henri Pranzini.

Le jour suivant, un agent faisait irruption dans le bureau de Jean-Marie Goron :

– Monsieur, je crois que nous avons enfin quelque chose de sérieux ! Un dénommé Henri Geissler a disparu de la chambre qu'il louait à l'hôtel Cailleux, du côté de la gare du Nord.

– Henri Geissler ! Pas Gaston ? demanda le commissaire d'un ton déçu.

– Non, mais il aura pu changer de prénom en remplissant sa fiche.

Il est vrai qu'alors quiconque désirant prendre une chambre d'hôtel devait emplir une fiche à la réception, ce qui rendait certains « cinq à sept » hasardeux, voire franchement héroïques. La police avait accès le plus légalement du monde à ce document. La fin de cette pratique a probablement fait l'affaire des citoyens et de leurs libertés publiques ; mais pas celle des policiers qui pouvaient ainsi localiser à tout moment marginaux et malfaiteurs[1].

Le policier avait vu juste : la valise qu'ils saisirent dans la chambre abandonnée contenait quelques chemises marquées des initiales G.G. Comme... Gaston Geissler ! À l'intérieur, ils découvrirent trois chemises, un peu de menue monnaie, un étui ayant contenu des cigares, quatre paquets de tabac vides qui avaient vraisemblablement été achetés à Cologne, en Allemagne, un morceau de papier froissé et un vieux médaillon renfermant le portrait d'une femme. Le patron de l'hôtel Cailleux, quant à lui, assura que Geissler avait bien pris sa chambre le 5 mars pour la quitter précipitamment le 16 au soir après s'être disputé avec lui : Gaston Geissler, en effet, ne semblait pas être en mesure de s'acquitter de la note. Il était sans nouvelles de lui depuis.

Or c'était dans la nuit du 16 au 17 mars qu'avait eu lieu le triple meurtre de la rue Montaigne...

1. Mieux, chaque fois qu'était commis un mauvais coup, la première chose que vérifiaient les services de police était les hôtels avoisinants. S'ils y découvraient un nom connu, cet indice leur permettait de démarrer leur enquête. Il est vrai que la présence d'un roi du chalumeau aux environs du lieu d'un cambriolage était rarement le fait du hasard... Fréquemment, certains policiers demandent le rétablissement de cette pratique, supprimée par Michel Poniatowski, ministre de l'Intérieur lors des premières années du septennat de Valéry Giscard d'Estaing.

– Cette fois, monsieur, je crois que nous tenons notre homme ! Il n'y a plus de doute possible !

Jean-Marie Goron ne répondit pas tout de suite. Il aurait aimé être aussi enthousiaste que son équipe. Taylor, son chef, montrait lui aussi quelque scepticisme. Tout cela était trop clair, trop évident. Trop facile.

– Oui, vous avez probablement raison. Mais quelque chose me chiffonne...

– Quoi donc, monsieur ?

– Je ne sais pas.

Puis :

– Ça ! C'est ça qui me chiffonne !

« Ça », c'était le morceau de papier journal gras et chiffonné, qui avait manifestement servi à emballer de la charcuterie et qu'ils avaient découvert, roulé en boule, dans la valise. C'est précisément ce qui clochait : il s'agissait d'un programme électoral allemand, rédigé à Breslau [1], qui affichait une virulente tonalité socialiste.

À en croire les premières déductions des enquêteurs, l'assassin de la rue Montaigne était, à n'en point douter, une espèce de gigolo. Or les gigolos ne font pas de politique, préférant à l'évidence le pain de fesse à celui des ouvriers.

En quoi la lutte de l'extrême gauche allemande pouvait-elle intéresser un homme vivant aux crochets d'une prostituée vieillissante ? En rien, selon toute vraisemblance. Gaston Geissler n'était donc pas forcément coupable, malgré les apparences qui s'acharnaient contre lui.

De plus, Jean-Marie Goron l'avait vérifié avant de se rendre à l'hôtel Cailleux, ce Pranzini, quoique convoqué en bonne et due forme, n'avait toujours pas donné de ses nouvelles. Il ne s'agissait certes que de simples impressions, mais le policier avait à la longue appris à mieux écouter la voix de son intuition.

1. Breslau, nom allemand de Wroclaw, est l'ancienne capitale de la Silésie. Au XIXe siècle, elle était l'un des plus importants centres industriels allemands.

Les journalistes, qui s'en étonnera, s'embarrassèrent de moins de scrupules et de précautions. Devant l'horreur du forfait accompli, il avait été évidemment convenu par les autorités que rien ne devait filtrer de l'affaire. Peine perdue : comme aujourd'hui, le secret de l'instruction n'avait de secret que le nom.

Et *L'Intransigeant*[1] d'annoncer dès le lendemain du drame, le 18 mars 1887 :

> À son dernier voyage de Nancy à Paris, Gaston Geissler, l'assassin présumé, était descendu à l'hôtel Cailleux, situé à l'angle de la rue de Saint-Quentin et de la rue de Dunkerque. Il s'y est installé le 5 mars. On lui a présenté une chambre dont le loyer était de cinq francs par jour. La trouvant trop chère, il a demandé à être logé au sixième. Il ne sortait qu'à deux heures de l'après-midi de sa nouvelle demeure et rentrait fort tard dans la nuit, ne prenant pas ses repas à l'hôtel.
>
> Le 16 mars au matin, on lui présenta la note se montant à trente francs. Il secoua la tête et répondit en allemand : *Nicht* (non). Le soir, quelques heures avant le crime, il disparaissait de la maison, ne laissant pour gage qu'une petite valise jaune qui a été saisie. Cette valise ne contenait que des objets insignifiants.
>
> Geissler était, à ce moment, à bout de ressources. Il n'avait sur lui que quelques francs. Il avait consommé une tasse de café dans l'établissement attenant à l'hôtel et avait ensuite déclaré n'avoir plus un sou en poche. Geissler parlait très mal le français ; aux phrases qu'il prononce dans cette langue, il mêle des mots allemands.

1. Fondé en 1880, *L'Intransigeant* – tel que son nom ne l'indique pas – était un quotidien de tendance modérée. Après la Libération, il fut absorbé par l'un de ses concurrents, *Paris-Presse*.

Malgré des conclusions pour le moins hâtives, voilà ce que l'on appelle un article bien renseigné. Le parquet, qui ne pouvait que violemment réagir à ces indiscrétions, en rendit, officieusement s'entend, Jean-Marie Goron responsable.

La Gazette des Tribunaux, son organe officiel, s'en inquiéta en ces termes : « Le magistrat instructeur, muni dès la première heure, par suite de ses perquisitions, de renseignements de la plus haute importance, pensait que le plus sûr moyen d'arriver promptement à une arrestation était de recommander le secret le plus absolu sur certaines particularités dont la divulgation devait favoriser la fuite du meurtrier. D'imprudentes indiscrétions commises par la presse imposent à l'instruction une marche différente de celle qu'elle comptait suivre. »

Bref, le parquet était furieux. Ce qui ne l'empêchait pas de se retrouver à l'unisson de la presse et de l'opinion publique pour lesquelles l'affaire était entendue d'avance : Gaston Geissler ne pouvait qu'être le coupable de la tuerie de la rue Montaigne.

La Gazette des Tribunaux donna même une description, précise mais guère flatteuse, de l'assassin présumé : « Henri Gaston Geissler, trente-cinq ans environ, taille 1 m 70, mince, moustaches noires, teint bistré, physionomie sournoise et mauvaise, ayant l'air d'un déclassé, assez bien habillé. On le croit originaire d'Autriche. Il parle plusieurs langues ; il paraît avoir été peintre ou photographe ; il aurait fréquenté les femmes galantes et servi d'entremetteur. » Comme il en était de coutume dans ce journal, le portrait du suspect était suivi d'une liste détaillée des bijoux dérobés par l'assassin, rue Montaigne.

Taylor et Goron furent rapidement pris à partie par l'ensemble des journaux parisiens. Comment un coupable connu et clairement identifié par quelques journalistes n'était pas encore sous les verrous ? Que faisait la police ? La polémique monta encore d'un cran lorsque le député Eugène Delattre exigea par écrit du gouvernement qu'une somme de vingt mille francs soit prélevée sur l'héritage de Marie Regnault, dite Régine de Montille, et proposée en récompense à quiconque permettrait l'arrestation de Gaston Geissler.

Cette proposition fut aussitôt débattue par journaux interposés. Les médias s'étaient littéralement emparés de l'affaire, l'opinion publique exigeait des résultats. La France paraissait avoir été prise de folie. Tout le monde racontait à peu près n'importe quoi, chacun s'improvisait, tour à tour, juge, détective et procureur.

De son côté, Jean-Marie Goron n'était pas resté inactif. Du passé reconstitué de Marie Regnault, il ressortait que ses protecteurs, qu'ils soient issus de la haute bourgeoisie, de l'aristocratie en perte de vitesse ou du monde politique, étaient nombreux et influents. Qu'elle notait scrupuleusement chaque jour recettes et dépenses de la maisonnée. Qu'elle avait la même modiste et la même blanchisseuse depuis plus d'une dizaine d'années. Qu'elle n'était guère généreuse, sauf avec la petite Marie Grémeret, la fille de sa femme de chambre.

En effet, Marie Regnault, quoique « cocotte » de profession, menait l'existence confinée et sans surprises d'une rentière de province. Une rentière qui devait cependant s'être quelque peu lassée des amours orthodoxes, tel qu'en témoignait l'assez belle collection de godemichets découverte dans l'un de ses secrétaires. Laquelle, aussitôt mise sous scellés, ne fut plus jamais évoquée ensuite.

Un détail attira cependant l'attention de Jean-Marie Goron : la défunte avait eu jadis, en 1868, une liaison qui l'avait amenée jusqu'en Allemagne deux ans durant, de Leipzig à Coblence. Était-ce là qu'elle avait fait la connaissance de Gaston Geissler ? En effet, si Goron ne croyait pas vraiment à la culpabilité de ce dernier, il paraissait néanmoins évident qu'il connaissait Marie Regnault.

Le 21 mars, Jean-Marie Goron s'acharnait toujours sur la valise abandonnée par Gaston Geissler à son hôtel. Elle était d'un modèle courant. Le tract, allemand, et les pièces de monnaie, allemandes et autrichiennes, ne prouvaient que ceci : Gaston Geissler était effectivement allemand ou autrichien. Ce qui n'était pas un crime en soi.

Le policier en venait à désespérer de son enquête. Rien n'avançait. Mais, le jour même, coup de tonnerre, un de ses hommes lui annonça :

– Monsieur, vous vous souvenez de Pranzini ? Celui dont nous avons trouvé la carte de visite rue Montaigne et qui ne s'est pas rendu à notre convocation ?

– Oui, bien sûr !

– Il vient d'être arrêté à Marseille alors qu'il tentait d'écouler des bijoux volés. Comme ils correspondaient à ceux dérobés chez Marie Regnault, nos collègues de Marseille ont tout de suite pensé à nous prévenir.

– Messieurs, s'exclama Jean-Marie Goron, si les policiers ont un dieu, nul doute qu'il s'agisse de celui de la chance !

Ce nouveau rebondissement en dissimulait en fait un autre : le lendemain, les policiers marseillais découvraient Henri Pranzini dans sa cellule, évanoui. Il avait tenté de mettre fin à ses jours en s'étranglant à l'aide de la doublure de sa veste.

La joie de Goron était pourtant mitigée. Certes, l'enquête venait de se débloquer d'un coup. Mais, une fois de plus, les journalistes avaient pris la police de court et c'est par la presse qu'il apprit les détails de l'arrestation de Pranzini. Il sauta dans le premier train pour Marseille en compagnie de Jaume, un de ses adjoints. Avant de quitter la gare, ils avaient évidemment acheté tous les journaux du jour afin de ne pas être moins au courant des avancées de l'affaire que l'homme de la rue.

Henri Pranzini s'était fait arrêter de façon singulièrement rocambolesque. Arrivé deux jours auparavant, le 18 mars, à Marseille, il s'était inscrit à l'hôtel de Noailles sous le nom de Pranzini, docteur suédois soi-disant en partance pour Singapour. Il s'était ensuite rendu aux Folies marseillaises où se tenait un bal privé. N'ayant pas de carton d'invitation, le suspect avait été vertement éconduit. Après, il était allé chercher la bonne fortune et le réconfort d'un soir au café de Monte-Carlo d'où il était reparti au bras d'une femme que personne n'avait pu pour l'instant identifier. Le lendemain, Pranzini avait assisté... à la messe, avant de se faire conduire par un cocher nommé Berne dans le meilleur bordel de la ville, chez Aline, rue Ventomagy. Ainsi donc, la personnalité du suspect était, comment dire, toute en contrastes et nuances.

C'est à l'occasion de cet intermède amoureux qu'Henri Pranzini commit une erreur aussi funeste que stupide en voulant rétribuer les prestations de deux demoiselles avec des bijoux. La mère maquerelle, intriguée par ce manège, et qui était en délicatesse avec la police locale, avait aussitôt alerté le commissaire Court, responsable de l'arrondissement. Lequel s'était bien vite rendu compte que les bijoux correspondaient, au détail près, à ceux de Marie Regnault dont *La Gazette des Tribunaux* avait publié le précis inventaire.

Dès lors, non content de s'être fait arrêter de sotte manière, Henri Pranzini adopta un système de défense tout aussi absurde : il n'avait jamais donné de bijoux à qui que ce soit et il ne comprenait pas ce qu'on lui voulait. Tout ce qu'il consentit à révéler était qu'il habitait à Paris, rue des Martyrs, chez sa maîtresse, une certaine Suzanne Sabatier.

Quant à Gaston Geissler, l'énigme demeurait totale. L'homme avait disparu. Y avait-il eu deux assassins ? L'un était-il le receleur de l'autre ? L'autre était-il le complice de l'un ? Gaston Geissler avait-il seulement existé un jour ? Jean-Marie Goron en venait à se le demander, et à regretter les plaines du Gran Chaco, là où, autrefois, tout était si simple.

Henri Pranzini avait cherché à se faire passer pour un docteur suédois. Un Marocain du Rif aurait eu l'air plus nordique que lui. Son visage à la peau mate était tout en rondeurs ; le cheveu, les rouflaquettes, les moustaches brillaient d'un noir de jais. Deux épais sourcils surlignaient une paire d'yeux globuleux. La bouche était molle et charnue. Il émanait pourtant de cet être courtaud et empâté une impression de vive intelligence, quoique mêlée de veulerie. D'aucuns auraient prétendu qu'il avait une parfaite tête de coupable. Il aurait été difficile de leur faire entendre le contraire.

Pourtant, Pranzini, puisque tel était le nom qu'il avait donné aux forces de l'ordre, ne manquait pas de charme. À l'évidence, il s'agissait même d'un homme à femmes, d'un suborneur-né, d'un de ces faunes qui culbutent les convenances avec la même aisance qu'ils retroussent jupons et crinolines.

Non sans quelques atermoiements de pure forme, le préfet de police de Marseille s'était laissé convaincre par son homologue parisien de la nécessité de la présence de Jean-Marie Goron et Jaume, son adjoint, à la première confrontation d'Henri Pranzini avec le cocher Berne et les deux filles de joie de chez Aline. La rencontre eut lieu dans le cabinet du juge d'instruction Reverdin. Elle mérite d'être contée par le menu tant elle fut révélatrice de l'ahurissant système de défense pratiqué par le prévenu.

Comme lors de son premier interrogatoire, Henri Pranzini s'acharnait à nier les évidences : il n'était jamais monté dans la calèche de Berne. D'ailleurs, c'était la première fois de sa vie qu'il le voyait.

Le cocher, un colosse au chapeau porté de biais, tel que le voulait alors la mode de la Canebière, manqua de s'en étouffer d'indignation. Il jura sur son honneur et sur les cendres de sa défunte sœur qu'il avait conduit cet homme au bordel connu sous le nom de chez Aline. Quel intérêt aurait-il eu à mentir ? Et puis, assura-t-il, un homme de sa profession n'oubliait jamais un visage.

Le cocher était si touchant de naïveté et d'honnêteté confondues que Goron, Jaume et Reverdin partirent d'un irrésistible fou rire auquel Pranzini s'associa bientôt. Éberlué, le pauvre bougre ne comprenait pas la raison d'une telle hilarité. Jean-Marie Goron, en revanche, ne comprenait que trop bien : le cocher avait dit la vérité. Cela n'avait pas dû échapper à Henri Pranzini qui, à son tour, se claquemura en un dédain ostentatoire.

Cette arrogance ne dura pas lorsqu'il fut ensuite confronté aux deux filles de joie auxquelles il avait rendu visite après l'office dominical. Rougissantes et apeurées, les deux pensionnaires de chez Aline entrèrent dans le bureau du juge d'instruction. S'il n'y avait eu leur maquillage excessif, elles auraient été plutôt jolies filles. En attendant, elles paraissaient nettement moins à l'aise devant le magistrat que dans le secret de leur alcôve. Elles confirmèrent néanmoins que Pranzini avait exigé de monter avec elles. C'était un bon client, à l'esprit vif et drôle. Mais sans le sou, ce qui était déjà moins drôle. C'est ainsi qu'il avait offert, en échange de ces quelques instants de bonheur, une montre et une paire de boucles d'oreilles en turquoise.

Henri Pranzini n'eut pas le front de nier sa visite aux deux demoiselles, mais refusa d'admettre qu'il s'en était acquitté de la sorte.

Excédé, Jean-Marie Goron demanda, au mépris de la procédure voulant que seul le juge interroge le suspect :

– Mais enfin, Pranzini, soyez sérieux ! Pourquoi ces femmes mentiraient-elles ? À ce que je sache, elles n'ont aucun intérêt à vous nuire !

– Peut-être pas, mais elles veulent probablement couvrir un autre client qui leur aurait remis ces bijoux et qui serait l'assassin de la rue Montaigne... Moi, je n'ai rien à voir dans cette affaire !

– Vous racontez vraiment n'importe quoi, Pranzini, s'énerva Goron. Je n'aime pas tellement qu'on se moque de la justice : méfiez-vous de ne pas trop en faire...

L'une des deux filles, Amélie Fabre, intervint :

– Il ment, cet homme ment. Quand je lui ai demandé d'où

venaient ces bijoux, il m'a dit qu'il les avait trouvés rue de Noailles, près de son hôtel !

Marie Doury, sa collègue, confirma ses dires. Cette fois-ci, ce fut au tour du juge d'instruction de hausser le ton contre Henri Pranzini :

– Alors comme ça, il vous suffit de baisser le nez sur le trottoir pour trouver une montre et une paire de boucles d'oreilles en turquoise. Ou vous êtes l'homme le plus chanceux que la Terre ait jamais porté ou vous n'êtes qu'un fieffé menteur !

Jean-Marie Goron décida alors de jouer la carte qu'il avait jusque-là soigneusement tenue en réserve :

– Ces bijoux ne viendraient-ils pas de ce paquet qu'un facteur vous a apporté à l'hôtel de Noailles ? Il était si volumineux que son seul affranchissement était de cinq francs... C'est tout du moins ce que m'ont appris mes collègues de Marseille. Je ne pense pas qu'ils aient inventé un tel détail dans le seul désir de vous nuire...

Henri Pranzini pâlit.

– Que contenait ce paquet ? poursuivit le policier.

– Des ressorts de montre !

– Vous voulez dire qu'on a dépensé cinq francs de port pour vous envoyer des ressorts de montre ? s'étonna Jean-Marie Goron. Votre histoire ne tient pas debout. Et peut-on savoir ce que vous en avez fait ?

– Je les ai jetés, répondit Pranzini, le plus sérieusement du monde.

– Vous les avez jetés ?

– Je les ai jetés.

– Et qui vous les a envoyés ?

– Un inconnu, rencontré à la gare de Lyon.

– N'importe quoi, soupira Goron. Vous nous racontez n'importe quoi. J'imagine que si cet inconnu vous est inconnu, vous ne connaissez pas son nom...

– Si.

– À la bonne heure : voilà un inconnu qui ne l'est pas demeuré longtemps, ricana Goron.

– Il s'agit du docteur Henri Forster.

– Nous voilà beaux. En attendant, intervint le juge, je vous suggère de nous montrer l'endroit où vous avez jeté ces ressorts de montre.

– Rien de plus simple, c'était dans le palais de Longchamps.

– Eh bien nous allons vérifier tout ça, proposa le juge d'instruction.

L'œil en coin, Jean-Marie Goron observait Pranzini. Quel personnage ! Il aurait pu jurer qu'il faisait nuit à midi ou que l'eau ne mouillait pas. Tant d'assurance et de mauvaise foi ne pouvait que forcer l'admiration. Une vilaine lueur pourtant qui traversa le regard du prévenu alerta le policier.

Henri Pranzini était capable de tout. Ça se lisait sur son visage.

Les gendarmes arborant vestes à brandebourgs et épaulettes dorées tentaient de contenir la foule qui se pressait aux abords du palais de Longchamps. L'un d'eux, bousculé par un badaud encore plus énervé que les autres, en perdit son haut képi orné de parements d'or.

La nouvelle s'était répandue dans tout Marseille, courant de bouches à oreilles, de marchés en bistrots : le monstre de la rue Montaigne était là ! On notera au passage que Gaston Geissler était entre-temps passé en pertes et profits. Foule versatile, toujours prompte à s'enticher d'un sauveur ou d'un meurtrier pour ensuite le répudier ou l'accompagner au dernier supplice avec le même entrain.

Alors qu'avec une conscience digne d'éloges, Henri Pranzini s'appliquait à entraîner le juge Reverdin, Goron, Jaume et leur escorte de policiers partout où il ne s'était point rendu, une femme, ronde et forte, surgit de la foule et s'écria d'une voix de crécelle :

– Té, c'est lui ! Je le reconnais, il est venu hier me louer une cabine. Tiens que je m'en souviens, monsieur le juge, même qu'il était quatre heures de l'après-midi et qu'il est resté au moins vingt minutes au petit coin !

La femme en question tenait une échoppe de toilettes publiques, métier qui en valait bien un autre et qui, surtout, n'interdisait pas d'être physionomiste. D'ailleurs, à la façon dont Henri Pranzini la regarda, inquiet, Jean-Marie Goron comprit qu'elle disait la vérité.

Elle ajouta fièrement :

– La preuve que je me trompe pas, c'est qu'il est le seul client de la journée à m'avoir laissé dix sous de pourboire. Sans compter qu'il faisait de drôles de bruits ! Je m'ai même demandé s'il n'avait pas mangé des vis et des boulons !

– Peut-être bien des ressorts, sourit Goron. Faites-moi vider la fosse !

– Il n'y en a pas, déplora la gardienne des commodités. Les tinettes sont relevées chaque matin et vidées au dépotoir.

– Qu'à cela ne tienne ! Nous irons au dépotoir ! N'est-ce pas, Pranzini ?

L'homme aux rouflaquettes n'en menait pas large. Il est vrai qu'il n'avait cessé de jouer de malchance depuis son arrivée à Marseille. Et ça ne faisait que commencer. Tandis que les policiers et les agents de la voirie s'en allaient passer le dépotoir au peigne fin, la femme que Pranzini avait rencontrée au café de Monte-Carlo, après s'être fait refouler à l'entrée des Folies marseillaises, fut enfin retrouvée.

La belle d'un soir se prétendait artiste lyrique et répondait au sobriquet d'Argentine. Inutile de préciser qu'elle n'avait jamais été artiste lyrique, pas plus qu'elle ne se prénommait Argentine. Mais c'était une de ces belles filles aux cheveux noirs et aux lèvres rouges dont la Provence a l'enviable secret. Ce qui excusait bien ces quelques menus mensonges.

Voici quelle fut sa déposition [1] :

« Le 18 mars 1887 au soir, j'étais au café de Monte-Carlo ; il était environ une heure et demie du matin. Je vis un assez beau garçon me regarder, me sourire, puis venir s'asseoir à ma table. La conversation s'engagea ; il fut fort galant, et comme il me semblait gentil, j'acceptai qu'il m'accompagnât. Il paya les consommations, et nous rentrâmes chez moi, rue de la République. Il était très pressé de se coucher ; néanmoins, je lui demandai de me faire mon petit cadeau, et il me remit une pièce de vingt francs, que je plaçai sous le chandelier qui était sur ma table de nuit. Au matin, il se leva brusquement, et quand il fut habillé et qu'il eut son chapeau sur la tête, il me dit avec brutalité : "Tu vas me rendre le louis que je t'ai donné hier." Je protestai violemment ; alors il sortit de sa poche un petit revolver à crosse d'ivoire, et il me dit d'une voix qui me donna la chair de poule : "Si tu ne me rends pas mon louis, je te tue !" Plus morte que vive, je me cachai la tête sous les couvertures ; je l'entendis soulever le chandelier et prendre la pièce de vingt francs. Je ne me décidai à regarder que lorsqu'il fut parti, faisant claquer la porte derrière lui. »

– Que dites-vous de ça, Pranzini ? s'amusa Jean-Marie Goron. Est-ce la vérité ?

Pour la première fois, depuis l'épisode des tinettes, l'énigmatique suspect retrouva un semblant d'assurance. S'étant machinalement passé la main dans ses cheveux, séparés au milieu du crâne par une raie tirée au cordeau, il expliqua :

– Tout ce que dit cette femme est exact. À un détail près, toutefois : jamais je ne l'ai menacée pour récupérer mon louis. C'est elle qui me l'a rendu spontanément...

Jean-Marie Goron scrutait son interlocuteur. Il avait menti sur tout le reste. Mais là, étonnamment, il disait la vérité. Le

1. Toutes les citations concernant le procès d'Henri Pranzini proviennent des archives personnelles de l'auteur.

regard du policier s'attardait sur les mains de Pranzini. Elles étaient à la fois souples et puissantes. Faites pour rompre les cous et prodiguer les caresses les plus savantes. Il remonta ensuite jusqu'à son visage. L'homme était trop coq, trop sûr de ses charmes, pour ne pas s'enorgueillir d'une telle prouesse : se faire rembourser son écot par une fille de joie, eu égard à ses performances de la nuit. Oui, c'était évident : Henri Pranzini n'avait pas menti. Pas par honnêteté ou grandeur d'âme, mais par pure vanité.

La belle Argentine, au petit matin, encore émoustillée par les étreintes à peine dénouées, avait sûrement restitué le fameux louis à son client, devenu amant au premier baiser.

Jean-Marie Goron conclut :

– Cette fois, je veux bien vous croire. Vous êtes un homme à femmes, Pranzini. Enfin, un homme à filles, plutôt.

Le prévenu ne releva pas la nuance, trop content de s'en tirer à aussi bon compte. Le policier ne lui laissa pas le temps de savourer cette victoire momentanée :

– Voyons maintenant ce que nous avons tiré du dépotoir. Pas de ressorts de montre, je l'aurais parié. Mais un bracelet de turquoises, sans guère de valeur, des restes de bijoux dont les pierres ont été desserties, un miroir encadré d'or, une boîte d'allumettes en aluminium. Bref, des objets correspondant à la liste de ceux qui ont été volés au domicile de Marie Regnault... Je ne dis pas que vous êtes forcément l'auteur de ce triple meurtre. J'estime en revanche ne pas me fourvoyer en prétendant que vous en avez été l'un des principaux complices et que vous vous êtes débarrassé de ce que vous ne pouviez vendre. Dites-moi si j'ai tort...

– Je vous jure que je ne suis pour rien dans cette affaire !

– Bien. Je note. Mais vous serez probablement moins arrogant lorsque vous aurez pris lecture du rapport de M. Balata, médecin à Marseille qui vous a examiné lors de votre arrestation.

Jean-Marie Goron lut à haute voix :

– « Faites voir vos mains, lui ai-je demandé. Il me présenta d'abord la main gauche. Il y avait une petite coupure. Je lui demandai d'où elle provenait. Il me répondit qu'il l'avait faite avec un canif en se coupant du pain. Il y avait un commencement de cicatrisation. Je regardai la main droite, près de l'annulaire. Il y avait une petite plaie. Ce n'était pas une coupure, c'était plutôt une contusion. » Dois-je poursuivre la lecture de ce rapport ?

– Non, répondit Henri Pranzini.

– Expliquez-moi alors comment vous vous êtes blessé de la sorte et pourquoi vous avez voulu vous pendre dans votre cellule ?

– C'est faux !

– C'est vrai ! Le rapport du médecin Balata est tout aussi formel sur ce point. Quels étaient vos véritables rapports avec Marie Regnault ?

Pranzini observa un interminable silence. Imperceptiblement, il s'était tassé sur sa chaise. Il se reprit et dit :

– Je ne l'ai pas tuée. Je l'aimais !

– Donc, vous la connaissiez !

– Oui, mais jamais je ne lui aurais fait le moindre mal ! Je l'aimais trop.

Des assassins sentimentaux, ça s'était déjà vu et la race était loin d'être menacée d'extinction. Aussi le policier insista-t-il :

– Vous ne l'avez peut-être pas tuée, mais ce fameux paquet que vous avez reçu à Marseille, à l'hôtel de Noailles, ne contenait pas que des ressorts de montre, mais des objets dérobés rue Montaigne !

– Je ne sais plus ! Je ne sais rien ! Ce n'est pas moi !

– Si, c'est vous, martela Jean-Marie Goron.

Puis, profitant de son avantage, il demanda :

– Qui est Gaston Geissler ? Votre complice ?

– Je ne suis pas un criminel, je ne saurais donc avoir de

complice, soupira Pranzini qui tentait de reprendre de son aplomb.

– D'accord. Je voudrais bien vous croire, mais on vient de me faire parvenir cette lettre. J'imagine qu'elle rafraîchira vos souvenirs.

La missive, signée « Henri », était adressée à un homme honorablement connu dans la capitale et ses environs. Sa situation devait l'être tout autant, au point que son véritable patronyme ne fut jamais divulgué dans l'affaire. Jean-Marie Goron, lui-même, ne le nomma jamais autrement que « Monsieur P. ».

Voici cette fameuse lettre, telle qu'il la reproduisit plus tard dans ses mémoires :

> Mon cher monsieur P.,
>
> Si vous saviez dans quel état d'âme je me trouve, vous me plaindriez sûrement. L'affaire dont vous savez déjà par la presse tous les détails m'a jeté au lit.
>
> C'est à vous que je m'adresse au nom de votre honneur et loyauté, à vous, aussi bien qu'à Mme D., seule et unique personne dont je puisse compter pour vous prier chaleureusement, jusqu'à ce que l'affaire vienne au jour, à exécuter scrupuleusement ceci :
>
> Je ne puis exposer le nom d'une personne avec laquelle je vis presque maritalement : son avenir, sa personne y seraient en jeu. En conséquence, veuillez, je vous en supplie, dire à qui que ce soit que mon départ d'affaires pour Londres s'est effectué depuis le 16 ou le 17 passé et que, comme d'habitude, je n'ai pas mon jour d'arrivée fixé. Ce soir même, je quitte Paris pour Londres où vous m'adresserez toute correspondance ou autre communication importante, à savoir, pour revenir à Paris où l'honneur m'y imposerait.
>
> Vous adresserez donc : « At the general post office, London ». J'irai en personne les prendre. Que Dieu aide la justice

à lui donner le jour nécessaire afin de retrouver l'infâme et revenir plus sérieusement à Paris, mener mon tranquille séjour qui est en ce moment entravé. Je m'exagère peut-être ; mais c'est pour éviter bien des ennuis que facilement vous comprenez, monsieur P.

Au nom de votre mère et de vos sentiments intègres, obligez-moi, sincèrement, loyalement, comme vos principes vous l'imposeront. Donc, c'est entendu, au revoir, le plus tôt qu'il nous soit permis. Peut-être n'approuverez-vous pas ce que je fais, mais il est indispensable à ne pas compromettre la personne que j'estime et respecte, leur faisant part que je vis avec elle.

De tout cœur, et le plus vivement possible, je vous étreins la main.

Henri.

– Henri... comme Henri Pranzini ou Henri Gaston Geissler, murmura Jean-Marie Goron. Si la syntaxe de cette lettre a de quoi laisser rêveur, nul doute que le sens ne nous donne quelque nouvel éclairage sur cette affaire.

– Cette lettre, s'insurgea Pranzini, c'est moi qui l'ai écrite et l'ai postée en personne.

– Faux. Elle a été postée dimanche de Paris. Alors que vous étiez à Marseille...

– Je ne sais plus, tout est flou dans mon esprit.

– Soyez sûr, Pranzini, que tout devient clair dans le mien, menaça Jean-Marie Goron.

– Impossible. La nuit du crime, j'étais chez ma maîtresse, Suzanne Sabatier, rue des Martyrs.

– Je sais, vous nous l'avez déjà dit et nous l'avons entendue. Elle assure que vous étiez bien avec elle dans la nuit du 16 au 17 mars. Pour autant, un témoignage, surtout celui d'une femme amoureuse, n'est pas une preuve... Ce soir même, nous remontons sur Paris. Vous ne pourrez mentir éternellement, Pranzini.

Henri Pranzini s'abstint de répondre. Sans qu'il en laissât rien paraître, il sentait le filet se resserrer autour de lui.

Entraîné par une imposante locomotive, monstre de bielles et de vapeur, le train Marseille-Paris déchirait la nuit. Dans le compartiment privé qu'il avait réservé, Jean-Marie Goron avait pris bien soin de menotter Henri Pranzini à une barre de métal. L'homme avait déjà tenté une première fois de mettre fin à ses jours, le policier n'avait aucune envie de revenir à Paris avec un cadavre pour seul bagage. Hormis Jaume, Goron était flanqué du brigadier Souchière, un vieux briscard, et du gendarme Pietrini, un Corse au visage taillé à la serpe, à la mine énergique et au corps d'athlète.

Les heures passaient, mornes, seulement bercées par le tangage lancinant du train. Pranzini, qui ne cessait de se frotter les poignets, finit par demander :

– J'ai mal... Ces menottes sont-elles véritablement nécessaires ? Vous avez ma parole que je ne chercherai pas à vous fausser compagnie.

– Je n'ai que faire de votre parole, mais je ne suis pas une brute, répondit le commissaire. Pietrini, retirez-lui les poucettes ! Cela dit, au moindre geste, je vous fracasse la tête à coups de canne. Compris ?

– Oui, monsieur, souffla Pranzini.

Les heures continuaient de s'égrener. Jaume et Souchière s'étaient assoupis. Seuls Pietrini et Goron luttaient contre le sommeil, continuant à surveiller Pranzini. Ce dernier faisait manifestement semblant de dormir. Il devait guetter l'occasion. Celle qui lui permettrait de s'évader... ou d'en finir une fois pour toutes. Le train arrivé à Lyon, il demanda à aller aux toilettes. Ce qui lui fut accordé. Solidement tenu par Souchière et Pietrini, il descendit sur le quai pour se rendre aux latrines les plus proches.

Immédiatement reconnu par la foule, Henri Pranzini se fit huer par les badauds en délire. On le traita de monstre et d'assassin, et il ne dut sa survie qu'à la vigilante protection de ses deux « anges gardiens ». Vaguement écœuré, Jean-Marie Goron contemplait la scène. Dieu que la foule était vilaine... Prête à tout pourvu qu'on sache lui parler ou lui tenir le discours qu'elle a envie d'entendre. Cela lui rappelait les folles journées parisiennes de 1870, lorsque lui, pauvre turco n'ayant même pas eu l'honneur de combattre l'ennemi prussien de près, avait été acclamé en héros.

Mieux valait penser à autre chose. À Henri Gaston Geissler, par exemple. Henri Pranzini avait certes été arrêté, mais l'affaire était loin d'être conclue.

– Mon cher Goron, soyez franc, demanda Taylor. Que pensez-vous de ce Gaston Geissler ?

– Il demeure la principale inconnue de cette affaire, même si je suis persuadé que Pranzini est l'assassin. Geissler n'est peut-être qu'un de ses noms d'emprunt. Peut-être n'est-il qu'un complice ? En attendant, j'ai du nouveau : Suzanne Sabatier, la maîtresse de Pranzini, a finalement avoué ne pas avoir passé avec lui la nuit du 16 au 17 mars, la nuit du crime. Bien sûr, il n'est pas encore au courant. La confrontation est prévue pour ce soir, huit heures. J'imagine que je peux compter sur votre présence..

– Vous pouvez..., sourit le chef de la Sûreté.

Quand Jean-Marie Goron arriva au dépôt, le 25 mars, la nuit avait déjà envahi Paris. Il se fit conduire dans la cellule d'Henri Pranzini, escorté de deux policiers aux carrures de bœuf.

Le visage bistre de Pranzini avait pris une teinte verdâtre. Ses joues étaient mangées de barbe ; rouflaquettes et moustaches avaient perdu de leur bel ordonnancement. Seuls les yeux, quoique rougis de fatigue, brillaient toujours du même éclat inquiétant. Après s'être brièvement restauré, Pranzini fut escorté jusqu'au bureau du juge d'instruction Guillot. Là, il retrouva Taylor, le procureur général Bouchez, Jean-Marie Goron ainsi que deux autres policiers en uniforme. Installé sur une simple chaise, il faisait face au bureau du juge Guillot.

La pièce était faiblement éclairée par une lampe à pétrole[1] dont la chaude lumière se reflétait sur l'acajou des meubles et les reliures des livres méticuleusement alignés sur les rayonnages de la bibliothèque. Ils laissèrent patienter le prévenu quelques minutes dans un silence hostile. Il fallait le mettre en condition, faire tomber ses dernières défenses. Quand il fut à point, l'interrogatoire commença.

Comme on pouvait s'y attendre, Henri Pranzini persista dans ses dénégations, prétendant même s'être recueilli à la morgue, sur les dépouilles des trois victimes de la rue Montaigne, alors qu'elles n'y avaient jamais été exposées.

Peu avant minuit, la fatigue aidant, la pièce était chargée d'une tension presque devenue palpable. Henri Pranzini faiblissait à vue d'œil. Jean-Marie Goron décida qu'il était l'heure d'abattre sa carte maîtresse. Il adressa un signe discret à l'un des policiers. Lequel se dirigea doucement vers la porte et l'ouvrit sur une femme vêtue d'une ample robe qui traînait sur le parquet. Une veste cintrée à la taille, évasée sur les hanches, mettait en valeur une accorte poitrine. Ses cheveux épais et bouclés s'échappaient d'un chapeau compliqué, orné de fleurs et de plumes. Son visage était rond et sensuel. Le nez, quoique fort, ajoutait encore à son charme. Elle avait la pommette haute et

1. Celle-ci avait peu à peu remplacé la lampe à huile dès 1860. La lumière électrique existait déjà, le premier brevet d'ampoule à incandescence ayant été déposé en 1841 et commercialisé en 1879 par l'Américain Thomas Edison. Il est superflu de préciser que les crédits de la fonction publique interdisaient déjà ce type d'innovations technologiques.

la bouche couleur de cerise. Suzanne Sabatier, malgré son âge visiblement mûr, était encore une fort belle femme. Elle se jeta aux pieds de Pranzini et, suppliante, mains jointes comme à la messe, posa sa tête sur ses genoux.

L'entretien qui suit a été pieusement consigné dans un procès-verbal dont voici l'essentiel :

« Tu sais bien, Henri, que tu n'as pas couché chez moi la nuit du mercredi au jeudi. Je ne voulais pas te croire coupable ; c'est pour cela que je n'ai pas dit la vérité tout de suite. Je t'en conjure, si tu es innocent, dis où tu as couché, puisque cela pourrait te justifier.

– Que veux-tu que je dise, puisque c'est avec toi que j'ai passé la nuit ? Pourquoi veux-tu me faire mentir ?

– Je veux, au contraire, que tu dises la vérité. Voyons, Henri, regarde-moi bien en face, ne te détourne pas ; tu sais bien que tu as découché.

– Non. »

De l'enquête policière, on passait au vaudeville. À cette différence près : ce n'était point l'amant qui se dissimulait dans le placard, mais un criminel ayant donné la mort par trois fois. Laissons la parole à la maîtresse d'Henri Pranzini :

« Il est impossible que tu soutiennes cela devant moi ; sois donc sincère, je le veux. Songe que mon honneur est en jeu !

– J'ai dit la vérité.

– Rappelle-toi donc ! Il n'est pas possible que tu persistes. Encore une fois, regarde-moi. »

Pranzini en fut incapable. Suzanne Sabatier insista une fois encore :

« Pourquoi ne me regardes-tu pas ? Il est certain que tu as découché. Pourquoi te cacher ? Tu me ferais croire que tu es coupable ; je voudrais pourtant que ton innocence soit prouvée !

– Alors je ne discute plus, si c'est comme cela.

– Il vaudrait mieux dire la vérité. Songe donc au mal que tu m'as fait ! Rappelle-toi tout ce que tu m'as dit !

– Je n'ai rien fait, je ne suis pour rien dans cette affaire. »

La scène était si pénible, si pathétique, que magistrats et policiers se retenaient de ne pas détourner le regard. Décidément, Henri Pranzini ne portait pas chance aux femmes qui l'approchaient. Celle-ci avait dû l'aimer encore plus fort que toutes les autres. Elle poursuivit :

« Je ne puis te croire coupable : tu étais bon, tu étais doux, tu n'aurais pas fait de mal à une mouche, tu aimais à embrasser les enfants et tu aurais assassiné une petite fille ? Non, voyons, cela n'est pas vrai. Mais alors, il faut prouver ton innocence. Il faut parler. Il faut dire où tu étais pendant cette nuit. Il faut dire ce que tu sais. Je t'en prie, je t'en conjure, il le faut absolument !

– Je n'en sais rien : je suis venu chez toi, coucher sur le canapé. »

C'est à cet instant précis que Suzanne Sabatier commença à craquer :

« Le soir, en revenant du cirque, souviens-toi de la confidence que tu m'as faite ; elle était terrible et, cependant, je ne pouvais te croire coupable !

– Je ne t'ai rien dit.

– Comment ? Je te vois encore sur la chaise longue ! Tu t'es mis à pleurer. Tu m'as parlé pour la première fois de Mme de Montille ; tu m'as dit que tu l'avais rencontrée un jour dans sa voiture aux Champs-Élysées, que c'était une bonne fille et qu'elle ressemblait à une personne que tu avais beaucoup aimée. Tu m'as dit que tu avais été passer la nuit du 16 chez elle ; que, vers trois heures, on avait frappé trois coups et que la femme t'avait dit : “J'ai peur, cache-toi pour qu'on ne te voie pas ; c'est un misérable qui vient pour de l'argent.” »

Suzanne Sabatier reprit son souffle entre deux sanglots avant de poursuivre son récit :

« Tu m'as raconté ensuite qu'elle avait jeté tes effets et que tu avais été te mettre dans une armoire, juste en face de sa chambre ; que tu avais entendu les pas de deux hommes ; que tu avais entendu même les cris de la femme et que tu étais resté dans l'armoire jusqu'à six heures du matin ! Je t'ai demandé pourquoi tu n'avais pas porté secours à cette femme ; tu m'as répondu qu'elle t'avait dit : "Cache-toi et ne bouge pas." »

Jean-Marie Goron n'avait pas quitté Henri Pranzini des yeux. Le bourreau des cœurs semblait se rapetisser à vue d'œil. Les déclarations de sa maîtresse éclairaient l'affaire d'un jour nouveau. Elle disait manifestement la vérité. Pourquoi s'obstinait-il alors à nier les faits, au-delà de toute vraisemblance ?

Une nouvelle fois, Suzanne Sabatier se jeta aux pieds de son amant et demanda :

« Henri, je t'en supplie, dis la vérité. Je ne puis croire que tu sois coupable ; si tu sais quelque chose, parle, répète ce que tu m'as dit. Justifie-toi et, si vraiment tu es innocent, dis où tu as passé la nuit, dis ce que tu as vu dans la chambre, dis comment tu as eu les bijoux de la femme, par grâce pour moi, pour ta mère, parle donc !

– Je ne suis pour rien dans cette affaire », répondit simplement Pranzini.

Une fois l'assassin présumé reconduit dans sa cellule, Suzanne Sabatier demeura seule face aux policiers et aux magistrats.

Ses tempes grisonnaient déjà. Elle ne devait pas être loin de la cinquantaine. Son itinéraire était celui de toutes ces élégantes quinquagénaires : une rencontre avec un homme qui aurait presque pu être son fils. Un godelureau qui portait beau, dont les gestes étaient si tendres, si enveloppants qu'elle en venait à oublier le poids des ans. Elle avait aimé Henri Pranzini, elle l'aimait encore.

Suzanne Sabatier n'en était pas naïve pour autant : cet amour inespéré, arraché au temps qui passait, avait un prix. Ainsi ne faisait-elle pas mystère de grassement entretenir son jeune amant. Il y avait pourtant de la passion chez cette femme ; une once d'amour maternel, aussi. Elle avait protégé Pranzini du mieux qu'elle avait pu, jusqu'au moment où l'insupportable évidence s'était imposée : l'homme qu'elle chérissait de toute son âme était probablement un criminel. Ce n'était pas les quelques jours de prison infligés par la justice qui l'avaient fait revenir sur ses premières déclarations et trahir l'être aimé, mais la simple horreur du mensonge et du forfait perpétré. Et, peut-être aussi, l'amertume d'avoir été trompée une fois de plus, une fois de trop.

Cette terrible confrontation ne tarda pas à filtrer dans la presse nationale. *Le Figaro* organisa même un référendum auprès de ses lectrices afin de déterminer si Suzanne Sabatier avait eu raison de réduire à néant le principal alibi de son amant. Les résultats en furent surprenants : nombreuses étaient les dames, animées par on ne sait quel romantisme adolescent, à accabler la malheureuse. À les en croire, elle aurait dû se parjurer, se perdre pour sauver son cher et tendre.

Pendant qu'enflait la polémique et que s'affrontaient les passions, Henri Pranzini, peu à peu, jour après jour, reprenait le dessus. Mais les faits étaient encore plus têtus que lui : il finit donc par avouer que c'était lui qui, en personne, avait posté le paquet de bijoux pour ensuite le récupérer à Marseille. En revanche, les graphologues ne purent clairement déterminer si Pranzini était bel et bien l'auteur de la lettre adressée à « Monsieur P. ». Toutefois, ils étaient formels sur ce point : l'homme, fort de dons de calligraphe hors pair, était capable d'imiter n'importe quelle écriture à la perfection.

Bref, malgré l'intime conviction de Jean-Marie Goron, l'affaire Pranzini piétinait dangereusement. D'autant plus que le problème posé par Gaston Geissler demeurait entier. Il allait pourtant se dénouer quelques jours plus tard lorsque Goron reçut l'ordre de se rendre au plus tôt à Bruxelles, Cologne et

Vienne. Pour cette mission, la plus grande discrétion était évidemment de mise.

Par quel miracle l'affaire s'était-elle débloquée ?

Tout simplement grâce aux révélations d'une riche Américaine – fort jolie femme au demeurant –, une certaine Mme Mac Donald, accordées à la presse bruxelloise. Voici, en substance, ce que déclarait cette dame : étant partie pour Anvers accompagner l'une de ses amies qui s'en retournait en Amérique, elle avait rencontré Gaston Geissler. Comme ni l'un ni l'autre ne maîtrisaient la langue française, ils avaient jugé préférable de s'entretenir en allemand. Ils se rendirent tous deux dans un café. Mme Mac Donald avait aussitôt remarqué ses cheveux teints. Geissler, qui paraissait en proie à une crise de mélancolie, avait à peine touché à sa bière, se contentant d'avaler une carafe d'eau d'un seul trait. Ayant conquis la confiance de cette femme passablement désœuvrée, il avait demandé qu'elle lui panse sa main blessée. L'explication que Geissler donna de cette plaie était hautement fantaisiste : il s'était battu avec des officiers alors qu'il s'apprêtait à déserter de l'armée française. Elle l'avait cru. Peut-être, tout simplement, parce qu'elle avait eu envie de le croire, parce que l'homme était séduisant, qu'il l'avait enivrée de ses innombrables récits de voyages. Ou que, secrètement, elle avait eu envie de lui et se trouvait prête à tous les mensonges pour parvenir à ses fins.

De cette rencontre dont Mme Mac Donald se garda donc de préciser le degré d'intimité, elle n'avait conservé qu'un mouchoir taché de sang, celui qui pansait sa main blessée, marqué du chiffre de son propriétaire : G.G. Puis, à la lecture des journaux belges qui s'étaient eux aussi faits l'écho de l'affaire Pranzini, la belle Américaine s'était résolue à conter son histoire à la police de Bruxelles. Aussitôt, Taylor et Goron avaient été prévenus par leurs homologues belges.

L'affaire n'était pourtant pas jouée. Jean-Marie Goron avait pour seul indice la valise oubliée par Geissler à Paris et son contenu. N'importe qui se serait découragé à moins. Pas Jean-Marie Goron.

Pour tout arranger, ce dernier apprit, dès son arrivée à Bruxelles, que Mme Mac Donald avait disparu. Une chance encore que le mouchoir de Geissler soit demeuré aux mains de la police... Nouvelle déconvenue : ce dernier ne ressemblait en rien aux autres mouchoirs abandonnés par Geissler dans sa valise. De plus, un examen plus approfondi lui apprit que la pièce de tissu n'était pas marquée G.G., mais C.C. ! Il est vrai que la typographie allemande est si particulière qu'elle peut parfois prêter à confusion pour qui n'est pas rompu aux subtilités de l'écriture gothique. Jean-Marie Goron crut ensuite tenir une autre piste lorsqu'un journaliste bruxellois lui apprit qu'un certain Geissler avait été arrêté sept ans auparavant, soupçonné du meurtre d'une femme de chambre. L'homme avait finalement été innocenté, mais Goron exigea néanmoins de le voir. Las, ce Geissler-là n'avait rien à voir avec ce Geissler-ci. D'ailleurs, n'ayant pas quitté Bruxelles depuis plusieurs mois, son alibi était irréfutable ; d'autant plus irréfutable que son voisinage tout entier, sans qu'il ait été besoin de le solliciter, témoigna en ce sens.

Il ne restait plus qu'à pousser vers Cologne, tel que Taylor le lui avait ordonné. Jean-Marie Goron n'avait plus grand-chose à perdre : il ne pourrait de toute façon pas en revenir plus bredouille que de son expédition à Bruxelles. Les quelques paquets de tabac vides, découverts dans la valise de Geissler, avaient, en effet, été achetés dans cette ville.

Le jour même, le commissaire prenait le premier train pour l'Allemagne. La vision des uniformes teutons le ramenait quelques années en arrière. Sedan, l'armée de la Loire, les lambeaux de l'armée française, la chute de l'empereur, le *moukala* du fidèle Ali, l'Alsace, la Lorraine, ces morceaux de France que la guerre avait arrachés à son cœur patriote... Pour se consoler, il n'eut d'autre choix que de se persuader que ces Allemands-là n'étaient que des douaniers ou de simples policiers, comme lui.

Von Koning, le préfet de police de Cologne, rivalisa d'ailleurs de tant d'amabilités qu'il parvint à lui faire oublier ces tristes souvenirs. L'homme avait la nuque raide et le port de tête d'un *junker*. Il rajusta son monocle, se lissa les favoris du plat de la main et déclara dans un français parfait :

– Monsieur Goron, qu'un sujet allemand puisse être suspecté d'un meurtre, surtout celui-ci, si atroce, est une idée qui m'est insupportable. Soyez sûr que je ferai tout ce qui est en mon pouvoir pour que cet homme soit retrouvé. Dès demain, tous mes hommes disponibles seront à votre entière disposition et auront pour ordre d'obéir aux vôtres. Un tel homme ne mérite que la mort. Même s'il n'a pas forcément assassiné ces trois malheureuses, le simple fait qu'il puisse être complice de cette abomination le condamne à mes yeux. De plus, cet homme a entaché l'honneur de mon pays et, de par sa faute, je me trouve dans une situation inconfortable.

À l'évidence, c'était de cela que von Koning était le plus embarrassé. Le préfet avait la tripe chauvine. Ce n'était pas pour déplaire à Jean-Marie Goron. La traditionnelle susceptibilité prussienne coïncidait avec les intérêts de la police française, ç'aurait été pécher que de n'en point profiter. Jean-Marie Goron en profita donc. Tandis que les hommes de von Koning passaient en revue tous les hôtels du pays, munis du signalement de Geissler, il entreprit de faire le tour des bureaux de tabac avoisinants. Tâche hautement fastidieuse mais qui finit malgré tout par se révéler payante : en effet, l'employée d'un certain Camille Rube, négociant en articles de fumeurs et dont l'échoppe était sise au 102 Hohertdgasse, se souvenait de Gaston Geissler.

Le cœur de Goron battait à tout rompre mais son enthousiasme ne dura pas. La jeune fille n'avait pas revu Geissler depuis cinq semaines. La dernière fois qu'il était venu dans son magasin, il arborait une mine hâve et désespérée. Il avait même déclaré être venu pour fumer son dernier sou.

De son côté, le préfet de police von Koning n'était pas resté inactif. Aussi, ce même jour, déclarait-il triomphalement à Jean-Marie Goron :

– Nous tenons Gaston Geissler. Il a loué une chambre à l'hôtel de l'Europe, du 29 janvier au 2 février ! Chambre qu'il n'a d'ailleurs pas payée.

– Comme à Paris, sourit le policier. La grivèlerie est une seconde nature chez lui...

Il ne croyait pas si bien dire. Un autre agent découvrit une nouvelle fois la trace de Geissler à l'hôtel Tills. Une fois de plus, il s'était enfui en abandonnant une ardoise conséquente. Vérifications faites, ce Geissler-là était encore un autre Geissler ! Il est vrai que ce nom est terriblement commun de l'autre côté du Rhin... Faute de mieux, Jean-Marie Goron se résolut à envoyer un message à Taylor pour lui faire part des piètres progrès de son enquête.

Il prit ensuite le chemin de Berlin. Sans grande illusion, mais avec le secret espoir que la chance se décide enfin à changer de camp. Arrivé à l'hôtel Continental, il trouva les lettres que Taylor lui avait envoyées. Il apprit ainsi que les preuves se faisaient chaque jour plus accablantes pour Henri Pranzini. Confronté au commerçant qui avait vendu le couteau du crime – les enquêteurs parisiens avaient fini par retrouver sa trace –, il avait été formellement identifié. C'est lui qui était venu l'acheter quelques jours avant le drame. Les assertions du vendeur avaient même été confirmées par le propriétaire du magasin. S'il persistait à ne pas avouer, Pranzini avait néanmoins changé de système de défense. N'étant plus couvert par l'alibi de Suzanne Sabatier, il assurait maintenant avoir passé la nuit du 16 au 17 mars au domicile de sa maîtresse, mais sur le canapé du salon, sans qu'elle s'en soit rendu compte. Ce qui n'était qu'à moitié crédible. Entre-temps, une première reconstitution, rue

Montaigne, n'avait rien donné. Le suspect ne s'était pas départi de son calme, affichant, à l'occasion, un infernal sang-froid.

En fait, si sa culpabilité semblait être acquise, tant que Geissler n'aurait pas été retrouvé, un doute, même infime, continuerait de subsister. D'où l'acharnement de Jean-Marie Goron à remuer ciel et terre pour lui mettre enfin la main au collet.

Le 15 avril, le policier arrivait à Berlin. La chasse à l'homme battait son plein. Le signalement de Geissler avait été remis à tout ce que l'Allemagne comptait de policiers. Pour mieux motiver les troupes, un jeu de photographies des trois cadavres de la rue Montaigne avait été remis à chacun. Une dernière pièce à conviction acheva de convaincre les forces de l'ordre de traiter l'affaire avec le plus grand sérieux : les restes du manifeste socialiste de Breslau, rédigé à l'occasion des élections du mois de février de cette même année. Le régime allemand, qui commençait à avoir de sérieux problèmes avec l'agitation socialiste, voyait là l'occasion de faire d'une pierre deux coups. D'un côté, il contribuait à l'arrestation d'un assassin présumé et prouvait sa bonne volonté aux autorités françaises ; de l'autre, il espérait neutraliser un potentiel adversaire du Kaiser avec le bénéfice politique qu'on imagine : ces agitateurs socialistes et anarchistes étaient bien tous des meurtriers en puissance. Il est vrai que le climat de l'époque était propice.

Pour autant, et contrairement à ce que l'on pourrait croire, la politique impériale allemande était autrement plus libérale à l'égard des mouvements anarchistes et socialistes qu'elle ne l'était en France[1]. Il faut dire que les anarchistes allemands étaient

1. La preuve en est que le manifeste de Breslau était marqué au sceau d'une louable modération : « Particulièrement, nous demandons de ne pas parcourir les rues en foule, de ne pas former de rassemblements dans les rues ou sur les places de la ville, de ne pas crier : "Vive l'un ou l'autre parti" ; que personne ne réponde aux provocations de l'un ou de l'autre. » Avec de tels anarchistes, le pouvoir impérial pouvait effectivement dormir sur ses deux oreilles et son casque à pointe !

moins violents et portés à l'action directe que leurs autres camarades européens. En Espagne, Moncasi avait tenté de tuer le roi Alphonse XII, en 1878. Deux ans plus tard, Gonzales tentait à son tour de mettre fin aux jours du monarque. Sans plus de succès. En Italie, le souverain Humbert Ier échappait de peu à l'attentat fomenté par Passamenti.

L'Allemagne, elle, avait-elle passé une sorte de pacte tacite avec ces diverses factions révolutionnaires ? Ce serait aller un peu vite en besogne. Toujours est-il qu'en 1900, son gouvernement autorisa la tenue, à Fribourg, d'un congrès anarchiste au cours duquel Pierre Kropotkine prit longuement la parole sous des acclamations enthousiastes. Bref, le mouvement ouvrier et ses diverses tendances, socialistes, communistes, anarchistes ou anarcho-syndicalistes, inquiétaient sérieusement les gouvernements européens. Ils n'avaient pas fondamentalement tort, à en croire les enquêtes menées par Jean-Marie Goron sur la mouvance anarchiste de France.

À peine découragé par l'ampleur de la tâche, ce dernier avait entrepris de visiter tous les tailleurs berlinois afin de leur soumettre les chemises de Geissler, découvertes par les policiers parisiens à l'hôtel Cailleux. Et ce ne fut qu'à la dixième boutique qu'il apprit que les chemises en question ne pouvaient avoir été faites qu'à Leipzig, Dresde ou... Breslau !

C'est donc dans cette troisième ville que Jean-Marie Goron se rendit. Mais la police avait beau déployer tous ses efforts, aucun Geissler correspondant au signalement du fugitif ne put être retrouvé ou identifié. Soit ils ne se prénommaient pas Gaston, prénom rarissime en ces contrées, soit ils n'étaient pas socialistes, soit ils présentaient d'inattaquables alibis.

Quant aux chemises, elles semblaient avoir dit tout ce qu'elles avaient à dire. Pas grand-chose en vérité. La valise, elle, se révéla plus loquace : elle avait été fabriquée dans un atelier également situé à Breslau. L'artisan l'identifia formellement mais fut bien incapable de se souvenir de la personne à laquelle il l'avait vendue.

Jean-Marie Goron commençait à désespérer. Sa mission relevait de la gageure. Il s'apprêtait à jeter l'éponge lorsqu'il reçut la visite d'un policier allemand, un de ces innombrables agents qu'on avait chargés de l'aider à faire le tour de tous les tailleurs de la ville. La nuit était tombée, Goron était à son hôtel. Pour qu'on le dérange à pareille heure, il fallait que l'affaire soit d'importance.

Le policier en question, à force d'acharnement, avait fini par décrocher la timbale : un chemisier de Breslau avait reconnu les fameuses chemises. Il se souvenait même du nom de son client : Georges Guttentag. Georges Guttentag, initiales G.G., comme... Gaston Geissler !

Dès le lendemain matin, Jean-Marie Goron se rendit à l'adresse de Georges Guttentag à Breslau que le commerçant lui avait complaisamment indiquée.

La maison de la famille Guttentag était une belle demeure bourgeoise, élégante, mais sans ostentation inutile. Il suffisait d'en voir la façade pour deviner que son intérieur était lisse et douillet, sans histoires. Qu'ils soient de Silésie ou d'ailleurs, il est du plus mauvais goût pour les bourgeois de se faire remarquer plus que de raison.

Jean-Marie Goron tira sur la chaîne du carillon. La porte s'ouvrit sur une bonne cacochyme. Trottinante, elle traversa le jardinet et les invita à entrer. Visiblement impressionnée par la belle tenue du policier allemand qui accompagnait le Français, elle les pria de s'asseoir au salon et avertit aussitôt le maître des lieux, Isaac Guttentag.

Ce dernier avait la soixantaine vaillante. Court sur pattes, trapu, il arborait une magnifique bedaine. La force, la puissance de son visage, orné d'imposants favoris, le faisaient ressembler à une sorte de buffle. Un détail, pourtant, déparait dans cette franche physionomie, Goron l'avait remarqué au premier coup d'œil : M. Guttentag avait le regard triste et las. Sentant qu'il avait affaire à une proie facile, le policier attaqua :

– Nous sommes ici pour savoir où est votre fils.

– Je n'ai plus de fils, soupira le vieil homme. Pour moi, il est comme mort. Je l'ai maudit. Depuis longtemps...

Imperceptiblement, sa voix se brisait. Il était à point. Jean-Marie Goron décida de profiter de l'avantage. Il brandit le médaillon abandonné dans la valise de Gaston Geissler :

– Et ça ?

– C'est ma femme...

Ça y était ! Il était enfin sur la piste de Georges Guttentag, dit Gaston Geissler.

Le vieillard poursuivit :

– Mon fils nous a quittés sans même nous prévenir, il y a quelques mois. Il avait la tête farcie de ses rêves révolutionnaires et de je ne sais quelles autres détestables utopies. Un de ses oncles a correspondu quelque temps avec lui. C'est comme ça que j'ai appris qu'il était à Paris. Le 16 mars au soir, il a été arrêté pour vagabondage par la police française alors qu'il tentait de mettre fin à ses jours en se jetant dans la Seine. En voulant se suicider, mon fils a perdu son âme. Il a renié tout ce que je lui avais appris. Je n'ai plus de fils, messieurs.

Le sang de Jean-Marie Goron ne fit qu'un tour. Le 16 mars ! Le jour du triple meurtre de la rue Montaigne. L'affaire se dénouait enfin. Gaston Geissler avait été arrêté avant onze heures du soir pour ensuite être conduit en prison, cela signifiait qu'à l'heure du crime il ne pouvait être au domicile de Mme de Montille. Il était donc innocent.

Isaac Guttentag poursuivit :

– J'ai eu de ses nouvelles. Il est en prison à Paris, à Mazas, première division, cellule nº 85. Je crois que son oncle lui a envoyé de l'argent. C'est tout ce que je sais. Je ne veux pas en savoir davantage : à cause de Georges, l'opprobre est sur notre famille.

Le commissaire lui montra la lettre signée Gaston Geissler, adressée à Monsieur P., que Pranzini prétendait avoir écrite. Le vieil homme identifia formellement l'écriture de son fils.

Ayant pris congé d'Isaac Guttentag, Jean-Marie Goron rédigea immédiatement une missive destinée à Taylor afin de rendre compte de ses dernières découvertes. Une lettre au ton amer et d'une irrésistible drôlerie. En effet, l'homme qui était à la fois traqué outre-Rhin par les polices allemande et française était tout bonnement en prison, en France, sous un autre nom. Rapidement mis hors de cause – son alibi était inattaquable –, Gaston Geissler – ou, plutôt, Georges Guttentag – fut libéré sur-le-champ. Dès lors, il n'y avait plus qu'un principal suspect, voire un unique coupable : Henri Pranzini.

Le temps que Jean-Marie Goron fasse la chasse aux cols de chemise et aux paquets de tabac vides, les journaux parisiens avaient donné encore plus d'ampleur à l'affaire Pranzini. On découvrit ainsi que ce dernier n'avait pas fait que suborner une seule femme, ce dont on se doutait bien. Nombreuses, en effet, étaient les dames de la bonne société à avoir succombé à ses charmes ; nombreuses, si nombreuses que la situation finissait même par en devenir gênante pour certains époux jouissant de la haute considération de leurs contemporains. Chaque jour, les journalistes livraient de nouveaux noms, retrouvaient la trace de nouvelles victimes : femmes de ministres, d'ambassadeurs, de riches rentiers ou d'hommes tout simplement négligents de leurs moitiés.

D'Henri Pranzini et de ses confrères gigolos, Aurélien Scholl [1]

1. Né en 1833 et mort en 1902, ce journaliste français multiplia les collaborations dans les journaux les plus divers. Sa plume acerbe – et redoutée – en fit l'un des observateurs les plus avisés et les plus appréciés des mœurs parisiennes. Il fut également l'auteur de quelques pièces de boulevard à succès.

dressa ce délicieux portrait. Le voici dans sa presque intégralité, tel qu'il fut publié à l'époque dans un journal parisien bien connu pour son esprit cancanier :

On compte à Paris quarante mille individus qui ne dînent pas tous les jours ; mais même quand ils ne dînent pas, ils prennent tous leur café, c'est ce qui fait leur force. D'une tenue irréprochable, col droit, cravate de soie blanche à nœud marin, le coin d'un mouchoir brodé sortant de la poche, une fleur à la boutonnière, un éternel sourire aux lèvres, ces éperviers à moustaches prennent place sur la terrasse des grands restaurants du boulevard.

Ils ont l'air de regarder les passants : ils les guettent. Si la fascination pouvait quelque chose sur les porte-monnaie, si le fluide avait le pouvoir d'attirer les bijoux, on verrait les poches se vider, les broches et les boucles d'oreilles s'envoler pour se réunir dans le gousset du magnétiseur comme les molécules s'agglomèrent pour former une planète.

Les hôtels, les garnis de tout ordre regorgent de Pranzini. Une malle, un sac de nuit volé dans le filet d'un wagon, trois chemises, quelques mouchoirs marqués à des initiales différentes et un vieux gilet de flanelle, sale et déchiré, composent tout leur bagage. Sur la cheminée du rastaquouère, dans une coupe de porcelaine du Japon, coût : 1 franc 80, une magnifique épingle de cravate, perle ou brillant, souvenir d'une nuit d'amour et deux ou trois bagues de femmes où s'enchâssent des turquoises, petites fleurs bleues de l'idéal rêvé.

L'homme de proie parle trois ou quatre langues, cinq ou six s'il est d'origine slave. Il a fait une saison à Marienbad ; il a sondé toutes les villes d'eaux d'Allemagne, puis, on l'a vu à Dieppe, à Trouville, à Vichy, à Luchon, à Biarritz.

Partout où il arrive, il trouve un compatriote, cherchant comme lui à se mettre quelque chose sous la dent, une côtelette, un billet de banque, une femme. Ils se servent de maintien l'un à l'autre. Dès que celui-ci est parvenu à engager une conversation avec un baigneur, il lui présente son ami qui, lui, devient comte ou baron suivant les cas. En France, baron est un minimum...

Dans cette discipline, Henri Pranzini était déjà plus qu'un baron. Mieux, son procès allait en faire le roi du Tout-Paris. Ainsi dit-on qu'une respectable mère de famille, ayant donné trois enfants à la France, aurait bassement intrigué pour voir, ne serait-ce qu'une petite heure, ce meurtrier si romantique dans sa cellule. Nul ne sait si cette brave bourgeoise parvint à ses fins.

Un fait, en revanche, demeure avéré : le procès d'Henri Pranzini, présidé par le juge Onfroy de Bréville au début du mois de juillet 1887, fit courir tout ce que la capitale comptait de jupons volages et d'esprits féminins torturés par de coupables – mais voluptueuses – pensées. Ces dames avaient d'ailleurs pris leurs quartiers d'été dans l'auguste enceinte, amenant force paniers-repas et victuailles de toutes sortes. C'est donc en un délicieux frou-frou de dentelles, de collerettes et de bijoux que le « gentleman-assassin » ferait son entrée.

Aurélien Scholl n'avait pas menti : l'accusé avait valeur emblématique. Il était de ces aventuriers prompts au larcin et à la débauche, à la langue agile et aux manières délicates dont ce XIXe siècle finissant était si friand. Aurait-il moins mal tourné qu'il serait, à coup sûr, devenu poète maudit ou trafiquant d'armes. Une espèce de François Villon, en admettant qu'il en ait eu l'âme ou le talent. Mais Henri Pranzini n'avait rien de tout cela et les seules muses à s'être penchées sur son berceau étaient celles de la vanité et de la crapulerie.

Henri Pranzini était né en 1856, à Alexandrie, en Égypte. Ses parents, de nationalité italienne, avaient eux aussi mené une vie riche d'incartades et de débordements. Mauvais sang ne saurait mentir. L'homme était précoce : à dix-sept ans, il profitait de sa place d'employé des postes d'Alexandrie pour dérober l'argent contenu dans certaines enveloppes. Jusqu'au jour où il se fit prendre. Ce premier forfait lui valut une peine de neuf mois de prison.

À peine assagi, il mena ensuite une existence où l'errance le disputait à l'escroquerie à la petite semaine. Doué pour les langues, cet infatigable magouilleur était un jour interprète ; l'autre, agent d'affaires. Une fois, on le voyait organisateur de caravanes touristiques dans les déserts égyptiens ; l'autre, employé des chemins de fer Pullman. Sur son passage, comme par un fait exprès, Henri Pranzini abandonnait autant de méfaits que le Petit Poucet laissait de cailloux blancs. Les portefeuilles s'envolaient, les dames perdaient à la fois bijoux et vertu. En 1881, le tribunal de Marseille prononçait une autre peine de quinze mois de prison par défaut. En effet, l'insaisissable escroc était parvenu de justesse à échapper à la justice.

Quand il avait un gros besoin d'argent, Pranzini n'avait pas son pareil pour se faufiler dans le lit d'une dame à l'âge certain. Quand il n'avait vraiment plus le choix, il se résolvait à trouver un emploi. Ses talents de calligraphe étaient si exceptionnels qu'il était capable d'imiter n'importe quelle écriture et donc de se fabriquer à l'envi tous les certificats de travail nécessaires. Durant son procès, furent évoqués quelques passages en Afghanistan, au Belouchistan, en Inde, en Asie même. Le docteur Laborde, homme dont la moralité était au-dessus de tout soupçon et qui fut un temps l'employeur de Pranzini, en dressa ce portrait. Il était si juste, si éloquent, que le juge n'hésita pas à le lire au cours du procès : « Je le trouvais fat, orgueilleux, peu sincère, sournois, peu expansif, égoïste et trop joueur. À cette époque, Pranzini était assez joli garçon, avec ses poils naissants du visage, qu'il rasait parfois pour les faire croître plus vite. Il aimait à poser devant le beau sexe pour en captiver les cœurs, surtout quand la personne lui paraissait riche, ce dont il s'empressait de s'informer, et, si les renseignements lui convenaient, il ne craignait pas d'aller jusqu'à l'indélicatesse. Il préludait ainsi à cette vie qu'il devait mener plus tard de coureur de femmes, qu'il recherchait, non par affection, ni par passion, mais par intérêt, pour vivre à leurs dépens. »

En 1884, on avait retrouvé sa trace au Soudan, en pleine guerre, où il officiait en tant qu'interprète de l'armée de Sa très Gracieuse Majesté. Était-ce dû à ses qualités professionnelles ou à ses mauvais penchants, Pranzini quitta le Soudan cousu d'or. Il joua bientôt son pécule à la Bourse d'Alexandrie et le perdit tout aussi rapidement. Raide comme un passe-lacet, il se rendit brièvement à Monaco afin de se refaire un brin de menue monnaie et revint en Égypte où il exerça la profession de croupier dans un casino des plus huppés de sa bonne ville d'Alexandrie.

Deux ans plus tard, une fois de plus ruiné, Henri Pranzini s'acoquinait avec un peintre modérément porté sur les femmes et à peine plus honnête que lui, un dénommé Zwoboda. Bien malin celui qui aurait pu déterminer qui, de l'un, vivait aux crochets de l'autre ou lequel des deux mordait l'oreiller. Toujours est-il que l'artiste permit à son jeune protégé de gagner Paris.

Paris... ville de toutes les opportunités, terre promise des faisans de tout poil. Paris... où Pranzini allait pouvoir donner toute la mesure de ses contestables talents, ce d'autant plus facilement qu'il y était moins connu qu'à Alexandrie.

Là, il multiplia arnaques et entourloupes, détroussant jeunes dindes et vieux messieurs avec un faible, toutefois, pour ses compatriotes égyptiens qu'il plumait avec encore moins de vergogne. En 1887, il faisait la connaissance de Marie Regnault. Le premier jour, il prenait ses quartiers chez elle. Avant que ne tombe la nuit, il était dans son lit.

La symbiose entre ces deux êtres confinait à la perfection. Elle, jadis acharnée à croquer la vie à pleines dents, vivait aujourd'hui à crédit sur une gloire fanée. Le retour d'âge aidant, Marie Regnault ne demandait qu'à croire à la prime amourette, était prête à avaler tout cru les billevesées de son amant d'un soir, prête à croire qu'il l'aimait, prête à croire tout ce qui pouvait lui faire oublier qu'elle n'était plus ce qu'elle avait été autrefois. Lui, jeune, dans la force de ses trente ans, bel homme, charmeur et sans scrupules, n'avait point tardé à flairer le pigeon de taille. Henri Pranzini aimait les femmes, le fait était entendu ; mais, aux femmes qui coûtaient, il préférait de loin celles qui rapportaient. Marie Regnault était l'une d'entre elles. Encore désirable, ce qui ne gâtait rien, elle vivait dans le luxe, ce qui n'était pas à négliger non plus. Mieux, le gandin vivait déjà chez une autre dame, Suzanne Sabatier, qui, elle aussi, l'entretenait grassement. Cela, manifestement, ne lui suffisait pas. Henri Pranzini avait de gros, de très gros besoins d'argent. Et de l'argent, Régine de Montille en avait.

Au début du mois de mars, il se rendait donc dans une coutellerie du boulevard Barbès et achetait le poignard qu'on retrouverait plus tard, le 17 au matin, au domicile de sa nouvelle maîtresse. Quelques jours plus tard, il visitait une boutique de postiches et essayait fausses barbes et lunettes. Il ne les acheta pas, ayant été reconnu par l'un des vendeurs qui connaissait sa réputation de gigolo. Pranzini préféra donc prendre le large. Le 16 du même mois, il déclarait à l'une de ses connaissances en avoir fini avec ses problèmes d'argent, comptant sur une forte somme pour le lendemain. On sait ce qu'il advint dans la nuit du 16 au 17 mars.

Le 18, tous les témoignages concordaient : Henri Pranzini manifestait une excitation fébrile, assurait à qui voulait l'entendre être au mieux avec Régine de Montille, prétendait même avoir été voir les corps de ses trois victimes à la morgue alors qu'ils n'y avaient jamais été exposés. Pis, il se précipita chez le coiffeur afin d'y faire raser sa barbe, changea son chapeau haut de forme contre un chapeau rond. Le lendemain soir, il faisait ses valises et prenait le train pour Marseille, au grand dam de Suzanne Sabatier qui tint néanmoins à l'accompagner gare de Lyon. Avant de s'enfuir – le fait fut irréfutablement prouvé – il s'était rendu dans un bureau de poste d'où il avait envoyé le fameux paquet dont Jean-Marie Goron avait découvert les restes dans une décharge de la cité phocéenne. Il va sans dire que le nom de l'expéditeur, le docteur Forster [1], relevait de la plus haute fantaisie.

Avant de partir, il avait eu soin de soutirer les dernières économies de Suzanne Sabatier, en l'occurrence soixante-dix francs, somme qu'on lui avait donnée au Mont-de-Piété contre un médaillon qu'elle tenait de sa mère. Puis, sur le coup de minuit, il avait pris le train pour Marseille. La suite est connue. La prostituée ramassée au café de Monte-Carlo, le matin à la messe, l'après-midi au bordel, l'arrivée de Jean-Marie Goron, le retour à Paris, la confrontation avec Suzanne Sabatier, amoureuse héroïque et midinette indécrottable.

Un dernier détail acheva de le compromettre : Henri Pranzini avait de légères coupures aux mains. De l'avis des médecins, elles remontaient au milieu du mois de mars. Or, lorsque l'assassin avait quitté l'appartement de Marie Regnault, les enquêteurs avaient découvert sur le battant de la porte des empreintes de mains et quelques gouttelettes de sang.

Cette accumulation de faits, de témoignages, de preuves démontrait au moins deux choses : non seulement Henri Pranzini était bel et bien l'auteur du triple crime de la rue Montaigne, mais, de plus, l'homme, quoique rusé, se signalait par une piètre intelligence. Depuis son horrible forfait, il s'était acharné à multiplier les maladresses. Son ahurissant système de défense en témoignait de manière accablante. Il continua pourtant de l'employer tout au long de son procès.

Le juge Onfroy de Bréville, nous l'avons constaté précédemment lors des procès anarchistes, était de ces magistrats avec

1. En fait, on devait l'apprendre plus tard, le docteur Henri Forster existait bel et bien. Il n'était autre que l'un des compagnons d'ivresse de Pranzini.

lesquels on sait immédiatement qu'il ne fait pas bon plaisanter. Froid, impavide, il lâcha en martelant ses mots :

– Pranzini, levez-vous.

Pranzini se leva. Face aux magistrats, il tentait l'impossible pour se donner bonne contenance et prendre une de ces têtes d'innocent qui ont le don de faire douter les jurés. Il sentait derrière lui le crissement des dentelles, la moiteur des peaux, la rougeur des joues de toutes ces dames venues voir à quelle sauce l'assassin redoutable, l'amant délicieux, allait être accommodé. La sauce en question était plus qu'épicée : vol caractérisé et trois homicides volontaires avec préméditation.

Le prévenu ne blêmit pas lorsque fut prononcé l'exposé des faits. Il admit avoir été l'amant de Marie Regnault. Enfin, l'un de ses quatre amants. Deux autres, qui ne se connaissaient pas, subvenaient à ses besoins matériels. Le troisième, lui, ne payait pas. C'était l'ami de cœur. C'est lorsque ce dernier prit femme que, par dépit, elle commença à accueillir un peu tout le monde, un peu n'importe qui, dans son alcôve. Ce qui explique que Pranzini, escroc de si médiocre envergure, ait pu être admis dans sa couche, et éclaire d'un jour nouveau la lettre d'amour transi, signée de la main de Marie Regnault et découverte rue Montaigne par Jean-Marie Goron.

Voyant qu'il était cerné de toutes parts, l'accusé inaugura un nouveau système de défense. Il n'avait pas passé la nuit du 16 au 17 mars chez Marie Regnault parce qu'il était chez une autre femme dont la vertu et le statut social étaient connus de tous. De là, date probablement la légende de Pranzini, galant homme devant l'éternel, parti guilleret à l'échafaud pour n'avoir pas voulu écorner l'honneur d'une dame. Beaucoup de gens le crurent parce qu'ils avaient tout simplement envie d'y croire, parce qu'à choisir entre la vérité et la légende, autant privilégier la seconde, pour peu, bien sûr, qu'elle soit plus séduisante. La vérité, elle, l'était nettement moins.

Henri Pranzini, comme il en est souvent coutume chez les

crapules de son acabit, perdait peu à peu de son assurance. Plus le faisceau de preuves se resserrait autour de sa personne, plus il se faisait penaud et incohérent. La théorie selon laquelle il aurait passé la nuit avec une femme dont il ne pouvait divulguer le nom ne tint pas longtemps. Elle n'était pas crédible, pas logique. Et ne cadrait surtout pas avec sa fuite à Marseille. Fuite à laquelle il donna l'explication suivante : il se souvenait avoir laissé deux cartes de visite au domicile de Marie Regnault, ce qui aurait pu le compromettre. C'était peu. D'autant plus que sa carte cohabitait avec une soixantaine d'autres, arborant des noms autrement plus illustres que le sien. Et puis, quoique Italien né en Égypte, il n'était pas sans savoir qu'en France on ne coupe pas les têtes pour de banales histoires de fesses. Pour finir, l'hypothèse un temps défendue par Suzanne Sabatier, selon laquelle Henri Pranzini aurait assisté au triple crime de la rue Montaigne, claquemuré dans un placard, fit également long feu.

Puis, le juge Onfroy de Bréville en vint à l'énigmatique Gaston Geissler et demanda :

« Vous vous êtes souvent perdu par un excès d'habileté. L'assassin, quel qu'il soit, a signé son crime : sur une ceinture, sur des manchettes, sur une lettre, partout le même nom, Gaston Geissler. Eh bien, ce nom de Geissler, ce n'est pas un inconnu pour vous ?

– Non, je l'ai connu en Italie et je l'ai même revu il y a six mois. »

Sentant qu'il avait visé juste, le juge insista :

« Dans un tiroir où Marie Regnault ne mettait jamais ses lettres, on retrouve une lettre informe. Cette lettre, c'est vous qui l'avez écrite, c'est vous qui l'avez laissée dans ce tiroir afin qu'on l'y trouve. »

Sous le choc, Henri Pranzini ne répondit pas. C'était donc ça. Georges Guttentag, alias Gaston Geissler, avait rencontré Henri Pranzini au gré de ses pérégrinations. Celui-ci avait tôt fait de voir à quoi ressemblait son écriture. Ç'avait ensuite été pour lui un jeu d'enfant que de l'imiter. Pranzini devait aussi savoir, au début de ce mois de mars 1887, que Gaston Geissler se trouvait à Paris et qu'il avait, de par ses vagabondages répétés, le profil d'un coupable des plus présentables. Le coup avait bien été manigancé. Ce n'était pas après avoir ôté la vie à trois femmes qu'il avait eu l'idée d'écrire cette fausse lettre, de la chiffonner pour ensuite la dissimuler dans le secrétaire de Marie Regnault. Tout avait été préparé à l'avance. La préméditation était évidente.

Voici donc quelle était la clef de l'énigme Gaston Geissler : une rencontre fortuite entre deux marginaux. L'un, faux anarchiste et raté authentique, dont la vie dérivait au fil de l'eau ; l'autre, roué et dénué de tout sens moral, qui avait immédiatement vu le parti à tirer de ce malheureux dont le seul trésor consistait en une valise de carton bouilli et un vieux médaillon dans lequel il gardait précieusement le portrait d'une mère qui l'avait depuis longtemps renié. Georges Guttentag n'était qu'un pauvre diable, un déclassé, un marginal. Ce contemplatif, manifestement inoffensif, n'avait pas l'étoffe d'un assassin. Et Jean-Marie Goron avait remué ciel et terre en Allemagne pour le retrouver, bien au chaud, dans sa prison parisienne.

Si l'on avait encore douté de l'innocence du fils d'Isaac Guttentag, un dernier détail acheva de lever toute équivoque. En effet, le docteur Paul Brouardel, l'un des médecins légistes, affirma que le sang qui tachait les deux manchettes n'avait pas giclé d'une quelconque blessure mais avait été soigneusement appliqué du doigt. Mieux, le nom Gaston Geissler, qui marquait les deux objets, avait été maladroitement ajouté à la main. À l'encre, qui plus est. Ce qui ne portait pas à conséquence pour la ceinture, mais qui était invraisemblable pour la manchette de tissu : au premier lavage, le nom aurait disparu. Et surtout, la ceinture en question ne correspondait pas au tour de taille de Gaston Geissler, mais elle allait en revanche à ravir à Henri Pranzini. Voilà qui vint encore, s'il en avait été besoin, renforcer la thèse de la préméditation. Cette ceinture, ces deux manchettes, Pranzini les avait sciemment abandonnées sur les lieux du crime.

Au fur et à mesure que les preuves et les faits irréfutables s'accumulaient sur la tête de l'accusé, les femmes présentes dans le prétoire gloussaient d'aise, fascinées par cet assassin au corps puissant et aux yeux de biche. L'odeur du sang, les effluves de stupre, sa mine interlope, la sensualité animale qui se dégageait du personnage en faisaient une espèce de séducteur monstrueux. Henri Pranzini était, à n'en point douter, de ces hommes dont certaines femmes rêvent parfois, dans le secret de leurs nuits monotones.

Quand l'avocat général Reynaud prononça son réquisitoire, le sort d'Henri Pranzini était déjà scellé :

« Messieurs les jurés, il y a peu de crimes qui aient causé autant d'émotion, il y a peu de procès qui aient excité une aussi grande curiosité. L'instruction s'est poursuivie en quelque sorte publiquement ; les journaux de chaque jour en commentaient les détails, si bien que, sur des données forcément incomplètes, chacun a depuis longtemps jugé l'affaire. Je ne récrimine pas contre cette publication, si j'en sais les dangers, je n'en méconnais pas les avantages, et c'est d'ailleurs la conséquence forcée d'une liberté qui s'impose. Mais, si je suis disposé à la subir, c'est à la condition qu'elle laissera entière et indépendante l'œuvre du juge. »

Et de dresser, à son tour, le portrait de Pranzini. Pour ce faire, il cita une lettre d'une de ses maîtresses, une jeune sotte américaine :

« Je me rappelle toutes les petites choses qui ont eu lieu entre nous et tout ce que vous avez dit. Même je me rappelle certaines petites choses qui vous vexaient, mon amour ! Ainsi je porte maintenant une voilette, et je baisse les yeux quand il y a des hommes autour de moi, car je veux garder mes yeux pour vous. J'étais bien aise de voir que vous êtes d'une si grande force, ce soir-là où j'ai touché vos muscles de fer dans vos bras, et vous m'avez longuement parlé des adversaires que vous avez terrassés. Je n'aime pas les hommes qui sont tout gras et qui n'ont pas de muscles. Vous comprenez ce que je veux dire : un bras mou qui est faible et tout à fait gras et qui ressemble à celui d'une femme. Mais vous avez ce que j'aime : la force virile et le bon sens. »

À la lecture de ce panégyrique, quelques joues féminines s'empourprèrent. Henri Pranzini, lui, pâlit. En effet, le triple meurtre de la rue Montaigne nécessitait une certaine force physique. Marie Regnault était une femme robuste ; sa femme de chambre, encore plus. Or l'accusé s'était acharné à minimiser sa force, expliquant que, jamais de sa vie, il n'avait fait de gymnastique. Ce qui était contredit par ce même courrier dans lequel on pouvait aussi lire : « Vous m'avez dit, dans cette dernière nuit à Paris, que votre père vous disait, quand vous étiez jeune, de vous rendre fort, athlétique et viril... »

La conclusion du réquisitoire fut sans appel :

« L'assassin était seul : Pranzini était seul. L'assassin connaissait Marie Regnault : Pranzini la connaissait. L'assassin a été blessé : Pranzini avait une égratignure à la main. L'assassin s'est servi d'un large couteau : Pranzini a acheté un couteau de boucher avant le crime. Pranzini a été arrêté à Marseille, nanti des objets volés. Pranzini, dans un moment de désespoir, a voulu se suicider. Pranzini, à n'en pas douter, est l'auteur du triple assassinat de la rue Montaigne. Un dernier mot, messieurs les jurés : je n'ai pas à vous parler de circonstances atténuantes, ce serait vous faire injure ; ni l'affaire, ni l'accusé ne les comportent. »

Ces mots prononcés, le silence se fit dans la salle d'audience. C'était à Me Demange qu'incombait la lourde tâche de sauver la tête du prévenu. Il le fit avec un remarquable brio. Comme il ne pouvait véritablement nier les faits, il insista longuement sur la jeunesse mouvementée de son client. Certes, il convenait que c'était un escroc notoire. Mais de l'indélicatesse à l'assassinat, il y avait un pas que Me Demange suppliait les jurés de ne point franchir. Il prenait acte de l'arrestation de Pranzini à Marseille, en possession des bijoux volés à la victime. Mais, à l'entendre, il n'y avait là aucun rapport de cause à effet.

Me Demange ne négligea aucun effet, qu'il soit de manche ou oratoire, tenta de mettre en doute l'impartialité du juge d'instruction, ce qui était de bonne guerre mais ne se révéla guère efficace. Mieux, il mit en scène un autre Henri Pranzini, victime de la vie, meurtri par de trop nombreux chagrins, de trop grandes injustices :

« Savez-vous quel est le suprême désir de cet homme ? Il m'a dit : “Plaidez la mort ou la liberté.” Et moi, je dis au jury : prenez garde. La mort s'il est assassin, la liberté s'il est innocent. Mais s'il est voleur... on n'envoie pas les voleurs à l'échafaud ! Ne me dites pas : s'il est le voleur, il révélerait le nom de l'assassin. Qu'est-ce qu'il y gagnerait ? Et puis, que lui importe ? Ce qu'il veut, c'est la vie avec toutes les jouissances, la vie avec le jeu, la vie avec les femmes, ce n'est pas la vie au bagne ! Il sait qu'un vol, dans les conditions où il l'a accompli, ce sont les travaux forcés à perpétuité. Il n'en veut pas ! »

La salle retenait son souffle, hypnotisée. Sûr de son effet, l'avocat poursuivit :

« Tout ou rien, c'est ce que demande l'avocat général, c'est ce qu'Henri Pranzini demande, lui aussi. L'avocat général dit : “Je veux votre tête.” Lui dit : “Je veux ma liberté.” Moi, je reste entre vous deux. J'ai peut-être été au-dessous de ma tâche. Vous, messieurs les jurés, vous serez au niveau de la vôtre. »

Ne manquait plus qu'on en appelle à la pauvre mère de l'accusé. Me Demange ne s'en priva point :

« Il y a quelques jours, j'ai reçu une lettre de sa pauvre mère. Elle aussi me disait : assassin, jamais ! Jamais ! Voleur ? Elle n'ose dire le nom et elle se contente de le couvrir devant vous de son affection et de sa tendresse. »

Et il termina sur cette envolée :

« Si vous êtes sûrs qu'il est l'assassin, monsieur l'avocat général vous dit : qu'il meure ! Mais si vous n'en êtes pas sûrs, qu'il vive ! La justice vous le commande ! »

Dans ses mémoires, Jean-Marie Goron, présent durant l'ensemble du procès, notait : « Des applaudissements éclatèrent dans toutes les parties de la salle. Et vraiment, c'était justice ! Il était impossible d'avoir mieux touché les points faibles de toutes les instructions judiciaires, même celles qui sont le mieux faites. Une fois de plus, éclatait la vérité de tout ce que j'ai déjà dit. Toute l'habileté du magistrat instructeur est avant tout d'arriver à obtenir les aveux du coupable. »

Il faut ainsi reconnaître qu'Henri Pranzini n'a jamais avoué être l'auteur de ce triple meurtre. D'où le doute insidieux quant à sa culpabilité. D'où les rumeurs persistantes selon lesquelles ce pauvre bougre n'aurait été qu'un simple bouc émissaire, guillotiné dans un moment de distraction par un jury insensible et un juge sans cœur.

Cette thèse est bien évidemment séduisante. De tout temps, le grand public a toujours été attiré par de présumés innocents broyés par la machine administrative. Si, de plus, l'« innocent » en question porte beau, est défendu par un avocat habile et brillant, l'affaire est quasiment gagnée d'avance. Pour les journalistes, la cause est également entendue : l'on vendra toujours plus de papier avec un malheureux, victime d'une prétendue erreur judiciaire, qu'avec une canaille avérée que le bourreau réveillera au petit matin blême pour le conduire à l'échafaud.

Mais revenons plutôt à la réalité. Albert Wolff, journaliste contemporain de l'affaire, eut ce mot, cruel, mais juste : « Un jury de femmes aurait acquitté Pranzini ; un jury d'eunuques l'eût condamné à être brûlé à petit feu... » Les jurés rendirent une sentence plus mesurée : la mort par guillotine. La vérité oblige à dire qu'Henri Pranzini, si veule tout au long de son existence, accepta dignement le verdict. Le juge Onfroy de Bréville lui signifia qu'il avait trois jours pour se pourvoir en cassation. Il refusa pour la simple raison qu'ayant été condamné un 13 juillet une telle date ne ferait que lui porter malheur ! De mémoire de juge, telle chose ne s'était encore jamais vue, mais il faut bien un début à tout.

Quelques jours plus tard, le 27 juillet 1887, Henri Pranzini envoya de sa cellule de la Roquette la lettre suivante à Jean-Marie Goron. Son ton, ses préoccupations d'alors sont assez révélateurs de sa personnalité pour qu'elle soit ici intégralement reproduite :

> Veuillez bien me permettre de vous demander faveur que, j'espère, vous ne voudrez point me refuser. L'inspecteur Latrille, chargé de la surveillance ici, est un très brave homme, tout dévoué à son devoir ; mais il a une manie de trop longuement causer et à haute voix avec les gardiens compagnons des surveillances, soit de nuit comme de jour, sans se gêner si je dors ou si le tapage qu'il fait parfois est insupportable. Les deux autres sont très convenables, point causeurs du tout et tranquilles ; aussi je n'ai qu'à vous prier de vouloir, si cela était possible, car je désire ma tranquillité et repos, remplacer Latrille par un autre que vous croirez. Je vous prie, monsieur, de croire que la raison exposée en est la seule et que Latrille, sauf cette différence qui n'a aucune importance sur l'ordre du service, n'a manqué jamais, je vous le répète, à remplir ses devoirs à la mission qui lui a été confiée. Je vous serai bien reconnaissant si cette demande que je sollicite serait maintenue dans toute la réserve possible.
>
> Henri Pranzini.

Ce billet permet au moins de comprendre que ce n'était ni grâce à sa syntaxe ni à son vocabulaire qu'il procurait le grand frisson aux femmes. Pis, celui qui n'avait pas hésité à faire accuser une tierce personne de son propre crime entendait désormais juger seul de l'avancement de ses gardiens. Inutile de dire que cette missive n'entraîna pas de réorganisation majeure au sein du personnel carcéral. Un autre gardien, en revanche, fut vertement tancé et mis à pied pour avoir cru intelligent d'écrire dans un coin de la cellule de Pranzini l'épitaphe suivante : « Mon vieux Pranzini, tu ne mangeras plus de macaronis. »

Le dernier rebondissement de l'affaire vint d'où personne ne l'attendait. Suzanne Sabatier envoya une lettre au président de la République, Jules Grévy, afin d'implorer la grâce de l'homme qu'elle avait contribué à envoyer à l'échafaud en le privant de son principal alibi ! Ayant fini par obtenir rendez-vous, elle se jeta aux pieds du premier magistrat de France, se roulant même sur son tapis. En vain. Henri Pranzini devait subir le châtiment suprême le 31 août suivant. Jules Grévy, guère convaincu de l'innocence de l'homme, préféra s'en tenir au calendrier prévu.

Le 31 août 1887, donc, l'on vint chercher Henri Pranzini dans la cellule n° 2 de la prison de la Roquette. Il se montra digne et courageux. Étaient présents le procureur de la République Bernard, le juge d'instruction Atthalin, le greffier de la cour Marmagne, l'aumônier Faure, le chef de la Sûreté Taylor et son adjoint, Jean-Marie Goron.

Henri Pranzini, une fois arrivé dans la salle où ses cheveux furent coupés sur la nuque et sa chemise amputée du col, histoire que le fil de la guillotine puisse suivre plus aisément son chemin, n'eut que ce mot :

– Je suis heureux de mourir plutôt que d'obtenir une grâce et d'aller au bagne. Je meurs avec mon innocence, soyez maudits...

Quelques minutes plus tard, sa tête roulait dans le panier. Henri Pranzini était parti rejoindre Marie Regnault, dite Régine de Montille, dans un meilleur demi-monde.

Il n'y a pire mort que l'oubli. Henri Pranzini devait au moins échapper à celle-là. Longtemps, son souvenir perdura. Dans les cœurs de femmes vertueuses, inconsolables des fautes qu'elles n'avaient pas commises, dans celui d'un certain peuple de Paris, aussi. Et c'est ainsi que des faubourgs monta cette ironique chanson, poussée par de rudes gorges, goudronnées au mauvais tabac et à l'alcool de contrebande :

Un matin, plac' d'la Roquette,
Pranzini, c'pauv' malheureux,
Pour expier un crime affreux,
Se fit séparer de sa tête.
V'là c'que c'est d'être trop beau
Et de jouer du couteau.

En petits morceaux intimes,
On découpa l'Levantin.
Ainsi l'voulait le destin.
À l'instar de ses victimes,
Sa têt'fut déchiquetée
Comme un vulgaire pâté.

Taylor fut pris d'la jaunisse
Ainsi qu'Goron son copain
Quand ils apprirent que l'larcin
Se savait à la justice.
N'sachant comment s'en tirer,
Taylor s'dit : j'vais m'arrêter !

Enfin, cette triste histoire
Fit rigoler tout Paris.
Comme c'est l'premier qu'il a pris,
Chacun s'disait, c'est notoire,
Taylor voulait de ce beau
Gars, un souvenir en peau.

CHAPITRE XI

Avec les compliments d'Eugène Allmayer, escroc et gentleman

« Qui vit sans folie n'est pas si sage qu'on croit. »

LA ROCHEFOUCAULD

Eugène Allmayer avait tout d'abord été – pas longtemps certes – un honorable fils de famille. Né dans un de ces milieux où les enfants sont élevés dans la crainte de Dieu et le respect du travail, il affichait néanmoins, et ce dès le plus jeune âge, une moralité au-dessous de tout soupçon.

Sa carrière d'escroc, il la commença tôt. À seize ans à peine révolus, il entretenait une première maîtresse. Cette dame lui coûtait fort cher. Pour satisfaire à ses besoins, qui n'étaient pas modestes, Eugène Allmayer, employé dans la banque paternelle, déroba un jour un carnet de chèques. Puis, ayant adroitement imité la signature de son père, il chargea la domestique de la maisonnée d'aller le présenter à la caisse. Le subterfuge fut rapidement mis au jour, le père porta plainte, et la malheureuse manqua d'être arrêtée. S'étant finalement rendu compte de l'imposture, le père corrigea vertement son fils.

Peut-être avait-il lésiné sur les coups de ceinturon, toujours est-il que l'inénarrable Eugène Allmayer ne s'en tint pas là et continua de multiplier les larcins. Las de tant d'indiscipline, inquiet que les rapines de son fils ne viennent à nuire à sa réputation – il était l'un des banquiers les plus en vue de Paris –, M. Allmayer décida de prendre personnellement la situation en main.

Il convoqua donc son rejeton afin de mettre certaines choses au point :

– Mon fils, pour expier ta faute, il te faut entrer dans l'armée.

– Je crois que je n'ai pas le choix.

– En effet. C'est l'armée ou mon pied au cul.

– Alors, ce sera les dragons.

– Sache t'en montrer digne, menaça le père.

– Vous n'aurez plus à rougir de votre fils, je vous en fais le serment.

Le financier s'en trouva subitement rasséréné ; attendri, presque. Eugène était son unique fils et les promesses n'engagent jamais que ceux auxquels on les fait. Il est vrai qu'Eugène Allmayer était un garçon d'alerte prestance. Son esprit était vif et joyeux ; à vingt ans, il était de ces godelureaux dont les hommes rêvent de se faire des amis et les femmes des amants.

La discipline militaire, même celle du prestigieux corps des dragons, ne parvint pas à le ramener dans le droit chemin. Fort de son poste d'intendant, Eugène Allmayer grugeait sur les fournitures et se faisait un devoir de prélever sa dîme sur la caisse du régiment. Il mena ainsi grand train jusqu'au jour où ces nouvelles malversations furent découvertes.

Le soir même, on le jetait au cachot. Il en aurait fallu plus pour l'empêcher de nuire. À peine allongé sur son grabat, il s'écria :

– Mes tripes me font mal ! Je suis malade !

Aussitôt, la porte s'ouvrit sur l'adjudant de garde.

– Bon, d'accord, on y va. Mais, au moindre geste..., menaça le sous-officier.

– Bien sûr, j'entends bien, répondit Eugène Allmayer.

Une fois qu'il fut entré aux commodités, le prisonnier sortit un rasoir de sa poche, se rasa en un tournemain et coupa ses moustaches. Puis il sortit une casquette de gardien de sa veste de droguet. Dans les toilettes, soigneusement dissimulés dans un coin, il trouva veste et pantalon de surveillant. Il ne lui en avait coûté que deux louis pour corrompre l'un des gardiens.

Lorsque Eugène Allmayer sortit dans le couloir, il était méconnaissable. Il avait eu l'intelligence d'attendre assez longtemps pour que la vigilance de l'adjudant se soit quelque peu relâchée. Aussi celui-ci ne réagit-il pas plus que ça lorsqu'il vit se profiler, à l'autre bout du couloir, une silhouette de gardien. Ensuite, taraudé d'un doute atroce, le sous-officier se rua dans les toilettes et n'y trouva qu'un uniforme de prisonnier et quelques poils de moustache.

Allmayer fut arrêté le lendemain, alors qu'il attendait le train pour Paris. Cette escapade manquée s'ajouta à sa note, déjà longue : cinq ans de prison supplémentaires. Une semaine plus tard, il tentait à nouveau de s'évader. L'administration militaire, lasse de tant de mauvaise volonté, décida qu'Eugène Allmayer finirait son temps à Tlemcen, dans les bataillons disciplinaires d'Afrique, aux confins de l'Algérie lointaine.

Une telle disgrâce était de nature à calmer le plus rétif des prisonniers. Le climat était rude et les sous-officiers distribuaient les jours de cachot sans barguigner. Ça ne suffit pourtant pas à réfréner les ardeurs de l'enfant dévoyé. Un mois plus tard, en effet, par on ne sait quel miracle, Eugène Allmayer était de retour à Paris.

Visiblement impressionné par un tel culot, Jean-Marie Goron écrivit un jour à son sujet ces quelques mots au détour desquels pointait un brin d'admiration amusée : « Avec cette habileté vraiment extraordinaire qu'il possédait de jouer la comédie et de faire étalage de bons sentiments qu'il n'avait pas, Eugène Allmayer se jeta aux genoux de son père, déclarant qu'il se repentait de ses fautes et qu'il voulait devenir un honnête homme. Il parvint à obtenir son pardon, et commença de mener une vie très régulière, dînant tous les soirs dans sa famille, ne sortant que rarement, et toujours en habit noir. Je crois même qu'on cherchait pour lui, étant donné qu'il était très intelligent, une bonne situation dans les affaires, où il pût refaire sa vie et gagner de l'argent. »

Les broutilles de jeunesse avaient été oubliées. La justice ne s'acharna pas davantage sur l'enfant prodigue. Les relations haut placées du père avaient dû vraisemblablement faciliter la manœuvre. Eugène Allmayer avait fauté en son jeune temps. Mais quoi ! L'État avait mieux à faire que de persécuter un brave garçon, certes turbulent, mais qui n'avait pas d'autre désir que celui, visiblement sincère, de s'amender.

Eugène Allmayer avait été immédiatement adopté par les amis et relations professionnelles de son père. Il s'était tout particulièrement lié à un riche négociant, Edmond Keller, chez lequel il avait table ouverte. Sa conversation était délicieuse, ses piques faisaient mouche à tout coup : il était le convive rêvé. Seule fausse note à ce tableau idyllique, après chacun de ses passages, le maître des lieux remarquait qu'une lettre, un pli, un objet avait changé de place sur son bureau. Edmond Keller se perdait en conjectures. Bien sûr, il était hors de question que ce garçon disert et prévenant, en lequel il avait toute confiance, puisse y être pour quelque chose.

Le 6 septembre 1886, un banquier du boulevard Bonne-Nouvelle recevait un coup de téléphone d'Edmond Keller. Les deux hommes étant en relations d'affaires suivies depuis longtemps, il n'y avait donc là rien d'étonnant. Edmond Keller lui proposa une transaction financière avec Londres. Il suffisait au banquier de remettre les fonds nécessaires au porteur qui se présenterait au guichet en échange d'une traite de quelques milliers de livres sterling. Tractation banale, comme il s'en passait tous les jours à Paris.

En effet, quelques heures après cette communication téléphonique, un employé assurant avoir été envoyé par Edmond Keller se présenta à la banque, y déposa la traite et s'en alla avec les fonds en liquide. Jusque-là, rien d'inquiétant, si ce n'est que la semaine suivante, un employé de la banque du boulevard Bonne-Nouvelle se présentait à son tour à l'établissement dirigé par Edmond Keller pour s'y faire régler la traite en question.

Problème : la signature de la traite était un faux, imitant certes assez bien l'écriture d'Edmond Keller, mais un faux tout de même. Quant aux fonds en liquide, personne n'en avait jamais vu la couleur. Ils s'étaient purement et simplement évanouis dans la nature ainsi que l'employé qui était venu en prendre livraison.

Quarante et un mille sept cent deux francs et quatre-vingt-dix centimes venaient de disparaître en l'espace de quelques minutes. Qui était ce mystérieux employé ? Mystère. De son côté, Edmond Keller démentit formellement avoir proposé pareille transaction au banquier. Qui, alors, avait passé ce coup de téléphone ?

Deux employés de Keller furent rapidement soupçonnés. Ils connaissaient l'écriture et la signature de leur patron et étaient fort capables de les imiter, tout comme sa voix. C'est en tout cas ce que dut estimer le juge d'instruction Villers, chargé de l'affaire, qui les fit illico interner à la prison de Mazas.

À cet instant, l'affaire commença de basculer dans la complète fantaisie. Contre toute attente, et mû par une mansuétude que personne ne lui connaissait jusqu'alors, Eugène Allmayer usa de l'amitié qui le liait à Edmond Keller pour faire libérer les deux employés. Mais peut-être en avait-il trop fait... Il accepta d'accompagner Edmond Keller au palais de justice. Le juge Villers apprit ainsi qu'il était un proche ami du négociant. Ce qui devait arriver arriva et Eugène Allmayer fut cité à comparaître comme témoin. Était-ce l'austérité du magistrat, les ors et les pompes de la justice : Eugène Allmayer, subitement pris de panique, se mit à transpirer à grosses gouttes. S'il se reprit bien vite, le juge Villers avait eu tout le temps de noter son trouble.

Allmayer arborait maintenant une moustache fournie et taillée en crocs. Vêtu avec recherche, le nœud de cravate rehaussé d'une épingle d'argent, il se tenait fier et droit. Il avait l'élégance un rien canaille : manteau de cachemire beurre frais négligemment jeté sur l'épaule, bottines un peu trop voyantes, haut-de-forme porté de côté. Une impression qui s'effaçait néanmoins dès qu'on croisait son regard d'enfant, naïf et candide.

Peut-être le juge Villers n'était-il pas dupe de tant de désinvolture. De sa voix légèrement métallique, cassante, il demanda :

– C'est vous, n'est-ce pas ?

Eugène Allmayer observa un temps d'arrêt et répondit :

– Non. Mais je vais vous dire toute la vérité, monsieur le juge. Mon ami Edmond Keller a de graves problèmes d'argent. La tentation était donc grande de se laisser aller à cette petite indélicatesse. Je sais, je suis coupable. J'aurais dû vous révéler la chose plus tôt. Mais, voyez-vous, monsieur le juge, quand on a des principes, de la moralité, il y a des choses que l'honneur vous interdit de faire. Dénoncer un ami à la justice, par exemple...

– C'est pourtant ce que vous êtes en train de faire, sourit le juge.

– Oui, mais uniquement pour son bien. Je pensais tout d'abord qu'Edmond allait discrètement rembourser cette somme et que tout aurait vite été oublié. J'ai compris maintenant qu'il n'en fera rien. Voilà pourquoi je vous parle, monsieur le juge : pour éviter que cette déplorable histoire n'aille trop loin et ne vienne salir plus que de raison l'honneur d'un ami qui m'est cher. Un ami, que dis-je ! un frère...

– Évidemment, vu sous cet angle, répondit le juge, toujours aussi imperturbable. Eh bien, nous convoquerons votre « frère » dès demain à la première heure.

Et c'est d'un pas presque léger qu'Eugène Allmayer quitta le palais de justice.

Le lendemain, Edmond Keller et son ami se retrouvaient dans

son ami ni sur ses relations familiales. Il était de nouveau entré à Mazas, mais pour ne plus en sortir. Enfin, pas tout de suite...

En attendant, le magistrat eut toute latitude pour reconstituer la façon dont l'escroquerie s'était déroulée. Profitant de ses incessantes visites à Edmond Keller, Eugène Allmayer ouvrait son courrier. N'ignorant plus rien de la façon dont son « meilleur ami » menait son commerce, il vola la lettre de créance, puis alla téléphoner à la banque du boulevard Bonne-Nouvelle. Là, s'étant fait passer pour Edmond Keller en grimant sa voix, il avait entamé la transaction. Il ne restait plus à Puizet qu'à jouer les petits commissionnaires. Une tâche qui lui rapporta dix mille francs, un costume neuf et une soirée dans l'un des bordels les plus courus de la capitale.

La presse se fit complaisamment l'écho de l'histoire, glosant à foison sur l'étonnante personnalité du prévaricateur. La légende d'Eugène Allmayer venait de naître.

Au bout d'un mois, les gardiens de Mazas ne juraient plus que par leur nouveau prisonnier. Souvent spirituel et toujours poli, c'était un véritable bonheur que d'avoir à surveiller un homme tel qu'Eugène Allmayer. Bien sûr, il avait quelques menues exigences dont celle-ci, qui n'avait rien d'excentrique : il aimait écrire. Pour préparer sa défense, expliquait-il au gardien chargé de le ravitailler en encre, en plumes et en papier. Le juge Villers, lui non plus, ne détestait pas venir rendre visite à cet escroc en permanence enclin à la civilité.

Le juge Villers se déplaçait toujours avec d'invraisemblables liasses de papier. Un jour qu'il honorait Allmayer de sa visite, il les déposa sur la table du prisonnier. Il s'en débarrassait d'habitude sur une petite chaise, mais, ce jour-là, la chaise était cassée. Eugène Allmayer, le cigare vissé au coin des lèvres, parlait en marchant d'un bout à l'autre de sa cellule, égrenant quelques souvenirs et anecdotes relatives à son passage dans les bataillons disciplinaires. Le juge buvait littéralement ses paroles. Dieu que cet homme avait le don de mettre en relief un comportement cocasse, de conter une histoire sans jamais être lassant, de toujours la clore sur une chute irrésistible de drôlerie... Le magistrat peinait à se l'avouer, mais l'escroc le changeait agréablement des sempiternels raseurs qu'il côtoyait au palais de justice.

Emporté par sa verve, Eugène Allmayer heurta le coin de la table, faisant tomber toute la paperasse du magistrat. Il se confondit en excuses et entreprit de ramasser les papiers épars afin de les remettre en pile sur sa table. Une demi-heure plus tard, le juge Villers prenait congé, non sans avoir laissé à son compagnon de causerie quelques cigares prélevés sur sa réserve personnelle.

La porte de la cellule refermée sur le magistrat, Eugène Allmayer se dirigea vers la chaise cassée et remit d'aplomb les montants qu'il avait soigneusement déboîtés, puis s'assit à sa table. De la poche de son gilet, il sortit une feuille de papier à l'entête du juge Villers ainsi qu'une enveloppe ornée du tampon « Ordre de M. le Procureur général ».

Puis il se mit à écrire la lettre qui suit[1] :

Paris, le 30 novembre 1886.

Monsieur le Directeur,

Je vous prie de vouloir bien remettre immédiatement en liberté le nommé Allmayer (Eugène), prévenu, écroué à Mazas le 23 octobre.

Cet homme bénéficie d'une ordonnance de non-lieu. M. le Procureur général m'avise à l'instant seulement, et au moment de mon départ, de la promesse formelle qu'il a faite à l'un de ses amis de faire élargir le dénommé ci-dessus.

Comme je suis pressé, je vous prie de faire mettre ledit

1. Archives personnelles de l'auteur.

Allmayer en liberté au reçu de la présente, qui vous tient lieu de décharge.

Ledit sera régularisé demain.

Je compte sur votre obligeance, m'étant moi-même engagé vis-à-vis de M. le Procureur de la République.

Mes remerciements et cordiales salutations.

Le juge d'instruction,
Signé : Villers.

Allmayer contempla son œuvre... Même le juge Villers aurait pu témoigner sous serment que cette missive était sienne, tant l'imitation de son écriture était parfaite. Ne restait plus qu'à écrire sur l'enveloppe : « À Monsieur le Directeur de la Maison d'Arrêt de Mazas. » Il réfléchit encore un instant. Un dernier détail manquait. Il reprit donc la lettre et y jeta hâtivement ces quelques lignes, en marge : « Comme c'est à mon domicile même que m'avise M. le Procureur, et ceci par un planton, je renvoie le même planton avec la présente à mon huissier pour qu'il vous la fasse parvenir. Ceci m'évite de retourner au Palais, y remplir les formalités, car je n'ai aucune des pièces chez moi. Je compte sur vous pour m'obliger en cette circonstance. »

Il fallait envoyer cette lettre maintenant. C'est là que cet aigrefin allait se signaler par un nouveau coup de génie. La date du 30 novembre 1886, qui ouvrait ce courrier, correspondait à sa prochaine entrevue avec le juge Villers. Pour que la missive soit crédible, il fallait qu'elle soit timbrée et vienne du bureau du magistrat.

Le 30 novembre 1886, il fut donc convoqué chez celui-ci, tel qu'il l'avait prévu. Allmayer était assis juste devant son bureau. Un peu plus loin, derrière, un policier en faction. Le prévenu, tout en répondant aux questions qu'on lui posait, se débrouillait pour orienter la discussion sur son père.

– Je m'en veux, je m'en veux, répétait-il inlassablement.

À cause de mes errements, mon père n'ose plus sortir de chez lui. Je suis la cause de tous ses tourments. L'opprobre est sur ma famille. Je m'en veux...

– Il aurait peut-être été opportun d'y penser plus tôt, soupira le juge.

– Je sais, je sais, ne retournez pas le fer dans la plaie, se lamenta Eugène Allmayer.

Puis, pris d'une soudaine convulsion, son corps se raidit. Ses joues étaient pourpres. Le policier se précipita vers lui, le croyant au bord de l'apoplexie.

– Je suis un misérable, je ne mérite pas de vivre ! s'écria Allmayer en tapant du poing le bureau du juge.

Il avait frappé tout à côté de l'encrier, posé en équilibre instable. La petite bouteille d'encre rebondit, s'en allant maculer l'uniforme du policier. Eugène Allmayer avait eu tout loisir de calculer son coup. Tandis que le policier ronchonnait d'avoir été sali de la sorte, l'escroc s'excusa :

– Je suis confus. Il y a là une carafe d'eau et un chiffon qui devraient permettre de...

– Laissez, laissez, dit le juge en se retournant vers la cheminée où étaient déposés les objets en question.

C'était le moment ou jamais. Le juge ne le regardait plus, le policier ne pensait plus qu'à son uniforme. Allmayer attrapa le timbre qu'il avait au préalable repéré sur le bureau du juge Villers. Sûr de lui, il l'humecta de la langue et le colla sur l'enveloppe qu'il venait de sortir de la poche de sa veste.

Quand les deux hommes se retournèrent vers lui, il avait la tête calée entre ses mains jointes et pleurait à chaudes larmes. Le juge Villers se leva pour le consoler :

– Je vous comprends. Moi aussi, j'ai un père. Mais je vous assure que les jurés sauront tenir compte de votre conduite et de votre sincère repentir...

Il ne restait plus qu'à faire parvenir la lettre au directeur de la prison de Mazas. Sorti du bureau du juge, toujours accompagné du policier, Allmayer passa la porte du palais de justice et laissa discrètement tomber l'enveloppe à quelques mètres des gardiens.

Advint ce qu'il devait arriver : l'enveloppe fut découverte et transmise dans l'heure au planton de service afin qu'elle parvienne au directeur de la prison. Eugène Allmayer savait qu'il en serait ainsi. Une lettre égarée aurait été synonyme de trop de tracasseries pour l'ensemble du petit personnel. Il fallait bien que la traditionnelle culture tatillonne de l'administration française puisse, un jour ou l'autre, servir les intérêts du citoyen.

Une heure après avoir réintégré sa cellule, deux gardiens vinrent le chercher en lui annonçant la bonne nouvelle : il était libre ! On lui remit donc l'argent qu'il avait sur lui lors de son arrestation, il récupéra son beau costume et demanda à ce qu'on lui appelle un fiacre. La Comédie-Française, en effet, donnait ce soir-là une pièce qu'il n'aurait manquée pour rien au monde. Ensuite, il s'en alla finir la nuit chez une de ses innombrables maîtresses. Laquelle eut la gentillesse de lui donner tout l'argent liquide qu'elle avait chez elle. Dès le lendemain matin, Eugène Allmayer sautait dans le premier train en direction de Bruxelles et prenait ses quartiers dans le meilleur hôtel de la ville.

Au lendemain de cette invraisemblable évasion, toutes les rédactions parisiennes se tinrent les côtes de rire. Justice incapable, police ridicule, dont l'irrésistible Allmayer s'était joué avec une rare impudence et... un talent que personne ne songea jamais à lui contester.

Jean-Marie Goron, qui ne l'entendait pas de cette oreille, décida qu'il était temps de mettre un terme aux festivités. Il télégraphia à Bruxelles, à Londres, et à toutes les autres capitales européennes, l'ordre d'arrêter Eugène Allmayer dans les plus brefs délais. Le pire est que notre homme, loin de se cacher, se pavanait au vu et au su de tous. C'est ainsi que, trois jours plus tard, victime de son incorrigible forfanterie, l'ineffable Eugène se fit cravater par la police bruxelloise. Mais il n'était pas de ceux que l'on prend ainsi de court. Une fois écroué, sa première démarche fut de jouer sur l'extradition. La partie était d'autant plus facile à mener que son arrestation n'avait pas respecté la procédure légale.

Jean-Marie Goron avoua à cette occasion dans ses mémoires : « Il gagna contre moi cette première manche ; pendant plusieurs jours, on négocia entre Paris et Bruxelles au sujet de cet escroc ; et comme, en réalité, une irrégularité grave avait été commise et donnait lieu, forcément, à des conflits, M. Flourens, alors ministre des Affaires étrangères, ne put que renoncer à demander l'extradition. »

Malgré sa nonchalance apparente, l'aigrefin semblait avoir préparé son coup de longue date. Il exigea donc, aux frais du gouvernement belge, d'être escorté jusqu'à la frontière allemande. De là, il s'embarqua pour le Maroc. Inutile de préciser que le climat méditerranéen ne le ramena pas à des sentiments plus honnêtes, bien au contraire.

Eugène Allmayer avait pris de la graine et s'était instruit de ses précédentes aventures. Non qu'il eût abandonné son goût du panache et de la posture, il était simplement devenu plus prudent. En prenant de l'âge, il avait également embelli. Ses cheveux, légèrement dégarnis sur les tempes, lui conféraient une prestance aristocratique. Ses moustaches paraissaient se tenir plus dignement. Soulignant un nez puissant, elles rebiquaient toutes deux sur le côté, d'élégante manière, lui conférant ainsi une dignité qui lui avait été jusqu'alors étrangère. Seuls ses yeux n'avaient pas changé, qui pétillaient toujours de la même intelligence, de la même malice.

Dans les mois qui suivirent, on entendit parler de lui en Afrique, à Bruxelles et à Paris. À chacun de ses passages, les femmes abandonnaient leur vertu tandis que les maris étaient délestés de leurs espèces. Un jour, il assurait s'occuper du négoce des moutons ; l'autre, des chameaux. La vérité oblige à dire qu'il vendait surtout du vent. Il revint ensuite aux oreilles de Jean-Marie Goron qu'Eugène Allmayer était l'un des meilleurs grossistes en laine d'Europe.

À cette époque, il était presque devenu un marchand comme les autres. Meilleur que les autres, même, tant sa connaissance des laines du monde entier était sans limites. Mais Eugène Allmayer avait le vice chevillé à l'âme. On le voyait tantôt ici et tantôt là. Sous des noms aussi fantaisistes – et usurpés – que le vicomte de Bonneville ou de Maistre, comte de Maupas ou de Motteville.

Il fallut attendre le mois de septembre 1887 pour le voir à nouveau défrayer la chronique. La laine, en effet, ne lui procurant que des plaisirs limités, il décida de revenir à ses premières amours : les fausses traites. Ce qui ne l'empêcha nullement de tâter du trafic d'armes. C'est à cause d'une de ces transactions, à destination du Maroc, que deux de ces complices involontaires se retrouvèrent en prison.

Il faut reconnaître qu'en cette occasion Eugène Allmayer allait faire preuve d'une singulière grandeur d'âme, tel qu'en témoigne l'envoi de cette lettre à l'ensemble de la presse parisienne [1] :

Le 26 septembre 1887.

Monsieur le rédacteur,

J'ai l'honneur de porter, par la voie de votre estimable journal, à la connaissance de M. le Procureur de la République, à Paris, les faits suivants : tous les journaux mènent grand bruit au sujet de prétendues tentatives d'escroquerie qui auraient été dirigées contre une estimable famille dont vous n'avez pas hésité à donner le nom en pâture à vos lecteurs.

Principal accusé dans cette affaire, je serais resté bien tran-

1. In *L'Évasion de Rocambole*, Jules Rouff éditeur.

quillement à Paris, pour prendre toute la responsabilité et donner toutes les explications. Je n'ai pu agir ainsi, étant poursuivi pour une affaire antérieure.

Cette fuite, je le comprends, a été interprétée comme une preuve de culpabilité. On a mis en état d'arrestation six individus et on a incriminé deux personnes absentes de Paris en ce moment. Ces huit personnes sont absolument hors de cause, absolument innocentes, et n'ont jamais agi que de parfaite bonne foi, ignorant même mes affaires dans les détails. C'est en présence de ces arrestations que j'ai cru de mon devoir de vous envoyer la présente.

Mon nom, Meyer, n'est qu'un pseudonyme sous lequel me connaissent les personnes précitées. Si je ne puis aller, par moi-même, au parquet porter la présente déclaration, il se présente cependant un moyen, le plus sincère et le plus simple. Je vous l'expose. Pouvant faire la lumière, si le gouvernement français veut bien, par une note insérée dans les principaux journaux, me donner un sauf-conduit absolu, je m'engage, dès la publication de ce sauf-conduit, à me rendre directement à Paris, chez le Procureur de la République.

Il est bien entendu que je serai absolument libre et que, ni pour le passé, ni pour un fait quelconque, je ne pourrai être arrêté et que je pourrai librement regagner une frontière dès que j'aurai donné les explications et avant l'expiration du temps que me donnera le sauf-conduit. Lequel, établi au nom de Meyer, c'est-à-dire à mon nom d'emprunt, couvrira, bien entendu, ma personne, quel que soit mon nom véritable.

Je crois vous avoir exposé la seule façon de faire cesser une détention qui atteint six personnes innocentes et laisse soupçonner deux personnes absentes. Si le gouvernement a le souci de faire bonne justice, et j'en suis convaincu, il ne refusera certes pas ma proposition. Je serai à Paris dès la publication de ce sauf-conduit dans les conditions précitées.

Agréez, monsieur le rédacteur, l'assurance de ma parfaite considération.

Eugène Meyer.

Quand Jean-Marie Goron eut pris lecture de cette lettre, il eut ce mot :

– En voilà au moins un qui ne manque pas d'air ! Mais, pour élégant que soit le geste, je crains qu'il ne soit inutile.

En effet, jamais la justice française n'avait délivré de tels sauf-conduits. La requête, on s'en doute, demeura sans suite et ne permit pas non plus l'élargissement des suspects incarcérés. Il est vrai que les vingt ans de travaux forcés auxquels Eugène Allmayer avait été condamné par contumace n'avaient pas aidé à la manœuvre. Cette lettre eut pourtant l'insigne avantage d'apporter une pierre supplémentaire à la statue que le public commençait à édifier en l'honneur de ce bandit si généreux et soucieux du bien-être de son prochain.

Une fois de plus, la presse fit ses choux gras de l'anecdote. La police était définitivement composée d'incapables congénitaux. Jean-Marie Goron eut droit, lui aussi, à sa part de sarcasmes et de bois vert.

Il s'en expliqua plus tard : « Le chef de la Sûreté n'est point doué d'une seconde vue et n'a pas, à son service, une somnambule extralucide. Il faut donc qu'il se serve de son intelligence et aussi que le hasard le serve, lui donne, au moment opportun, le tuyau qui met sur la bonne voie. Or, pour retrouver Allmayer, je n'avais de lui qu'une mauvaise photographie, faite par le service anthropométrique quand il avait été arrêté, et ce merveilleux comédien, au moment où il s'était trouvé devant l'objectif, avait eu une telle crise de larmes qu'il était absolument méconnaissable. »

Et de noter quelques mois après, lors de l'arrestation d'Eugène Allmayer, à la fin septembre 1888 : « Je comparai le portrait que j'avais de l'homme à l'original et je ne pus m'empêcher de reconnaître qu'il aurait pu passer vingt fois à côté de moi sans que je le reconnaisse. Il était impossible de se douter que l'élégant viveur au chapeau bien ciré, à la moustache en croc, qui courait les endroits où l'on s'amuse, était le même personnage larmoyant dont l'appareil photographique d'Alphonse Bertillon avait gardé l'image. »

Chaque semaine, chaque mois ajoutaient un nouvel épisode aux pérégrinations d'Eugène Allmayer. Les services de police notèrent ainsi une inquiétante recrudescence d'honnêtes gens spoliés aux quatre coins de France. L'un avait confié quelques milliers de francs à un financier de haut vol qui lui faisait miroiter de mirobolants profits, un autre avait pensé tripler son capital en investissant dans le porc ou le mouton. Tous avaient ce point en commun : suite au passage du comte, du vicomte ou du baron, leurs économies avaient disparu. À chaque fois, les hommes de Jean-Marie Goron arrivaient après la bataille. L'oiseau s'était envolé du nid, ne laissant derrière lui que rentiers éplorés et naïfs dépouillés. Et, à chaque fois, le même signalement, la même physionomie qui revenaient inlassablement : celle d'Eugène Allmayer.

Un jour, la police manqua de peu de l'arrêter.

Installé sur l'une de nos plus aimables stations normandes, Honfleur, l'escroc se faisait passer pour un vicomte louant une villégiature susceptible de lui offrir un repos bien mérité. Il prétendait être poitrinaire, maladie consécutive à une blessure ramenée d'Afrique, et seul l'air du grand large était à même de rendre la santé à ce digne patriote.

Avec un bel ensemble, le voisinage avait gobé le bobard. On lui donnait du « monsieur le vicomte » long comme le bras. Le brigadier local, ancien de Tlemcen, s'était lié d'amitié avec lui. Rien de surprenant : Eugène Allmayer, on l'a vu, savait tout des us et coutumes des armées d'Afrique. Le maire, les notables, se battaient presque pour être vus à ses côtés. Jamais en retard d'un ragot, d'une saillie, incollable sur la politique ou les dernières coquetteries parisiennes, Allmayer illuminait de son esprit les tables auxquelles il était invité soir après soir. Sur la foi d'une si belle réputation, les convives se faisaient un devoir – quand ça n'était pas un plaisir – de prêter de temps à autre un peu d'argent à ce commensal si spirituel.

Monsieur le vicomte avait beaucoup de frais et... autant de problèmes de trésorerie. La villa qu'il avait vendue mais dont on tardait à le payer, tel héritage qui se faisait attendre, une domestique qui allait se marier et à laquelle il fallait bien assurer une dot confortable, les raisons ne manquaient pas. Les mensonges non plus. On s'en doute, l'imposture ne pouvait durer éternellement. Peu à peu, les naïfs se firent moins nombreux, les naïves aussi. L'une de ses nombreuses maîtresses, dont les bijoux avaient eu le mauvais goût de disparaître, à l'aube, après une nuit sans sommeil, convint finalement du bien-fondé de ce qui commençait à se murmurer de par la ville : monsieur le vicomte n'en était pas un. Le temps que la dame prévienne la police, que cette dernière arrive sur les lieux de leurs étreintes, l'affreux bonhomme avait disparu.

Ils furent nombreux à vilipender l'imposteur, vexés de s'être laissé berner de la sorte. Mais la plupart finirent par admettre, en secret, bien plus tard, que depuis le départ d'Eugène Allmayer les soupers mondains d'Honfleur ne brillaient plus du même éclat qu'autrefois.

On le revit ensuite à Paris. Il n'était plus vicomte, devenu entre-temps baron, mais menait toujours le même train seigneurial. Aigrefin insubmersible, il parvenait à soutirer mille francs ici, trois mille francs là. Ses multiples logeurs – il n'avait pas moins de trois adresses sur la capitale – étaient éblouis par sa faconde, si éblouis qu'ils omettaient souvent de lui demander de régler ses loyers en retard. S'étant fait passer pour milliardaire, il avait aussi exigé d'une prestigieuse entreprise de serrurerie française qu'elle lui livre un coffre-fort afin qu'il puisse y entreposer plusieurs centaines de titres au porteur. Bien sûr, Eugène Allmayer, qui n'avait pas plus de titres que de scrupules, revendit le coffre dans les jours qui suivirent. Quand l'auguste maison décida enfin de se faire payer, il avait déjà changé d'adresse. Une plainte fut déposée, des poursuites engagées. Avec un notoire insuccès : chaque fois que les mailles du filet le serraient de trop près, Eugène Allmayer s'évanouissait pour mieux réapparaître quelques semaines plus tard, sous une autre identité, dans une autre ville.

Jean-Marie Goron en vint même à reconnaître : « Toutes les forces de son être semblaient converger vers un but unique : tromper, voler ses semblables. Il n'avait pas les petites faiblesses ordinaires de ses confrères, qui sont comme les défauts de la cuirasse des criminels et qui permettent la plupart du temps à la police de les prendre. Donc, nous ne parvenions pas à mettre la main sur Allmayer et il y avait, je le reconnais, un côté prêtant à rire, dans ce rôle de carabinier arrivé toujours trop tard, quand l'escroc s'était envolé. »

On le repéra un temps à Lyon, en officier de cavalerie. Il tint si bien son rôle qu'il donna un bal somptueux où furent conviés tous les officiers de la région. La fête se termina au petit matin, moment que choisit d'ailleurs Eugène Allmayer pour disparaître en même temps qu'un certain nombre de portefeuilles et de bijoux cueillis à la hussarde, à l'abri d'un bosquet ou d'une porte dérobée. On entendit ensuite parler d'un certain vicomte de Malville, de passage à Aix-en-Provence. En moins de deux semaines, tant d'escroqueries avaient été commises, toutes exécutées avec une telle maestria que la police locale assura avoir eu affaire à Allmayer. On compara avec sa photo d'identité judiciaire. C'était lui. Le cliché remontait à ses jeunes années, mais le doute n'était pas permis. La machine policière se mit aussitôt en branle. Trop tard, le vicomte de Malville était introuvable.

Mais, cette fois, les forces de l'ordre étaient sur leurs gardes. Ordre avait été intimé par la Sûreté de signaler tout aristocrate trop à l'aise, toute malversation pouvant porter la marque du suspect. C'est précisément cette aisance, ce brio dont il faisait preuve à chacun de ses méfaits qui allaient contribuer à perdre Eugène Allmayer.

Une semaine plus tard, dans les premiers jours du mois de septembre 1888, Jean-Marie Goron recevait ce message de la police de Biarritz : « Un individu vient de passer quelques jours à Biarritz, où il a commis diverses indélicatesses et emprunté vingt mille francs au directeur du casino. Cet individu, qui a pris le nom de M. de Bonneville, a dû se diriger sur Bordeaux. Au moment de partir, il a changé de nom et a pris celui de Mario-Magnan. Cet escroc se dit protégé au plus haut niveau par certaines autorités algériennes. »

Deux réflexions vinrent alors à l'esprit du commissaire : le nom de Bonneville était déjà apparu lors de plusieurs escroqueries dont le style correspondait en tout point à celui d'Allmayer. Ce mystérieux « député » algérien [1] cadrait assez bien avec son passé tumultueux, les bataillons disciplinaires, Puizet, son complice réfugié au même endroit.

Le jour même, Jean-Marie Goron dépêchait à Bordeaux l'un de ses meilleurs agents, Émile Soudais, un petit gaillard trapu à l'œil ombrageux et au sourcil noir. Dès son arrivée, le policier se mit en chasse. Connaissant le tempérament d'Allmayer, il se dirigea vers les hôtels les plus cossus de la ville. Au troisième établissement, on lui apprit ainsi que M. Mario-Magnan et sa charmante épouse leur avaient fait l'honneur de prendre chez

1. Malgré toutes les recherches effectuées, il demeure impossible d'en savoir plus. D'ailleurs, tout laisse à penser qu'il s'agit là d'une forfanterie supplémentaire d'Eugène Allmayer.

eux une suite pour une durée indéterminée. Émile Soudais montra la photo d'Allmayer au directeur de l'hôtel. Il s'agissait bien de l'aimable Mario-Magnan. Le policier enrageait. À quelques heures près, il le cueillait au saut du lit. Eugène Allmayer avait demandé au personnel de l'hôtel que ses bagages et ceux de son épouse d'une semaine soient convoyés à la gare. C'est donc là que le policier se rendit. Les bagages avaient tout d'abord été enregistrés à destination de Paris, puis, au dernier moment, étaient partis vers Coutras, une ville située à quelques dizaines de kilomètres au nord de Libourne, dans la région bordelaise.

Une fois encore, Allmayer s'était échappé de justesse, à cette différence près qu'aujourd'hui il avait été localisé de façon plus précise. Soudais prit le premier train pour Coutras. Il n'avait plus que quatre heures de retard sur le couple. Arrivé en gare, il apprit que les « époux » Mario-Magnan venaient tout juste de continuer en direction du Havre. Il ne lui restait plus qu'une heure à attendre avant de prendre le train suivant. Émile Soudais télégraphia immédiatement un bref message à Jean-Marie Goron afin de le tenir au courant des suites de son enquête. Lequel dépêcha immédiatement quatre de ses meilleurs agents à la gare du Havre.

La souricière était en place.

Quand le policier arriva à la gare du Havre, il se fit immédiatement connaître des agents envoyés de Paris par Jean-Marie Goron. Il demanda :

– Alors ?

– Rien !

– Comment, rien ?

– Nous avons passé tous les voyageurs au crible, un par un, en prenant soin de ne pas nous faire remarquer. Allmayer demeure introuvable. Pourtant, il a forcément pris ce train : deux passagers m'ont assuré avoir voyagé avec un homme correspondant à son signalement.

– Il était seul ?

– Non. Accompagné d'une femme. Fort jolie à ce qu'on nous a dit. Bref, nous nous sommes fait avoir. Quant à ses bagages, ils se sont eux aussi volatilisés. Aucun employé n'a pu me dire s'ils avaient été pris en charge après l'arrivée du train. Il aura dû quitter la gare en traversant les voies pour éviter de se risquer sur le quai. Cet homme-là a du flair...

– Ce n'est pas possible, se lamenta Soudais. Quand Goron apprendra ça, nous serons bons pour retourner sur le trottoir, en uniforme...

– Ça, en revanche, c'est bien possible, soupira l'un des policiers. Soyons beaux joueurs et admettons avoir été roulés une fois encore dans la farine.

– Nous avons au moins un avantage, celui de connaître maintenant les petites manies d'Allmayer, expliqua Émile Soudais afin de remonter le moral de ses troupes. Moi, à sa place, une fois arrivé au Havre, j'en profiterais pour aller respirer l'air de la mer. Ce genre de promenade attire souvent les gens riches. Donc, les proies toutes désignées. Notre homme, comme tous les loups, a dû aller voir de plus près à quoi ressemblait cette nouvelle bergerie.

Tout l'après-midi, les cinq hommes arpentèrent le littoral, ne négligeant aucune auberge, visitant le moindre coin de plage, prêts à retourner chaque galet afin de voir si leur gibier de potence ne s'y trouvait pas. Rien. À la nuit tombée, le découragement et la lassitude aidant, ils décidèrent de regagner la ville. Telles des âmes en peine, ils erraient sans but, déambulant sur les trottoirs de la ville illuminée. À cette heure, ils n'avaient plus qu'une image en tête : le sourire sinistre de Jean-Marie Goron qui les accueillerait dès leur retour à Paris, au moment de lui faire leur rapport.

– Ce n'est plus la peine de s'entêter. Autant rentrer et dormir, soupira Émile Soudais. Au moins, nous serons en meilleure forme pour nous faire massacrer par le patron !

Soudain, il s'arrêta. Puis, comme s'il avait eu peur, en bougeant trop vite, d'alerter les dieux de la providence, il leva lentement son doigt en direction d'une élégante silhouette toute vêtue de sombre qui arpentait le trottoir d'en face, à quelques dizaines de mètres d'eux.

– Là, murmura-t-il. Là, c'est lui, je le reconnais... Ne bougez surtout pas, il ne faut rien faire qui puisse l'alerter.

Oui, malgré les vêtements plus austères qu'à l'accoutumée, la coiffure qui avait changé, les moustaches coupées différemment, la démarche qui n'était plus vraiment la même, l'homme était tel qu'on le leur avait décrit. Il était accompagné d'une accorte créature un rien trop maquillée, au corsage si plein qu'un moine se serait damné rien qu'en le regardant. Il ne fallut qu'un simple coup d'œil de connivence aux cinq policiers pour se concerter sur la marche à suivre. Deux s'en allèrent sur la droite, deux autres sur la gauche, tandis qu'Émile Soudais fermait l'arc de cercle.

Eugène Allmayer était-il trop sûr de son fait ? Toujours est-il qu'il ne remarqua pas la nasse qui se refermait autour de lui. Trop de confiance, peut-être. Un peu de morgue, probablement, qui lui avait fait baisser la garde au moment crucial. Quand il se rendit compte de l'encerclement, il était trop tard. Pourtant, il était de ces hommes qui ne se laissent pas aussi facilement démonter.

Faisant tout d'abord semblant de ne pas comprendre ce qu'on lui voulait, le promeneur se laissa appréhender de bonne grâce. Une fois qu'ils furent tous arrivés au commissariat du Havre, Émile Soudais lui dit en souriant :

– Cher monsieur Allmayer, prenez donc la peine de vous asseoir !

L'escroc ne cilla pas, demeurant impassible. Seul un bref frémissement des lèvres laissa deviner son trouble. Il reprit bien vite la superbe qui lui était coutumière et concéda :

– Vous avez raison. Je suis Eugène Allmayer. Et vous devez être l'agent Émile Soudais, si je ne m'abuse...

– Comment le savez-vous ?

– Oh, mon cher ami, vous êtes si peu discret et je vous ai si souvent croisé à Paris, aux abords de vos bureaux de la Sûreté, là où loge cet excellent Goron dont j'ai appris qu'il était désormais chef de la Sûreté, succédant ainsi à ce cher monsieur Taylor... Ce soir, je l'avoue, mon attention s'était quelque peu relâchée. Enfin, on ne saurait être parfait en toutes occasions. Tant que j'y suis, j'avais deux choses à vous demander et deux autres à vous signaler...

Un tantinet déstabilisé par tant de légèreté, Soudais acquiesça de la tête.

– Pour commencer, je voudrais une cigarette.

Soudais la lui tendit.

– Ensuite, la jeune femme qui est avec moi n'est pas ma complice. Faites une rapide enquête et vous verrez que je ne mens pas. Ce n'est qu'une péronnelle énamourée qui s'est entichée de moi. Elle est sotte mais inoffensive, quoique hardie sous l'homme.

– Nous vérifierons, vous pouvez en être sûr. La suite ?

– J'ai lu dans les journaux que vous aviez arrêté l'un de vos malheureux fonctionnaires de la Poste parce qu'il aurait dérobé une lettre contenant plusieurs titres au porteur. Maintes fois accusé de délits que je n'avais pas commis, je n'ai pas envie qu'un innocent paye à ma place.

– Et alors ? demanda le policier.

– Cette lettre, la voici, expliqua Eugène Allmayer en lui tendant une enveloppe cachetée. Je n'ai même pas eu le temps de monnayer son contenu.

Soudais n'en croyait pas ses yeux. Ce voleur n'était *vraiment* pas un voleur comme les autres. Il examina l'enveloppe. C'était bien celle qui avait mystérieusement disparu d'un bureau de poste parisien, entraînant l'incarcération d'un préposé. Il la glissa dans la poche intérieure de sa redingote et demanda :

– Vous m'aviez parlé d'une quatrième requête ?

– C'est exact, répondit Eugène Allmayer en le gratifiant de son plus beau sourire. Je souhaiterais que vous m'offriez du feu, pour ma cigarette.

Émile Soudais se fit un plaisir de lui tendre son briquet.

Paris, le 1er octobre 1888. Jean-Marie Goron, le haut-de-forme soigneusement lustré, affichait la mine gourmande du chasseur prêt à mettre le lapin de garenne au bout de son fusil. Du talon de sa bottine, il martelait fébrilement le quai de la gare Saint-Lazare tout en jouant avec le pommeau de sa canne. Il avait fallu un déploiement policier d'envergure pour empêcher les badauds d'envahir la salle des pas perdus et les quais.

La nouvelle de l'arrestation de l'insaisissable Eugène Allmayer s'était répandue dans toute la capitale. Seul Henri Pranzini avait suscité un tel engouement populaire. Une clameur salua l'arrivée du train. Lorsque la fumée crachée par l'imposante locomotive commença de se dissiper, un homme passa la tête par la fenêtre d'un wagon. Eugène Allmayer saluait son public. Lequel le gratifia d'une bruyante ovation.

Jugeant que la plaisanterie avait assez duré, Jean-Marie Goron se dirigea vers le prisonnier, solidement encadré par quatre gardiens de la paix, choisis pour leur carrure dissuasive. Les deux hommes s'arrêtèrent, face à face, se toisant du regard. Au bout de quelques secondes, Goron tendit la main à l'escroc. Lequel la serra d'une poigne franche et solide.

– Vous nous avez donné quelque mal, sourit le policier.

– Si tel n'avait pas été le cas, quel plaisir auriez-vous eu à m'arrêter ? répondit Eugène Allmayer.

– Ce n'est pas faux, convint Jean-Marie Goron. Maintenant que vous avez salué vos admirateurs, nous allons discrètement vous faire sortir. Quoique ayant fréquemment eu les honneurs de la presse, vous n'êtes pas une bête de foire.

– Je vous remercie de cette attention. Je n'en attendais pas moins de vous. C'est un plaisir d'être arrêté par un policier aussi courtois. Vous savez, poursuivit l'aigrefin, je ne vous en veux pas...

– Ça serait la meilleure, répliqua Jean-Marie Goron en éclatant de rire. Allez, embarquez-moi ce gaillard à Mazas !

Une semaine plus tard, Eugène Allmayer était toujours écroué à la prison de Mazas. Comme il avait laissé un excellent souvenir à ses gardiens lors de son dernier passage, ceux-ci avaient veillé à ce qu'il retrouve la même cellule. Chaque matin, un fourgon solidement gardé le conduisait à Jean-Marie Goron, qui tentait, interrogatoire après interrogatoire, de démêler les invraisemblables arnaques commises par ce bandit si bien mis de sa personne. Nonobstant cela, Goron savait qu'il ne fallait, à aucun moment, relâcher son attention. Allmayer était si malin qu'il aurait pu vendre pelisses et chasse-neige à une tribu de Touaregs. Ainsi se contentait-il d'admettre avoir commis d'innombrables filouteries, sachant qu'elles ne lui vaudraient, au bas mot, que cinq ans de prison. Pour ce qui était des faux et usages de faux, la chanson était différente. Un tel délit était passible du bagne. Alors, il niait. Tout. Même les évidences, surtout les évidences. En bloc. Jean-Marie Goron avait compris le manège. Aussi revenait-il inlassablement sur les délits de faux en écriture.

Hormis ces quelques joutes de bon aloi, les deux hommes entretenaient d'agréables rapports. Le policier prenait soin de son hôte, veillant personnellement à la qualité de ses repas et à celle du vin qu'ils partageaient.

Un midi qu'ils déjeunaient ensemble, Jean-Marie Goron s'inquiéta de voir son hôte ne pas manifester l'appétit qui lui était habituel.

– Quelque chose ne va pas ? demanda-t-il.

– Oui.

– Et peut-on savoir quoi ?

– Un sentiment me tourmente depuis hier matin. Voyez-vous,

monsieur Goron, je suis certes un écornifleur, un mauvais larron. Mais pas un assassin.

– À ce que je sache, personne ne vous reproche le moindre meurtre...

– C'est vrai, mais on pourrait bien m'en reprocher un si je ne vous avertissais pas de ce que je viens d'apprendre à la prison de Mazas.

– Alors, soulagez donc votre conscience, proposa Jean-Marie Goron, qui ne s'était pas départi de sa réserve.

– Voilà l'histoire. La cellule mitoyenne de la mienne abrite deux crapules, dont un certain Bouteille, une brute ignoble. Ces gens-là sont capables de tuer comme l'on respire.

– Tout comme vous volez sans même vous en rendre compte, peut-être, ironisa Goron.

Eugène Allmayer ne releva pas.

– Ces deux hommes, disais-je, m'ont expliqué que deux de leurs comparses allaient bientôt être libérés. Ils ont prévu de dévaliser un hôtel particulier de Saint-Maur. La maison regorge de tableaux, d'argent et de diverses autres valeurs. S'il ne s'était agi que de ça, je me serais tu. Mais je connais les gaillards, ça ne les gênera pas d'assassiner toute la maisonnée pour parvenir à leurs fins. Voilà pourquoi, monsieur Goron, je vous expliquais en préambule que si j'étais escroc, je n'en étais pas pour autant assassin...

– Fort bien. Et quand l'affaire doit-elle se dérouler ?

– Mardi prochain.

– Merci du renseignement.

– Mais il y a autre chose...

– Allez-y.

– Pour être sûr de mieux les identifier, il faudrait que vous et vos hommes me conduisent sur les lieux du forfait qui se prépare.

– Tiens donc...

– Monsieur Goron, je vous assure qu'il ne s'agit pas d'un

projet d'évasion. Mais sans mon aide, comment ferez-vous pour identifier ces hommes ?

– Grâce à leur signalement, que vous allez vous faire un plaisir de me transmettre...

– Ce n'est pas aussi simple. Dans le bois avoisinant cet hôtel particulier, ces hommes ont également dissimulé le butin amassé lors de leurs derniers méfaits. Ils m'ont expliqué en détail comment trouver leur cachette. Si je ne suis pas sur place, je ne pourrai pas vous aider.

– Qui vous demande de m'aider ?

– Monsieur Goron, je dis la vérité et je ne cherche pas un moyen de m'enfuir. Je vous en donne ma parole d'honneur.

– On ne peut donner ce que l'on ne possède pas, répondit le policier en resservant un verre de vin à son convive.

– Il ne sert à rien d'être vexant, se rembrunit Eugène Allmayer. Et puis, si vous vous méfiez de moi, il vous suffit de me faire accompagner et surveiller de près par six de vos meilleurs hommes !

– Qu'est-ce donc que six de mes meilleurs policiers, en comparaison d'un homme qui a si longtemps fait courir en vain les polices de France, de Belgique et d'ailleurs ? Non, non, monsieur Allmayer, je prends bonne note de votre renseignement, je saurai aussi en tenir compte et glisserai quelques mots au juge à votre sujet, mais n'espérez pas de moi que je vous emmène en promenade...

– Bon, n'en parlons plus.

Le lendemain, Jean-Marie Goron fut averti qu'un détenu qui venait à l'instant d'être libéré souhaitait lui parler. L'homme, Alexandre Bouchard, était un gros bon à rien. Pas vraiment méchant et pas plus intelligent que ça, il avait passé presque dix ans, soit plus du quart de son âge, derrière les barreaux. Bouchard n'avait jamais fait couler le sang – il n'avait pas l'étoffe d'un criminel – et se limitait à des rapines de bas étage, à des rixes de bistrot. De physique simiesque, il ne pouvait s'empêcher, en parlant, de se dandiner gauchement d'une jambe sur l'autre. Penaud, il fut invité à entrer dans le bureau de Goron. Sa trogne couperosée était plus rouge que jamais.

– Vous vouliez me parler, commença le policier en le fixant droit dans les yeux.

– Ben voilà, m'sieur Goron. Vous avez toujours été chic avec moi. La dernière fois que je m'ai retrouvé en cabane, j'ai appris que vous vous êtes débrouillé pour que mes petiots crèvent pas la faim.

Jean-Marie Goron toussota, un rien gêné. C'est vrai, il était intervenu pour que la famille de Bouchard ne finisse pas à la rue, estimant qu'elle n'avait pas à payer pour les fautes du père. Alexandre Bouchard poursuivit :

– Y a quelqu'un qui veut vous faire casser la gueule, m'sieur Goron. Comme j'vous l'dis. Il est à Mazas. Un vrai millionnaire, enfin, un millionnaire qu'a des millions, vous voyez c'que j'veux dire.

– En quelque sorte, c'est souvent de règle chez les millionnaires, sourit Goron. Continuez.

– Eh ben, le richard a dit qu'il filerait cinquante mille francs aux aminches pour vous refaire le portrait mardi prochain, à Saint-Maur.

– Et votre employeur se nomme Eugène Allmayer ?

– Ben comment c'est que vous avez fait pour deviner ? demanda la brute, les yeux écarquillés.

– Rien... une simple intuition.

La raison de la soudaine bonne volonté d'Allmayer s'expliquait enfin.

– Alors, moi d'abord, j'ai rien dit, bredouilla le pauvre bougre. J'ai fait comme si. Mais après, j'ai réfléchi dans ma tête. Et j'me suis rappelé que vous avez bien agi avec ma famille. Et j'me suis dit aussi, sauf votre respect, m'sieur Goron, qu'les poulets sympathiques couraient déjà pas les rues et que si en plus on leur tapait dessus que ce serait pas chrétien. Je m'ai bien fait comprendre ?

– Vous avez été limpide, mon ami. Comment deviez-vous passer le message à ces canailles ?

– En leur filant le papier que j'm'a carré dans la godasse, annonça-t-il, triomphant. Tenez, c'est pour vous, m'sieur Goron !

Alexandre Bouchard se baissa pour retirer sa chaussure droite. Il en sortit un pied noir de crasse, en décolla une feuille de papier soigneusement pliée en huit et la tendit à son interlocuteur. Jean-Marie Goron la saisit entre le pouce et l'index. L'argent n'a peut-être pas d'odeur, certaines informations si. La lecture du billet était édifiante. Tout le plan de l'agression y était exposé dans ses moindres détails. Une fois arrivé à Saint-Maur en compagnie de son escorte, Allmayer devait sortir un mouchoir blanc de sa poche et s'y dégager bruyamment les sinus. À ce signal, une quarantaine de crapules devaient fondre sur Goron et ses hommes.

– Merci, Bouchard...

– Ben, faut pas, m'sieur Goron, j'vous devais bien un p'tit plaisir.

– Alors, faites-m'en un qui soit plus grand encore : pensez à votre famille et faites en sorte de ne pas retourner en prison.

Il s'interrompit un instant, prit une carte de visite sur son bureau, y griffonna quelques mots et la tendit à Bouchard :

– Vous êtes fort comme un Turc. Des bras tels que les vôtres valent de l'or. Allez donc voir de ma part ce marchand des Halles, présentez-lui cette carte. J'ai appris qu'il cherchait un contremaître. Il vous donnera la place sans poser de questions gênantes. Mais n'oubliez pas qu'à la prochaine incartade, je vous fais jeter en prison. Et cette fois, quand vous en sortirez, vous serez grand-père...

– Oh, merci, m'sieur Goron, merci. J'vous jure que j'ferai plus l'âne ! sanglota le colosse.

– Que Dieu vous garde, alors.

– Vraiment, monsieur Goron, votre méfiance me peine, expliqua Eugène Allmayer. À cause de vous, des gens risquent de mourir demain soir. Ah, si seulement je pouvais être à Saint-Maur avec vous, je suis sûr que nous éviterions le drame.

– Vous me fatiguez, Allmayer, s'énerva Jean-Marie Goron. Je n'ai pas détesté vous observer faire mon siège depuis ces quelques jours. J'avoue même y avoir pris un certain plaisir. Vous qui avez mené tant de gens en bateau, il n'était pas désagréable de vous voir partir en promenade à votre tour. Mais la partie est terminée, Allmayer. Et c'est vous qui l'avez perdue. Lisez.

Eugène Allmayer prit la feuille de papier extraite de la chaussure d'Alexandre Bouchard que le commissaire lui tendait :

– C'est vrai, admit-il, j'ai perdu. Jusqu'à la prochaine partie !

– Il n'y aura pas de prochaine partie, Allmayer.

– Et moi, je vous dis que si.

– Et moi, je vous dis que non. Vous comparaissez demain devant le juge, en cour d'assises.

– Je sais, mon public m'attend et il ne s'agit pas de le décevoir.

Ouvert le 12 avril 1889, le procès d'Eugène Allmayer battit tous les records d'audience. Son nom courait sur toutes les lèvres, avait envahi les manchettes de la presse parisienne. Enfin, on allait voir le phénomène en chair et en os, celui qui s'était raillé de la maréchaussée, avait détroussé les riches bourgeois et retroussé les jupes des dames. On attendait ses traits d'esprit, ses reparties cinglantes, ses inimitables foucades. Les femmes du Paris mondain en frémissaient d'aise.

Les magistrats aussi, qui jurèrent bien que l'escroc ne s'en sortirait pas à moins de vingt ans de bagne. Ils savaient qu'une fois de plus Eugène Allmayer se servirait de cette digne enceinte comme d'une tribune et qu'il en profiterait pour ridiculiser les pouvoirs publics. Et ce fut peut-être là le dernier coup de génie de notre homme qui s'attacha à se trouver là où on ne l'attendait pas.

Quoique ayant demandé qu'on lui fasse parvenir ses plus beaux habits, il se tint devant le juge comme un enfant. Ses réponses étaient toutes plus plates et polies les unes que les autres. Son regard était morne ; éteint, presque. Une indéfinissable voussure des épaules rapetissait son athlétique silhouette. Chaque jour, le public se faisait moins nombreux à l'audience. Un rien bluffé, Jean-Marie Goron observait l'extraordinaire métamorphose du bandit mondain.

Au terme de ce rôle de composition, interprété avec une maîtrise consommée, Eugène Allmayer n'écopa que de... douze années de bagne, soit bien moins que ce que lui promettaient la majeure partie des chroniqueurs judiciaires de Paris. Sa dernière partie, contrairement à ce qu'avait pronostiqué Goron, ne se conclut pas sur une défaite, mais sur un match presque nul.

Eugène Allmayer se retrouva donc au bagne du Diable, sur les îles du Salut, au large de la Guyane française, là où le capitaine Alfred Dreyfus serait lui aussi interné. Cela ne signifia pas pour autant la fin de sa carrière. Il devint bientôt le prisonnier favori du personnel pénitentiaire. Une telle position lui permettait évidemment de vivre sur un autre train que celui de ses codétenus.

Mimande, un écrivain aujourd'hui oublié, décrivit dans son ouvrage *Forçats et Proscrits* le mode de vie d'Eugène Allmayer : « Il affecte une grande courtoisie et une fière résignation qui conviennent à un homme politique dans le malheur. Il soigne ses frères avec la charité d'un apôtre et prépare, d'une main experte autant que dévouée, des cataplasmes émollients et des bandages antiseptiques. »

L'homme s'était-il donc amendé ? Allons plutôt voir dans le récit de Mimande, quelques pages plus loin : « J'ai appris, à regret, que le lendemain de notre passage, il avait volé à un médecin colonial, dont il possédait la confiance, toutes ses économies... »

Eugène Allmayer fut finalement libéré et revint en France. Certains ont prétendu que ses charmes étaient encore assez vigoureux pour qu'il trouve à épouser une femme riche, un rien âgée, mais encore assez belle. Advint ce qu'il devait advenir : elle l'aurait couché sur son testament... après l'avoir couché dans son lit. Incorrigible Eugène !

ÉPILOGUE

Un policier s'en va, un monde s'achève, un autre voit le jour

« Notre vie vaut ce qu'elle nous a coûté d'efforts. »

FRANÇOIS MAURIAC

En 1896, Jean-Marie Goron décida qu'il était temps de rendre son tablier. En seize ans de carrière, il avait eu tout loisir d'embrasser à la fois le métier de policier, la fin d'un siècle et l'avènement d'un monde nouveau.

Ce XIXe siècle, sans forcément être ce « stupide XIXe siècle » stigmatisé par Léon Daudet, fut celui qui signa la fin du cycle inauguré par la Révolution française et donna naissance, à sa manière, à notre monde moderne.

Le bilan politique des événements de 1789, il faut bien le reconnaître, était globalement négatif : tueries, massacres en série, loi des suspects, guerre civile, délation érigée en système de gouvernement, éradication des populations récalcitrantes et des élites de la nation, persécutions religieuses. Et ce sans même évoquer une débâcle économique de sinistre ampleur. Son bilan extérieur était tout aussi contestable : pour la première fois depuis des siècles, la France était au bord de l'invasion, ayant enfin réussi à faire l'unanimité des nations européennes contre elle. L'Europe avait cessé de se « franciser » pour devenir anti-française. La Révolution française d'ailleurs, et ce n'est pas là le moindre de ses paradoxes, qui se proposait d'émanciper définitivement les citoyens, déboucha finalement sur une dictature, celle d'un centurion à la romaine, d'un militaire revenu de lointaines campagnes couvert de lauriers et de gloire : Napoléon Bonaparte.

Au terme de la folle épopée impériale, notre pays se trouva une fois de plus envahi, une fois de plus humilié. D'accord, diront certains, mais nos ancêtres avaient au moins rêvé durant cette geste guerrière. Mais le rêve avait en l'occurrence tous les atours du cauchemar. Abaissée, la France avait dû abdiquer toute souveraineté. Les puissances étrangères se comportèrent chez nous comme chez elles, nous imposant Louis XVIII, le frère de ce roi que nos aïeux avaient décapité. Ça n'était plus à Paris que se décidait la politique française, mais dans les cours européennes. Du jamais vu, de mémoire de Français. L'échec de la Révolution française était si patent que, pour retrouver son souffle, les Français, précédant les injonctions étrangères, se réfugièrent instinctivement dans le giron royal.

Ça n'en était pas pour autant fini de la fragilité de nos institutions. La monarchie une fois revenue, une deuxième république fit un nouveau tour de piste avant de laisser la place à un autre empire, à une troisième république. La France, prise de tournis, écartelée, passant d'un régime à un autre, oscillant entre les attachements successifs, fidèle à son identité historique, royale et chrétienne en même temps qu'attachée à la « république laïque et universelle », se perdait à force de s'être trop dispersée, à force d'oublier qui elle était, qui elle avait été. On notera que notre époque ne fut pas non plus épargnée par ces bouleversements à répétition, ayant dû tour à tour affronter deux conflits mondiaux, autant de guerres coloniales, le régime dictatorial de Vichy ainsi que deux autres républiques.

Mais, parallèlement à cette instabilité chronique des institutions, la France du siècle dernier dut en outre subir une autre révolution, industrielle celle-là. Pays rural par excellence, elle devenait peu à peu terre urbaine. Le travail de la glèbe laissa la place à celui du fer. Le paysan céda le pas à l'ouvrier. La campagne – déjà ! – se dépeupla tandis que les villes se surpeuplaient.

La tradition, cette vieille statue qui s'obstine à marcher de l'avant, n'en finissait plus de tituber. Le creuset de valeurs qui avait façonné les corps et les esprits de nos ancêtres ne brillait plus de cette admirable et singulière évidence. Désormais, tout devenait négociable et tout se négociait : les quintaux d'avoine et les constitutions ; les maroquins ministériels et les philosophies.

La France capétienne, institution qui, en 1789, aurait nécessité un sérieux toilettage, n'était plus. Ce grand corps malade, pourri de la tête et de la plupart de ses membres, avait préféré se suicider plutôt que de se réformer. « Un livre qu'on soutient est un livre qui tombe », écrivit un jour le célèbre pamphlétaire Rivarol, royaliste fervent par ailleurs. Il en allait, il en va de même des livres et des régimes ou des nations. La nation française donc, tout du moins celle que nos aïeux avaient connue auparavant, n'était plus qu'un lointain souvenir. Le vide était grand et Dieu sait si la nature en a horreur. À cette nation qui s'imposait d'elle-même, ointe par le lent défilé des siècles, s'en superposa bientôt une autre issue de spéculations multiples et contradictoires, intellectuelles et le plus souvent désincarnées.

Bref, la Révolution française avait voulu faire table rase du passé. L'objectif était atteint, et ne restait plus qu'une table rase sur laquelle tout demeurait à reconstruire. Le XIXe siècle finissant fut donc naturellement propice à toutes les idéologies nouvelles. Il connut ainsi la naissance et le règne des royalistes, des socialistes, des racistes, des anarchistes, des nationalistes, des anarcho-syndicalistes, des communistes, des fascistes, des capitalistes... Ces différentes doctrines avaient ceci de commun qu'elles ne se contentaient pas de proposer une meilleure régulation des rapports en société, une meilleure direction de la cité, mais prétendaient au statut de religions nouvelles, estimant qu'à elles seules elles étaient en mesure d'apporter leur propre explication à la marche du monde. Fortes de leurs livres saints, de leur martyrologe et de leur espérance de rédemption, elles étaient fatalement condamnées à s'affronter avec la violence qu'on sait.

Ce siècle, qui fut celui des idéologies, ne pouvait que devenir celui de l'individualisme. L'explication de l'univers et des grandes questions métaphysiques étant désormais disponible à la carte, chacun était donc habilité à se constituer son propre système de valeurs. Issu d'un seul cerveau, il en devenait fatalement réducteur. L'homme, pour les marxistes, les socialistes et les tenants du capitalisme, se trouva ainsi résumé à un simple instinct économique. Pour les théoriciens racistes, il n'était subordonné qu'à sa seule appartenance ethnique ou à son patrimoine génétique. Pour les anarchistes, il lui suffisait de se débarrasser de l'autorité de l'État pour s'accomplir pleinement et goûter aux plaisirs de la semaine des quatre jeudis. Ce n'est pas non plus un hasard si la psychanalyse vit le jour à la même époque. Elle procédait en fait d'un cheminement intellectuel semblable qui réduisait l'homme à une seule et unique pulsion sexuelle.

Pour finir, il y avait encore une excellente raison pour que ces idéologies à vocation totalitaire se prennent pour des religions. Le catholicisme abattu, l'espoir d'un monde meilleur dans l'au-delà n'était plus. C'était donc sur terre qu'il fallait édifier un autre paradis, temporel celui-là. Ce à quoi s'attelèrent fascisme, socialisme, nationalisme, national-socialisme, communisme et capitalisme. Avec le succès que chacun a pu constater de lui-même.

Dans ce siècle en perpétuelle ébullition, c'était donc bien le nôtre qui se trouvait en gestation. Tout ce que nous pensons ou disons aujourd'hui, tous les engagements politiques du XXe siècle, tout fut, peu ou prou, pensé et mis en forme au siècle dernier.

Ce siècle, s'il fallait vraiment le résumer en un mot, pourrait être qualifié de prométhéen. L'homme réinventait le monde tout en se mesurant à Dieu. L'aventure était intellectuelle ; elle était aussi coloniale. Tout devenait possible et rien ne paraissait pouvoir entraver la marche des Lumières. L'aventure, pour finir, était industrielle. Tous les objets qui, aujourd'hui, composent notre environnement technologique furent pour la plupart inventés et développés au XIXe siècle : électricité, téléphone, chemin de fer, aviation, automobile, rayons X, etc.

Cette époque était d'ailleurs si belle qu'on l'appela la Belle Époque, à la fois insouciante et tragique. Mais l'homme occidental, enivré de sa puissance, persuadé de pouvoir modeler le monde à la seule force de sa volonté, était devenu incapable de prendre la mesure des démons qu'il était en train de créer. Il ne voyait pas que les travaux de Vacher de Lapouge [1] ou du comte Joseph Arthur de Gobineau [2] conduiraient plus tard un certain Adolf Hitler à prendre le pouvoir en Allemagne, avec les conséquences qu'on sait... De même, personne ne soupçonnait que les théories d'un Karl Marx donneraient naissance à un système esclavagiste qui, soixante-dix ans durant, allait tenir la moitié du globe sous son joug et causer la mort de plusieurs dizaines de millions d'hommes, de femmes et d'enfants.

Oui, nul doute que cette époque ait été singulièrement insou-

1. Socialiste, bibliothécaire et professeur d'anthropologie, Georges Vacher de Lapouge (1854-1936) demeure l'un des principaux théoriciens du racisme. Pour lui, la marche du monde était subordonnée aux affrontements ethniques. Ainsi écrivait-il dans l'un de ses principaux ouvrages, *L'Aryen* : « Qui triomphera en fin de compte ? Il est très difficile de prévoir quand et au bénéfice de qui sera réalisé l'empire universel. Je ne crois pas, cependant, que cela prenne plus de deux ou trois siècles. Je crois aussi que les États-Unis sont appelés à triompher. Au cas contraire, l'univers sera russe... »

2. Diplomate et homme de lettres, le comte de Gobineau (1816-1882) est principalement l'auteur de l'*Essai sur l'inégalité des races humaines* dans lequel il s'acharna à démontrer que les races obéissaient à une stricte hiérarchie. Ses travaux devaient durablement influencer Nietzsche, Wagner et Hitler.

ciante. Si insouciante qu'une nuit d'avril 1912, du 14 au 15, un bateau qu'on avait certifié si robuste que même Dieu ne parviendrait à le couler vit sa coque déchirée par un iceberg... Les amateurs d'images et de paraboles verront ainsi dans le naufrage du *Titanic* le tragique épilogue d'un monde peut-être un peu trop sûr de lui. D'ailleurs, deux ans plus tard, commençait une infernale tuerie qui se chargea de rappeler aux apprentis sorciers qu'ils n'étaient pas totalement maîtres de leur destin, que cet Homme avec un grand H, cet Homme dont ils avaient rêvé à voix haute n'était pas la somme de spéculations diverses et éthérées, mais un être de chair et de sang.

Cette cité idéale, ce paradis temporel issu du cerveau des philosophes, se cogna de plein fouet contre le mur des réalités, agonisa dans la bataille de la Somme, de la Marne et du fort de Douaumont.

À y mieux regarder, les clivages d'alors sont encore ceux d'aujourd'hui. Les enseignes ont certes changé, le vocabulaire aussi. Mais les discours et les acteurs sont les mêmes. On parle encore d'exploiteurs et d'exploités, de nationalistes et de cosmopolites, d'anarchistes et de chantres de l'ordre républicain.

Jean-Marie Goron, donc, quitta la police en 1896. Fatigué, las, désabusé. Cette même année, avec une inquiétante prescience, on commençait déjà à s'alarmer du commerce de l'opium. Le cinéma poussait ses premiers vagissements de nouveau-né et le tsar Nicolas II avait été sacré deux ans auparavant, en grande pompe à Moscou. Ce monde n'était déjà plus le sien, mais il l'ignorait encore.

Jean-Marie Goron, lui, fondait l'agence Goron, une officine de police privée, qui devint la première entreprise du genre à pouvoir se targuer d'une dimension européenne. Un détective de Goron savait ainsi qu'à tout moment une calèche l'attendait à Londres et dans les principales capitales du vieux continent. L'ancien chef de la Sûreté décida aussi de vivre de sa plume.

Jean-Marie Goron mourut avant que n'éclate la Première Guerre mondiale, avant que l'Alsace et la Lorraine ne redeviennent françaises, avant que cette époque qu'on disait « belle » et dont il demeure un irremplaçable témoin ne disparaisse, engloutie par la folie des hommes. Mais à y mieux réfléchir, notre siècle est-il si fondamentalement différent du précédent ? Rien n'est moins sûr.

Rochefort-en-Yvelines, novembre 1997

REMERCIEMENTS

Aux deux Jean, pour leurs précieux renseignements et leurs conseils avisés.

À Antoine, pour son soutien moral.

À l'Équipe de fer, pour la joie et la bonne humeur.

BIBLIOGRAPHIE

Jacques Bainville, *Histoire de France*, Fayard, 1961.
Francis Bergeron et Philippe Vilgier, *Les Droites dans la rue*, D.M.M., 1985.
Jean-Marc Berlière, *La Police des mœurs sous la Troisième République*, Seuil, 1992.
Jean Bourdier, *Scotland Yard, les dossiers d'une police pas comme les autres*, Jacques Grancher, 1995.
Léon Daudet, *La Police politique*, Denoël, 1934.
Jérôme Duhamel, *Grand Inventaire du génie français*, Albin Michel, 1990.
Philippe Erlanger, *Clemenceau*, Grasset, 1968.
René Escaich, *Les Monstres sacrés de la Troisième République*, Jean Dullis, 1974.
François Foucart, *Anatole Deibler, profession bourreau*, Plon, 1992.
Alfred Franklin, *Dictionnaire historique des arts, métiers et professions*, Jeanne Laffitte, 1987.
Karl Marx, *Manifeste du Parti communiste*, 10/18, 1966.
Charles Maurras, *Mes idées politiques*, Fayard, 1937.
Christian Melchior-Bonnet, *Le Grand Livre de l'histoire de France*, Jules Tallandier, 1980.
Martin Monestier, *Duels*, Sand, 1991.
Max Nettlau, *Histoire de l'anarchie*, Dossiers de l'histoire, 1983.

Michel Ragon, *La Voie libertaire*, Plon, 1991.
Ernest Raynaud, *Souvenirs de police du temps de Ravachol*, Payot, 1923.
René Rémond, *Les Droites en France*, Aubier, 1982.
Philippe Roberts-Jones, *La Caricature, du Second Empire à la Belle Époque*, Le Club français du livre, 1963.
André Salmon, *La Terreur noire*, Jean-Jacques Pauvert, 1959.
Zeev Sternhell, *Ni droite, ni gauche. L'idéologie fasciste en France*, Complexe, 1987.
Dictionnaire de la pensée politique, Hatier, 1989.

TABLE

DU MÊME AUTEUR

Mesrine, l'indompté
(en collaboration avec Philippe Randa)
Dualpha, 1997

Les grandes enquêtes du commissaire Chenevier.
De la Cagoule à l'affaire Dominici
Albin Michel, 1995

Violette Morris, la gestapiste
Fleuve Noir, 1994

Étoiles filantes, le jour où tout a basculé
(en collaboration avec Arnaud Folch)
Zélie, 1994

Eric Clapton, un gentleman guitariste
(en collaboration avec Patrick Verbeke)
Le Rocher, 1994

Cet ouvrage a été réalisé par la
SOCIÉTÉ NOUVELLE FIRMIN-DIDOT
Mesnil-sur-l'Estrée
pour le compte des Éditions Albin Michel
en janvier 1998

Ouvrage composé par
I.G.S. - Charente Photogravure
à L'Isle-d'Espagnac

Imprimé en France
Dépôt légal : janvier 1998
N° d'édition : 17080 - N° d'impression : 41208